AF341850

COURS

DE LANGUE

ITALIENNE,

*A l'aide duquel on peut apprendre cette Langue chez soi,
sans maître, & en deux ou trois mois de lecture.*

Par M. LUNEAU DE BOISJERMAIN.

A PARIS.

Chez l'Auteur, rue Saint André-des-Arts, près la rue
Contrescarpe.

1783.

AVERTISSEMENT
DE L'AUTEUR.

DEPUIS qu'on a senti la nécessité d'appliquer les jeunes-gens à l'étude des connoissances humaines, on a adopté la méthode la plus fatiguante, la plus longue & la moins assurée de ses succès. Plus on auroit dû simplifier leur travail, plus on a réussi à en multiplier les dégoûts.

Une femme qui veut apprendre à l'enfant qu'elle nourrit de son lait la Langue qu'elle parle, ne débute pas par lui montrer les déclinaisons des noms, les conjugaisons des verbes, &c, de la Langue qu'elle veut lui faire parler. Elle prononce d'abord à son enfant une ou deux syllabes, elle lui montre en même temps l'objet que désignent les mots qu'elle veut lui faire prononcer : elle renouvelle les mêmes opérations pour un autre mot. A force de répéter ces indications, elle parvient à garnir la tête de son élève de touts les mots dont le besoin est le plus pressant pour lui. Un an ou deux d'attention de la part de cet être foible, suffisent pour ce premier cours d'instruction. La mere l'étend en montrant elle-même, ou en faisant enseigner à son enfant à lire les livres écrits dans la Langue qu'elle lui parle, & qu'il entend parler par toutes les personnes qui l'entourent. Quand il a passé à-peu-près quinze ou seize ans de suite dans cet exercice, on lui enseigne les règles de la Grammaire & de la Syntaxe de sa Langue.

Ce cours d'éducation simple, que la nature fait suivre à toutes les mères dans touts les pays du monde, auroit dû être la seule méthode pour apprendre les Langues étrangères, & presque par-tout on l'a abandonnée. On verse d'abord lentement dans la tête de l'Elève qu'on veut instruire les règles de la Grammaire & de la Syntaxe, avant de la lui remplir de mots. Comme toutes ces règles sont sans application pour lui, il boit goutte à goutte l'ennui de son ignorance, & bientôt il se dégoûte d'une étude qui ne lui présente que la perspective désespérante d'un travail infructueux.

L'étude des Langues que je propose d'enseigner, dans cet ouvrage, aux jeunes personnes, n'aura point pour elles les inconvénients attachés aux méthodes ordinaires : je n'exagère pas ses avantages, en assurant que ceux qui suivront le cours d'instruction que cet Ouvrage présentera, sentiront le premier jour se développer en eux des connoissances qui leur rendront bientôt inutiles les secours que toute autre méthode peut leur offrir. De jour en jour elles éprouveront qu'elles peuvent lire sans maître & sans interprète les livres qui seront écrits dans la Langue à laquelle on entreprend ici de les initier.

Le secret de cette méthode n'est pas bien difficile à pénétrer. Il consiste à mettre sous le texte de la Langue que je veux faire apprendre aux jeunes personnes, la traduction littérale ou verbale de touts les mots de cette langue.

L'avantage qui résulte de cette maniere de l'enseigner, par rapport à la Langue Italienne, c'est que, dans le cas où la Langue Italienne a réellement des mots, des régimes ou une construction différente de celle du François, cette différence frappe si bien les yeux de la personne qui lit, qu'on n'a pas besoin de la lui faire remarquer. Quand les mots, le régime ou la construction de la Langue Italienne sont conformes à ceux de la Langue Françoise, cette identité de régime, de construction, annonce alors que les deux Langues sont conduites par les mêmes règles, & qu'elles emploient les mêmes mots : ainsi la Grammaire Françoise que l'on sçait ou que l'on est censé sçavoir, est, dans la méthode qu'on présente au Public, la Grammaire qui doit servir à apprendre l'Italien & toutes les Langues qu'on se promet d'enseigner d'après ce plan.

Un second avantage de la méthode que je publie, c'est que, pour avoir l'intelligence de touts les mots Italiens que l'on ne connoît pas, on n'a pas besoin de feuilleter continuellement un Dictionnaire, & de perdre un temps précieux en recherches, dont on ne pourroit faire l'application que difficilement, si on étoit assez heureux pour trouver tout ce qu'on chercheroit. Comme dans ce plan d'instruction simple, rien n'arrête, on n'épuise point son ardeur à chercher les mots que l'on n'entend pas ; on n'est jamais privé de l'espoir d'entendre ce qu'on ne pourroit trouver dans le Dictionnaire dont on se serviroit.

Dans l'étude d'une Langue, quand on ne trouve pas ce que l'on cherche, quand on n'apperçoit pas les progrès que l'on fait, il n'est guères possible que l'homme qui s'instruit ne soit pas découragé par le travail ; au contraire, l'esprit s'anime & s'échauffe quand il ne perd aucun des moments de son application, & quand il peut se rendre compte de son avancement.

On a dit plus d'une fois qu'il n'étoit pas raisonnable de faire faire des compositions en latin, des traductions de françois en latin, à un enfant, avant de lui avoir fait lire des mots latins traduits verbalement en françois. Cette observation n'a produit aucune réforme avantageuse à l'instruction publique.

On emploie six & sept ans de la vie d'un enfant, à lui enseigner les principes d'une Langue qu'il pourroit apprendre en quatre mois, aussi parfaitement qu'en six ans. Mais pour lui faire recueillir les fruits d'une instruction aussi précipitée, il faudroit l'assujettir à lire des Livres latins, qui auroient au-dessous de chaque mot la traduction en François.

Dans cette méthode, il ne faudroit pas souffrir que l'enfant cherchât dans des Dictionnaires les mots qu'il n'entendroit pas ; le temps qu'il consacreroit à cette recherche, seroit perdu pour son instruction. Pendant qu'il chercheroit la signification d'un mot, il pourroit lire sept ou huit phrâses, & apprendre la signification de vingt ou de trente mots nouveaux.

Ce n'est point en donnant des thêmes à faire sur des sujets souvent très-peu intéressants,

intéreſſants, écrits dans une proſe fort inſipide, qu'on peut ſe flatter d'enſeigner une Langue. On doit lire beaucoup de mots de cette Langue, traduits littérale- ment au-deſſous de chacun d'eux. Donnez à un enfant des Livres où les mêmes mots ſoient ſouvent répétés, vous jouïrez promptement du plaiſir de le faire avan- cer dans l'étude.

J'ignore pourquoi on perſiſte à ſuivre la méthode ſtérile qui s'eſt emparée de toutes les Maiſons d'Education. Tout le monde ſçait cependant qu'elle ne produit aucun fruit. On ſe plaint, avec raiſon, qu'elle éterniſe le travail de l'inſtruction, & qu'elle tient touts ceux que l'on inſtruit dans une éternelle enfance.

Si touts les Maîtres qui enſeignent la Langue latine, vouloient ſuivre la méthode, d'après laquelle je puis faire apprendre la Langue Italienne, l'étude du Latin, du Grec même, ne ſeroit plus qu'un amuſement, auquel les perſonnes de tout ſexe & de tout âge, pourroient ſe livrer. Les ſix années que l'on emploie à étudier le Latin, pourroient être alors conſacrées à apprendre toutes les Langues de l'Europe.

Le Cours d'Inſtruction que je propoſe, n'eſt pas fait pour les perſonnes qui, ayant été inſtruites dans l'étude des Langues qu'elles poſſédent par une méthode toute oppoſée, douteront du ſuccès de celle-ci avant d'avoir réfléchi à la préfé- rence qu'elle mérite. La réuſſite de la manière d'étudier les Langues, que je préſente au Public, ne dépend pas du plus ou du moins de partiſans qu'elle aura, mais de la facilité que trouveront ceux qui la ſuivront, à apprendre promptement par cette voie toutes les Langues, à l'intelligence deſquelles elles voudroient réuſſir.

Je ne préſume point que les Maîtres & les Profeſſeurs de Langues, s'élèvent contre ce Cours d'enſeignement; s'ils le déſapprouvoient, leurs voix ſeroient bien- tôt étouffées par les applaudiſſements que cette Méthode recevra de toutes les perſonnes qui s'en ſerviront. Les progrès rapides de touts ceux qui apprendront chacune des Langues étrangères qu'on leur enſeignera, ſeront une réfutation très- impoſante des doutes que l'on voudroit inſpirer ſur la prééminence de la manière de s'inſtruire, à laquelle je prie les jeunes perſonnes de s'adonner.

Les hommes qui n'auront pas reçu de la nature la faculté de ſentir l'importance, pour une Nation telle que la nôtre, de la connoiſſance de toutes les Langues, trouve- ront très-extraordinaire qu'on veuille en rendre l'étude univerſelle. A quoi me ſer- viront-elles? dira l'homme, qui croit que toutes les actions de ſes ſemblables doivent ſe rapporter à ſon utilité perſonnelle. L'Auteur de cet Ouvrage prie ceux qui liront ce plan d'inſtruction, de vouloir bien obſerver qu'il manque aux Sciences & aux Arts une infinité d'agents, qui accéléreroient beaucoup leur développement, ſi on conſacroit à l'étude des Langues étrangères une partie du temps qu'on emploie à des frivolités, qui ne ſont d'aucune utilité pour la Nation.

Les jeunes Demoiſelles qui doivent entrer de bonne heure dans le monde, & qui, dès ce moment, n'ont preſque plus de temps à donner à leur inſtruction, doivent préférer la méthode d'étudier les Langues, que j'ai préparée pour elles, à toutes les routines d'après lesquelles on voudroit plier leur attention, ou enchaîner leur intelligence.

Cette Méthode doit être également adoptée par les enfants des grands Seigneurs & des Gens de Condition, qui ayant beaucoup de connoissances à acquérir pour le service où ils sont destinés, & très-peu de temps à donner à chacune d'elles, doivent nécessairement rechercher les Méthodes qui abrègent l'étude des choses auxquelles ils doivent être appliqués.

Les jeunes gens d'une condition inférieure, & qui ont une carrière à remplir qui demande des lumières, de l'acquit, des connoissances, doivent aussi préférer d'étudier les Langues par la manière que je leur offre. Moins l'application qu'ils donneront à cette lecture leur prendra de temps, plus il leur en restera pour se livrer tout entiers aux autres connoissances dont l'étude, présentée sous une forme moins abrégée, exigera par conséquent d'eux une attention plus suivie, une réflexion plus continue.

La traduction en Italien des Lettres Péruviennes par M. Deodati, est le livre par lequel on commencera à étudier la Langue Italienne : je l'ai préféré à touts les Livres italiens qu'on auroit pu faire lire aux personnes qui voudront apprendre l'Italien, parce que cet Ouvrage a été composé pour ceux qui veulent étudier cette Langue.

Comme les mêmes termes reviennent souvent dans cet Ouvrage, ce retour de mots secourt la mémoire ; il soutient son ardeur, & soulage ses forces.

Le style de M. Deodati est par-tout clair, & sans prétention ; les constructions de ses phrâses sont simples, & très-aisées à saisir.

Le fond d'idées sur lequel les Lettres Péruviennes roulent, est si attachant, la critique de nos mœurs est si douce, & si délicate, qu'on trouveroit peu de Livres qui fussent plus propres que celui-ci à intéresser les âmes sensibles. D'ailleurs, dans un temps où les liens qui unissent les hommes aux femmes sont si peu respectés, j'ai cru que je ne pourrois pas mettre entre les mains des jeunes personnes un Ouvrage plus propre à les prémunir contre les dangers auxquels l'esprit de séduction peut les exposer un jour, que l'histoire d'une jeune Princesse de leur âge, élevée comme elles dans un Couvent, arrachée de cet azile sacré pour être témoin des fureurs d'un Peuple sauvage, qui renversa le Trône sur lequel l'hymen devoit la faire asseoir.

L'exemple exerce sur nous une action impérieuse. J'ai été persuadé que la constante vertu de Zilia seroit, pour les jeunes personnes qui parcourront le récit de ses infortunes, un spectacle instructif. Si elles ne peuvent pas s'empêcher de plaindre sa triste destinée, elles seront aussi forcément contraintes d'admirer son incomparable attachement à ses devoirs.

Toutes les âmes honnêtes contempleront avec attendrissement la malheureuse Zilia. Devenue la conquête des peuples victorieux qui lui ravirent sa liberté & sa fortune, elle conserva par-tout, au milieu d'eux, sa pudeur, ses ver-

tus , son innocence , la décence de son caractère , son attachement à l'époux qui lui étoit destiné.

On s'appercevra quelquefois que la plume de Zilia s'échauffe & s'anime. Dans l'époque où Zilia écrivoit ses lettres , le peuple qui lui donna naissance ne s'é- toit pas encore écarté des devoirs auxquels l'Humanité vertueuse devroit être par-tout soumise. On ne doit pas être étonné que l'enthousiasme que Zilia con- serva toujours pour ses devoirs , se soit repandu sur son style , & qu'elle ait peint en traits de feu la peine qu'elle éprouvoit à être éloignée de l'objet auquel la loi de son pays l'avoit unie pour toujours. Quoique nos mœurs n'exercent pas sur touts les cœurs le même empire , je ne les crois pas assez dégradées pour qu'on trouve extraordinaire qu'une jeune femme se plaigne d'être séparée du mari qui lui étoit destiné , & que sa bouche s'ouvre sans cesse pour exprimer la douleur qu'une pareille séparation lui faisoit continuellement ressentir.

La Langue Italienne a , comme toutes les Langues mortes & vivantes , un très-grand nombre de règles qui sont les mêmes que celles de la Langue Fran- çoise ; elle contient un très-grand nombre de mots Latins. En empruntant de cette dernière Langue les termes qui pouvoient le mieux remplir les vues de son élocution , la Langue Italienne a adopté aussi les règles qui pouvoient le mieux convenir aux besoins & aux grâces de l'expression. À chaque page Italienne que l'on lira , on appercevra que la Langue Françoise & la Langue Italienne ont puisé dans la même source.

Je ne ferai point précéder la lecture des Lettres Péruviennes en Italien par l'ex- position des principes de la Grammaire. La traduction mise au-dessous de chaque mot Italien de M. Deodati est verbale. Chaque personne pourra distinguer par cette raison , les articles définis masculins & féminins , l'article indéfini , les noms substantifs & les noms adjectifs , leurs cas & leurs nombres , leurs dégrés de comparaison , les pronoms personnels , conjonctifs , possessifs , démonstratifs , interrogatifs , relatifs & impropres , les verbes auxiliaires , les conjugaisons des verbes en are *,* ere *,* ire *, les verbes irréguliers qui appartiennent à chacune de ces terminaisons infinitives ; on peut aussi remarquer très-aisément dans cette traduction , les verbes neutres , les verbes réfléchis & réciproques , les verbes impersonnels , les adverbes , les prépositions , les conjonctions les interjections , &c. Par exemple dans cette phrase :*

[1]	[2]	[3]	[4]	[5]	[6]	[7]	[8]	[9]	[10]	[11]	[12]	[12]
Non	*vi*	*è*	*pópolo,*	*le*	*di*	*cúi*	*notízie*	*circà*	*la*	*sua*	*orígine*	*ed*
Ne	y	est	peuple,	les	de	qui	notices	sur	la	sienne	origine	&

[14]	[15]	[16]	[17]	[18]	[19]	[20]	[21]	[22]	[23]
antichità	*síeno*	*così*	*restrétte*	*cóme*	*quélle*	*déi*	*Peruviáni ;*	*i*	*lóro*
antiquité	soient	aussi	restreintes	comme	celles	des	Péruviens;	les	leurs

[24]	[25]	[26]	[27]	[28]	[29]	[30]	[31]
annali	*conténgono*	*appena*	*la*	*stórica*	*di*	*quáttro*	*sécoli.*
annales	contiennent	à peine	l'	histoire	de	quatre	siècles.

Les perfonnes qui ont une légère teinture des principes de la Langue Fran-çoife, diftingueront très-aifément, par la traduction verbale qui eft au-deffous de chaque mot que,

1 *Non*, eft en Italien une négation,

2 *vi*, un adverbe relatif qui marque le lieu,

3 *è*, la troifième perfonne du préfent fingulier de l'indicatif du verbe auxi-liaire qui équivaut en Italien au verbe auxiliaire François *être*,

4 *pópolo*, un nom fubftantif fingulier,

5 *le*, un article défini féminin pluriel,

6 *di*, un article indéfini,

7 *cúi*, un pronom relatif.

8 *notízie*, un nom fubftantif pluriel,

9 *circà*, une prépofition qui régit l'accufatif,

10 *la*, un article défini féminin fingulier,

11 *fúa*, un pronom poffeffif féminin,

12 *orígine*, un nom fubftantif,

13 *ed*, une conjonction,

14 *antichità*, un nom fubftantif fingulier,

15 *fiéno*, la troifième perfonne du préfent du pluriel du fubjonctif du verbe auxiliaire Italien qui correfpond au verbe auxiliaire François *être*,

16 *così*, une conjonction,

17 *riftrette*, un participe féminin pluriel du verbe Italien qui équivaut au mot François reftreindre,

18 *cóme*, une conjonction,

19 *quélle*, un pronom démonftratif féminin pluriel,

20 *déi*, le génitif pluriel de l'article défini,

21 *Peruviáni*, le pluriel du nom propre *Peruviáno*,

22 *i*, le pluriel de l'article défini,

23 *loro*, un pronom poffeffif,

24 *annáli*, le pluriel du nom fubftantif *annale*,

25 *Conténgono*, la troifieme perfonne du pluriel du préfent qui équivaut au mot François contenir,

26 *appéna*, un adverbe,

27 *la*, un article défini féminin,

28 *ftória*, l'accufatif d'un nom fubftantif,

29 *di*, un article indéfini,

30 *quáttro*, un nom numéral,

31 *fécoli*, le pluriel du nom fubftantif *fecolo*.

Je ne pousserai pas plus loin la preuve que la Grammaire françoife peut servir de guide dans l'étude de la Langue Italienne, parce que je suis persuadé qu'il n'y a point de perfonne intelligente qui, ayant étudié la Langue Françoife, ne recon-noiffe en elle, par la méthode que je viens d'indiquer, les principes qui lui font
communs

communs avec la Langue Italienne, ou les cas dans lesquels l'Italien s'éloigne du François.

Les Italiens ne conjuguent pas toujours leurs verbes avec les pronoms personnels io je, tu toi, egli il, noi nous, voi vous, eglino ils. J'ai très-souvent été obligé de mettre, avant la premiere, la seconde & la troisieme personne des verbes employés dans le Texte Italien, les pronoms personnels François. Toutes les fois que j'ai été forcé d'en faire usage dans la Traduction interlinéaire, j'ai toujours eu l'attention de laisser un espace blanc au-dessus de la place qu'occupe le pronom personnel François, destiné à faire connoître qu'il n'y a point, dans le Texte Italien, de mot qui corresponde à celui qu'on lit dans la Traduction.

Il arrive souvent, dans la Traduction interlinéaire qui est au-dessous de l'Italien, que le substantif Italien est masculin, & que le mot François qui le traduit, est féminin. EXEMPLE. Il terrore, la terreur. Il ne faut pas s'arrêter à cette petite différence, à laquelle il est impossible de remédier dans les Langues.

Dans la Traduction interlinéaire des Lettres Péruviennes, j'ai préféré par-tout la traduction verbale des mots à celle des phrâses Italiennes ; par-là le François ressemble presque toujours à l'Italien par ses cas, ses nombres, les temps de ses verbes, & les constructions des phrâses. Je n'ai donné à la Traduction Françoise, les constructions qui lui sont propres, que lorsqu'elles ont été conformes à celles de l'Italien. Ceux qui liront cet Ouvrage, possèdent trop bien la Langue Françoise, pour laisser échapper les endroits où j'ai été forcé de sacrifier les tournures propres à la Langue Françoise, à la nécessité de rendre sensible en François le tour du langage Italien.

J'ai employé des mots François que l'usage n'admettroit pas. Comme j'ai voulu être très-intelligible, j'ai préféré par-tout les mots François qui paroissent avoir le plus de rapport avec les mots Italiens. J'ai cru ne devoir pas m'éloigner, en François, de la manière dont s'exprime la Langue Italienne.

Après la lecture des Lettres Péruviennes & du Poëme que je mettrai sous les yeux des jeunes gens, ceux d'entr'eux qui voudront étudier les Grammaires Italiennes, pourront les lire avec fruit ; les préceptes trouveront alors leur application dans les phrâses qu'ils auront déjà lues.

Les personnes qui voudront apprendre à prononcer ou à parler correctement l'Italien, prendront à la fin de ce Cours de Langue, pendant une quinzaine de jours ou un mois, un maître, auquel elles feront lire, ou devant lequel elles liront un Livre écrit en Langue Italienne. L'intelligence qu'elles auront acquise des mots, leur en facilitera l'articulation. Notre bouche n'a jamais de peine à exprimer les sons dont l'idée est déjà dans notre esprit.

DE LA PRONONCIATION ITALIENNE.

Les Italiens prononcent les voyelles a, e, i, o comme les François. La lettre u se prononce toujours ou. M. Veneroni a renfermé dans sept lignes d'Italien les difficultés d'articulation qui peuvent arrêter les jeunes personnes. Ceux qui voudront se préparer à la prononciation de la Langue Italienne, doivent lire le morceau suivant, & remarquer les lettres que les Italiens prononcent d'une manière particulière. Ils doivent prononcer chaque mot à haute voix, afin de plier les organes de la parole à cette articulation.

La première ligne de chaque accolade contient la phrâse Italienne ; la seconde ligne, la manière dont il faut prononcer chaque mot ; la troisième ligne, la traduction verbale des mots Italiens.

On écrit	Ciascheduno sà che, come non v'è cosa che più
On prononce	*Tchaskédouno sà ké, comé non v'é coça ké pioù*
Traduction	Chacun sçait que, comme il n'y est chose qui plus

On écrit	dispiaccia a Dio ché l'ingratitùdine ed inosservanza
On prononce	*dispiatchia a Dio ké l'ingratitoudiné ed inosservantza*
Traduction	déplaise à Dieu que l'ingratitude & inobservation

On écrit	de' suoi precetti, cosi non v'è niente che cagioni
On prononce	*dé souoi pretchetti, coçi none v'è niente ké cadjioni*
Traduction	des siens préceptes, aussi n'y est rien qui cause

On écrit	maggiormente la desolazione di questo Universo, che
On prononce	*madjiormente la désolatsioné di qouésto Ouniverso, ké*
Traduction	plus grandement la désolation de cet Univers, que

On écrit	la cecità e superbia degli huomini chi sprézzano la
On prononce	*la tchéchíta é souperbia deilli uomini ki sprédsano la*
Traduction	l'aveuglement & orgueil des hommes qui méprisent la

On écrit	gran potenza di Dio, la pazzia de' Gentili,
On prononce	*gran potentsa di Dio, la patsia dé Dgentili,*
Traduction	grande puissance de Dieu, la folie des Gentils,

On écrit	l'ignoranza ed ostinazione de Giudei e Schismatici.
On prononce	*l'ingnorantsa ed ostinatsioné dé Djoudei e Chismatitchi.*
Traduction	l'ignorance & obstination des Juifs & Schismatiques.

M. Déodati désigne par des accents graves les syllabes finales qui sont longues, & sur lesquelles il faut appuyer. Il a marqué par des accents aigus, placés au commencement ou dans le corps des mots, les syllabes qu'il faut allonger en les prononçant.

MANIERE dont on doit lire la traduction interlinéaire des Lettres Péruviennes.

IL ne faut pas lire une ligne entiere de l'Italien , & enfuite la traduction interlinéaire Françoife qui eft au-deffous , mais un mot Italien & fa traduction , le mot Italien fuivant & fon interprétation Françoife , & aller de cette manière des mots Italiens aux mots François. Par-là on connoîtra continuellement la fignification & l'équivalence des mots Italiens. Cette connoiffance eft la première que l'on doit acquérir dans l'étude des Langues.

Ceux qui voudront apprendre plus promptement l'Italien , doivent copier le texte Italien & même la traduction de chaque mot. Ce travail fera entrer plus intimement dans la mémoire du Lecteur , les mots Italiens. Un autre avantage qui réfultera de ce petit affujettiffement , c'eft qu'on apprendra , fans s'en appercevoir , l'Orthographe de la Langue Italienne.

Pendant qu'on lira cette traduction , il ne faut pas plus s'occuper de Grammaire & de Dictionnaire que s'il n'en exiftoit pas.

Quand on aura lu avec attention la traduction interlinéaire d'une lettre Péruvienne avec l'Italien , il faudra couvrir le François avec une bande de papier , & lire l'Italien pour s'affurer qu'on l'entend. Si quelque mot Italien embarraffe dans cette lecture , il faudra chercher dans la traduction interlinéaire la difficulté par laquelle on fera arrêté.

Il ne faut pas s'attacher à fubftituer une meilleure traduction Françoife à celle qui fe trouve pofée interlinéairement au-deffous des phrafes Italiennes. L'Auteur de cet Ouvrage a préféré celle-ci à toutes celles qu'on pouvoit y fubftituer , parce qu'il l'a cru propre à faire fentir en François la maniere dont les Italiens forment leurs phrafes , leurs conftructions & leurs inverfions. Dans l'étude des Langues, il ne doit pas être queftion d'abord de traduire avec élégance la Langue qu'on veut apprendre. Le premier objet auquel il faut fe livrer tout entier , c'eft de connoître la force & la fignification des mots. Il feroit impoffible d'acquérir promptement cette connoiffance, fi on préféroit à la traduction verbale d'un Auteur , écrit dans une Langue étrangère , la traduction plus ou moins correcte de fes idées faite d'après les règles de la Langue Françoife.

C O U R S

DE

LANGUE ITALIENNE.

DEUXIEME AVERTISSEMENT DE L'AUTEUR.

IL y a *très-long-temps que l'on a dit , écrit & imprimé que la meilleure maniere d'apprendre les Langues mortes ou vivantes , étoit de lire des livres dont le texte fût accompagné d'une traduction interlinéaire , qui suivît exactement les nombres , les cas des noms , les temps , le régime des verbes , &c. J'ai entre les mains d'anciennes Editions de la Bible , d'Homère , d'Isocrate & de Démosthène , imprimées avec une traduction interlinéaire latine. M. Vanière a donné un Cours de Latinité sur ce plan : des Instituteurs (1) ont adopté ce genre d'instruction ; d'autres en ont recommandé l'usage. Tous ont pensé que , les regles auxquelles les Langues sont aujourd'hui soumises , n'ayant été réunies que bien long-temps après la formation des Langues , l'étude de ces regles ne devoit pas être aujourd'hui plus nécessaire pour parler & pour écrire une Langue quelconque , qu'elle l'avoit été pour ceux qui ont écrit & parlé leurs Langues , avant que les regles eussent été imaginées. Ces Auteurs ont aussi cru que , toutes les Langues ayant les mêmes parties du discours , chaque partie du discours servant à - peu - près au même usage dans toutes les Langues , il suffisoit de connoître l'usage & l'emploi des parties du discours de la Langue que l'on parle , pour en faire l'application à toutes les autres Langues qu'on pourroit étudier. Ainsi on peut donc commencer à lire un livre écrit dans une Langue quelconque , sans faire précéder cette étude par la lecture d'aucune Grammaire. Les tentatives qu'on a faites en ce genre ayant été suivies de la réussite la plus encourageante , j'ai imaginé rendre service au public , en lui fournissant les moyens d'apprendre successivement toutes les Langues , sans être exposé d'abord à l'ennui que présente par-tout l'étude des Grammaires.*

Le Cours de Langue Italienne , dont j'ai fait distribuer déjà les deux premiers cahiers le 1 & le 15 Août , présente une traduction interlinéaire d'un livre italien , à l'aide de laquelle on peut lire , entendre , écrire & parler dès le premier jour cette Langue , parce que la traduction du texte est uniquement consacrée à faire sentir

---

(1) Entr'autres MM. Rollin , du Marsais , Chompré , Delaulnai , le Batteux , & M. l'Abbé Radonvilliers.

d

l'équivalence des mots, leur signification verbale & l'emploi qu'on peut faire de chacun d'eux dans le discours. Quatre cahiers de soixante-quatre pages in-4°., doivent apprendre à lire touts les livres écrits en prose. Quatre cahiers de cent vingt-huit pages in-8°., doivent préparer à la lecture de la Poësie Italienne.

Je ne prétends point que les personnes qui auront lu ces huit cahiers de Prose ou de Poësie Italienne, sçauront parfaitement la Langue Italienne; je les assûre uniquement qu'après la lecture qu'elles auront faite des deux ouvrages que je leur ferai parvenir, elles pourront lire couramment touts les livres écrits en Prose ou en Vers Italiens; & que, si elles sont arrêtées par quelque expression, le sens leur en fera souvent deviner la signification.

Les personnes qui ont appris le Latin par la méthode qu'on a toujours suivie jusqu'ici, ont paru regretter que le Cours de Langue Italienne que je fais distribuer, ne commençât pas par une Grammaire. Le mot François qui est au-dessous de chaque mot Italien dans le Cours de Langue Italienne, étant l'équivalent du mot Italien qui est au dessus de lui; je n'ai pas imaginé qu'en faisant lire par exemple les deux vers suivants du Tasse,

Canto l' Armi (1) pietose, (2) e l' Capitano
Je chante les Armes pieuses, & le Capitaine
Che' l (3) gran Sepolcro liberò di Cristo,
Qui le grand Sépulchre délivra de Christ,

je dûsse faire remarquer le temps & les personnes des verbes, les articles, les cas, les nombres des noms, les conjonctions, &c. J'ai pensé qu'en lisant Canto, le Lecteur se diroit que ce mot est la premiere personne du verbe qui signifie en Italien je chante, puisque le mot qui le traduit littéralement en François est à la premiere personne de l'indicatif du verbe François Chanter. J'ai cru que le Lecteur se diroit à lui-même que l'Armi est l'accusatif pluriel du mot qui signifie en Italien Armes, précédé de l'article féminin pluriel le; puisque les mots François qui correspondent aux deux mots Italiens, sont l'article défini François les & le substantif pluriel féminin, Armes; que par le même raisonnement le Lecteur devoit se dire que Pietose est un adjectif à l'accusatif pluriel féminin, & qu'il s'accorde en genre, en nombre & en cas avec le mot Armi, qui le précède; qu' e est une conjonction; que Capitano est l'accusatif du mot Italien qui signifie Capitaine, précédé de l'article 'l, apostrophé; que le mot che est le nominatif du pronom relatif Italien qui signifie en Italien délivrer; 'l, l'accusatif apostrophé de l'article il, qui signifie le; gran, l'accusatif de l'adjectif Italien grande, qui veut dire grand, lequel est en Italien, diminué d'une syllabe par licence poëtique; que Sepolcro, est l'accusatif du substantif Italien qui signifie Sépulchre; di, l'article indéfini qui signifie de; Cristo, signifie Christ; di Cristo, le genitif.

On n'a réellement besoin de Grammaire que pour deviner les Langues, lorsqu'il n'y a point de livres élémentaires qui puissent épargner ce travail. Il est

(1) L'Armi apostrophé pour le Armi.
(2) E'l pour il.
(3) che'l pour e il.

inutile de commencer l'étude d'une langue par lire les livres de cette espece, quand on trouve au-deſſous de chaque mot qu'on lit, l'explication de ce mot, l'indication de ſes cas, de ſes nombres, ou des temps, des modes, des perſonnes, &c.

Mais comment, m'a-t-on dit, apprenderai-je la prononciation de la Langue? Vous pouvez vous borner pour la ſçavoir, à lire ſouvent à haute voix la page X, qui, dans le Cours de Langue Italienne, a la prononciation pour objet; elle ſuffira pour vous préparer à une articulation plus perfectionnée. Quand vous aurez paſſé à lire par jour trois ou quatre pages in-4°. de Proſe, ou huit pages in-8°. de Poëſie, prenez un Maître de Langue : il lira devant vous ou vous lirez devant lui le livre dans lequel vous vous ſerez inſtruit. Vous n'aurez pas de peine à ſaiſir l'articulation des mots dont le ſens & la véritable expreſſion ſeront dans votre eſprit.

Mais, comment pourrai-je parler Italien? De la même maniere que vous avez appris à parler François. Avez-vous débuté par lire la Grammaire de votre Langue, par apprendre les déclinaiſons des noms, &c, ? L'idée de touts les changements par leſquels le ſubſtantif, l'adjectif & le verbe peuvent paſſer, ne vous a été donnée que bien long-temps après que vous avez parlé la Langue Françoiſe. Contentez-vous d'apprendre l'Italien ou toute autre Langue par la même méthode qui vous a appris le François. Quand vous ſerez parvenu à entendre, par le moyen de votre Langue maternelle, les différentes Langues auxquelles je dois vous initier, vous lirez, ſi vous le voulez, les Grammaires qui ſont propres à chacune d'elles ; alors les principes ſur leſquels vos yeux s'arrêtéront, trouveront leur application dans vos lectures, l'attention que vous prêterez aux regles différentes auxquelles les Langues ſont ſoumiſes ne ſera point perdue pour vous.

Avant de parler une Lanuge & de pouvoir l'entendre parler, il faut ſe garnir la tête de mots ; il faut lire beaucoup. C'eſt en étudiant les rapports continuels des mots, leur liaiſon, leur dépendance, leur ſignification verbale, leur ſynonymité, que vous remplirez votre mémoire d'expreſſions, & que vous pourrez les employer à exprimer ce que voudrez dire. Lorſque vous n'avez pas eu aſſez de mots dans la tête pour parler François, votre langue liée dans votre bouche par l'impoſſibilité de vous faire entendre, vous a fait éprouver les mêmes difficultés qui vous empêchent de parler toutes les Langues ; vous les avez levées en retenant beaucoup de mots, en faiſant un uſage très-ſouvent répeté des expreſſions que vous avez retenues. Tant que votre mémoire ne vous a fourni qu'un petit nombre de mots, des expreſſions paraſites ſe ſont préſentées dans toutes vos phraſes. Vous vous êtes corrigé de ce défaut en apprenant de nouveaux termes qui pouvoient exprimer d'une autre maniere le même ſentiment, la même idée.

Avez-vous grande envie de parler Italien, Anglois, &c; d'entendre touts les livres écrits dans ces Langues ? lifez beaucoup, & fur-tout des livres qui écartent toutes les difficultés, qui ne vous laiffent rien chercher, dans lefquels vous ne rencontriez rien qui puiffe arrêter votre attention ou refroidir votre ardeur. Il n'y a que les livres pareils à ceux que je vous préfente qui puiffent vous offrir ces avantages : prenez-les, lifez-les.

Vous n'avez appris à marcher, à vous fervir de vos mains, que par la répétition continuelle des mêmes actes. Le travail feul donne à toutes les parties de votre exiftence cette liberté d'action qui charme, qui féduit. On ne l'acquiert jamais quand on imagine ne pouvoir pas furmonter les premieres difficultés de l'apprentiffage. Fermez les yeux fur touts les motifs qui peuvent vous décourager. Lifez, lifez ; vos progrès dans l'étude des Langues dépendent de l'ufage plus ou moins affidu que vous ferez de cet avis. Si votre avancement ne répond pas à mes promeffes, vous ne continuerez pas à étudier, d'après une méthode dont votre expérience vous aura démontré l'infuffifance. Cette épreuve n'eft ni coûteufe ni longue : tentez-la.

Lorfque j'ai annoncé que le Journal d'éducation commenceroit par des Cours de Langues étrangères, j'ai craint que la méthode d'après laquelle je devois en diriger l'étude ne fût contrariée par les préjugés dont l'ignorance, la pareffe & l'habitude accréditent l'empire. Je vois avec fatisfaction que s'il y a un grand nombre de perfonnes qui fe défient du fuccès de ces Cours d'Inftruction, un nombre pareil s'empreffe de jouir des fecours qu'elle offre pour l'étude des Langues. Les épreuves que j'ai faites en ce genre, ne me permettent pas de douter qu'elles puiffent être moins fructueufes aux perfonnes qui voudront les tenter. Il ne faut que de la mémoire pour apprendre les Langues.

COURS

DE

LANGUE ITALIENNE.

INTRODUZIÓNE ISTORÍCA
INTRODUCTION HISTORIQUE

ÁLLE LÉTTERE PERUVIÁNE.
AUX LETTRES PÉRUVIENNES.

Non vi è Pópolo, le di cúi notízie circa la súa orígine
N' y eſt Peuple, les de qui notices ſur la ſienne origine
ed antichità ſiéno così riſtrétte cóme quélle déi
& antiquité ſoient auſſi reſtreintes comme celles des
Peruviáni; i lóro annáli conténgono appéna la ſtória
Péruviens; les leurs annales contiennent à peine l'hiſtoire
di quáttro ſécoli.
de quatre ſiecles.

Mancócapac, ſecóndo la lóro tradizióne, fù Legiſla-
Mancocapac, ſelon la leur tradition, fut Légiſla-
tóre e primo Inca di quéi Pópoli. Egli dicéva che
teur & premier Inca de ces Peuples. Il diſoit que
il ſóle, che chiamávano lóro pádre, e cóme il lor
le ſoleil, qu'ils appelloient leur pere, & comme le leur

A

Dìo adoràvano, mòssö a pietà, délla barbárie
Dieu adoroient, mu de commifération, de la barbarie

in cúi vivévano da gran témpo, avéva mandáto
dans laquelle ils vivoient depuis grand temps, avoit envoyé

lóro dal Ciélo dúe figliuóli, l'úno máfchio e l'áltro
à eux du Ciel deux enfants, l'un mâle & l'autre

fémina, per dar lóro léggi, ed eccitárli, for-
femelle, pour donner à eux des loix, & exciter les, en for-

mándo città e coltivándo la térra, a diventàr
mant des cités & cultivant la terre, à devenir

uómini ragionevóli.
hommes raifonnables.

I Peruviáni hánno dúnque a Mancócapac, ed a fúa
Les Péruviens ont donc à Mancocapac, & à fa

móglie Coya-Mama-Oéllo-Huaco, l'óbligo déi príncipi, déi
femme Coya-Mama-Oello-Huaco, l'obligation des principes, des

coftúmi e dálle arti, cói quáli vivévano félici,
coutumes & des arts, avec lefquels ils vivoient heureux

quándo l'avaríçia dálle fpónde d'un' áltro continénte,
quand l'avarice des bords d'un autre continent

del quále non avévano neppúr la mínima idéa, vo-
du quel ne nous avions vraiment la moindre idée, vo-

mitò fóvra le lóro térre tiránni, la di cúi barbárie
mit fur les leurs terres tyrans, la de qui barbarie

fù l'obbróbrio dell' umanità e l'orróre di quél fécolo.
fut l'opprobre de l' humanité & l'horreur de ce fiecle.

Gli Spagnuóli non potévano arrivàr nel Perù in
Les Efpagnols ne pouvoient arriver dans le Pérou en

un témpo più propíçio ed opportúno per éffi, attéfe
un temps plus propice & opportun pour eux, attendu

cérte idée che vi regnávano allóra.
certaines idées qui y régnoient alors.

Si parláva da quálche témpo d'un' orácolo antíco,
On parloit depuis quelque temps d'un oracle antique,

il quále predicéva che dópo úna cérta ferie di Rè,
lequel annonçoit qu' après une certaine ferie de Rois,

verrébbero nel lor paéſe uómini ſtraordinári,
on verroit dans le leur pays hommes extraordinaires,
diſtruttóri del lor Império e délla lóro Religióne.
deſtructeurs de leur Empire & de la leur Religion.

Ancorchè l'Aſtronomía fóſſe úna délle principáli ſciénze
Quoique l'Aſtronomie fût une des principales ſciences
déi Peruviáni, ſi ſpaventávano nondiméno de' prodígi,
des Péruviens, foi ils effrayoient néanmoins des prodiges,
cóme mólti áltri Pópoli.
comme pluſieurs autres Peuples.

Tre cérchi vedúti all' intórno délla lúna, e prin-
Trois cercles vus à l'entour de la lune, & prin-
cipalménte alcúne cométe, avévano ſpárſo il terróre
cipalement quelques comètes, avoient répandu la terreur
fra éſſi.
parmi eux.

Un' áquila inſeguíta d' áltri uccélli, il máre uſcíto
Une aigle pourſuivie par d' autres oiſeaux, la mer ſortie
da' ſuói límiti, tútto in ſómma confermáva l'orácolo
de ſes limites, tout en ſomme confirmoit l'oracle
infallíbile quánto funéſto.
infaillible autant que funeſte.

Il primogénito del ſéttimo degl' Incas, il di cúi nóme
Le premier né du ſeptieme des Incas, le de qui nom
predicéva, nélla língua peruviána, la fatalità délla ſúa
annonçoit, dans la langue péruvienne, la fatalité de la ſienne
época, avéva áltre vólte vedúto úna figúra mólto divérſa
époque, avoit autrefois vu une figure fort différente
da quélla déi Peruviáni; ſpécie di fantáſma che avéva
de celle des Péruviens; eſpece de fantôme qui avoit
úna bárba lúnga ed un veſtiménto che lo copríva
une barbe longue & un vêtement qui le couvroit
sin' a' piédi, ménando per le rédini un' animále ſconoſciúto.
juſqu'aux pieds, menant par les rênes un animal inconnu.

Tal viſióne avéva ſpaventáto il Principíno, a
Telle viſion avoit épouvanté le jeune Prince, à

cúi il fantáſma diſſe che' égli éra figlio del ſóle,
qui le fantôme dit qu' il étoit fils du ſoleil,
fratéllo di Mancócapac, e che ſi chiamáva Viracócha.
frere de Mancocapac, & qu' il s'appelloit Viracocha.

Quéſta fávola ridícola ſi éra per diſgrázia conſolidáta
Cette fable ridicule s'étoit par malheur accréditée
tra i Peruviáni ; ónde ſúbito ch' éſſi veddero gli Spa-
chez les Péruviens ; d'où auſſi-tôt qu' ils virent les Eſpa-
gnuóli con bárbe lúnghe, le gámbe copérte e caval-
gnols avec barbes longues, les jambes couvertes & chevau-
cándo animáli déi quáli non avévano mái vedúto
chant des animaux deſquels ne ils avoient jamais vu
ſímile ſpécie, credérono vedèr in éſſi i figli di quél
pareille eſpece, ils crurent voir en eux les fils de ce
Viracócha, che ſi éra détto figlio del ſóle.
Viracocha, qui s'étoit dit fils du ſoleil.

Quéſto fù il motívo per il quále l'uſurpatore ſi féce
Ce fut le motif pour le quel l'uſurpateur ſe fit
annunziár da' ſúoi Ambaſciatóri, ſótto il título di
annoncer par ſes Ambaſſadeurs, ſous le titre de
diſcendénte dal dío che adorávano.
deſcendant du dieu qu'ils adoroient.

Tútto piegó ſótto gli Spagnuóli : la plébe è da per
Tout plia ſous les Eſpagnols : le peuple eſt de par-
tútto plébe. Éſſi fúrono dúnque ſtimáti generalménte
tout peuple. Ils furent donc regardés pour généralement
déi, il di cúi furóre non fù poſſíbile di placare
dieux, la deſquels fureur ne fut poſſible de calmer
nè cói dóni i più prezióſi, nè cógli omággi i
ni avec les dons les plus précieux, ni avec les hommages les
più úmili.
plus humbles.

I Peruviáni eſſéndoſi accórti che i caválli degli
Les Péruviens étant s' apperçus que les chevaux des
Spagnuóli maſticávano i lóro fréni, penſárono che quéi
Eſpagnols mâchoient les leurs freins, penſerent que ces
moſtri

moſtri domáti, oggetti anch' eſſi appréſſo lóro di ve-
monſtres domptés, objets auſſi eux auprès d' eux de vé-
nerazióne e fórſe di cúlto, ſi nudríſſero di metálli;
nération & peut-être de culte, ſe nourriſſoient de métaux;
perciò andávano a cercàr ógni giórno tútto l'óro e
pour cela ils alloient à chercher chaque jour tout l'or &
l'argénto che poſſedévano, per offerírli lóro.
l'argent qu' ils poſſédoient, pour offrir les à eux.

Si fa ſoltánto menzióne di quéſto fátto, per dimoſtràr
On fait ſeulement mention de ce fait, pour démontrer
qual fóſſe la credulità degli abitánti del Perù, e la
quelle fut la crédulité des habitants du Pérou, & la
facilità ch' ébbero gli Spagnuóli di ſedúrli.
facilité qu'eurent les Eſpagnols de ſéduire les.

Ma che giovávano ái Peruviáni tánti omággi
Mais à quoi ſervoient aux Péruviens tant d'hommages
vérſo gli Spagnuóli? Deh! potévan églino ſperar la
envers les Eſpagnols? Hélas! pouvoient-ils eſpérer la
mínima pietà da quégli avári tiránni, dópo avèr
moindre commiſération de ces avares tyrans, après avoir
ad éſſi ſcopérto le lóro imménſe ricchézze?
à eux découvert les leurs immenſes richeſſes?

Tútto un pópolo (mi fa orrór il penſárvi!)
Tout un peuple (me fait horreur le penſer y!)
tútto un pópolo, díco, benchè ſúpplice, mandáto a
tout un peuple, dis-je, bien que ſuppliant, livré au
filo di ſpáda; tútte le léggi dell' umanità calpeſtáte:
fil de l'épée; toutes les loix de l'humanité foulées aux pieds:
quéſte fúron le víe cólle quáli gli Spagnuóli con-
telles furent les voies par leſquelles les Eſpagnols con-
quiſtárono l'Império ed i teſóri d'úna délle più bélle
quirent l'Empire & les tréſors d'une des plus belles
párti del móndo.
partes du monde.

Vittórie mecániche! (eſcláma un' Autóre nomináto
Victoires méchaniques! s'écrie un Auteur appelé

B

Montagne , confiderándo il víle oggétto di quéfte con-
Montagne , confidérant le vil objet de ces con-
quéfte) : nè l'ambiziónc (foggiúng' égli) nè il furòr
quêtes : ni l'ambition, ajoûte - t - il , ni la fureur
di quelle inimicízie radicáte nel cuòr di dúe naziòni ,
de ces inimitiés enracinées dans le cœur de deux nations ,
provocaròn giammái gli uómini ad oftilitá cosí
porterent jamais les hommes à des hoftilités auffi
orríbili , nè a calamitá cotánto funéfte.
horribles , ni à des calamités auffi funeftes.

Fúrono i Peruviáni, in quéfto módo , le mífere
Furent les Péruviens , de cette maniere , les malheureufes
víttime d'un pópolo aváro, che, da princípio ,
victimes d'un peuple avare , qui , dès le commencement ,
non dimoftrò lóro áltri fentiménti che di buóna
ne montra à eux autres fentiments que de bonne
féde , ánzi di benevolénza.
foi , même de bienveuillance.

L'ignoránza délla nóftra perfídia e l'ingenuità de'
L'ignorance de la notre perfidie & l'ingénuité de
lóro coftúmi , li fécero cadèr nélle insídie de' lóro
leurs coutumes , les firent tomber dans les embûches de leurs
víli némíci.
vils ennemis.

In váno úno fpázio imménfo avéva divífo le città
En vain un efpace immenfe avoit divifé les cités
del fóle dal nóftro emisféro , éffe ne divénnero la
du foleil de notre hémifphère , elles en devinrent la
préda ed il più preziófo domínio.
proie & le plus précieux domaine.

Che fpettácolo per gli Spagnuóli, nel vedèr i
Quel fpectacle pour les Efpagnols , en voyant les
giardíni del témpio del fóle , óve gli álberi , le
jardins du temple du foleil , où les arbres , les
frútta ed i fióri érano d'óro , lavoráti con un' árte
fruits & les fleurs étoient d'or , travaillés avec un art

ſconoſciúta in Európa! Le paréti del témpio lamináte
inconnu en Europe! Les murs du temple revétus

cóllo ſtéſſo metállo, un numéro infiníto di ſtatúe
avec le même métal, un nombre infini de ſtatues

copérte di gióje, e quantità d' áltre ricchézze fin' a
couvertes de pierreries, & quantité d'autres richeſſes juſqu'à

quél témpo ignote, inſiammárono di tal cupidígia i
ce temps inconnues, enflammèrent de telle cupidité les

conquiſtatóri di quél pópolo ſventuráto, che dimenticárono
conquérants de ce peuple infortuné, qu'ils oublierent

nelle lóro sfrenáte crudeltà, che i Peruviáni érano
dans les leurs effrénées cruautés, que les Péruviens étoient

uómini.
hommes.

Fáttaſi quéſta bréve deſcrizióne delle ſciagure di
Faite ſe cette courte deſcription des malheurs de

quéi pópoli infelíci, verrà nell' iſtéſſo módo
ces peuples infortunés, fera de cette même maniere

termináta, con un ritrátto de' lóro coſtúmi, l'introduzióne
terminée, avec un extrait de leurs coutumes, l'introduction

cheſi è ſtimáta neceſſária álle Léttere ſeguénti.
qu'on a jugé néceſſaire aux Lettres ſuivantes.

Quéi pópoli érano generalménte ſincéri, umáni, reli-
Ces peuples étoient généralement ſincères, humains, reli-

gióſi, e perciò oſſervatóri ſcrupulóſi délle léggi che
gieux, & pour cela obſervateurs ſcrupuleux des loix que

credévano éſſere ſtáte iſtituíte da Mancócapac, figlio
ils croyoient avoir été établies par Mancocapac, fils

del ſóle, che adorávano.
du ſoleil, qu'ils adoroient.

Benchè quéll' áſtro fóſſe il ſol dío a cúi avéſſero
Bien que cet aſtre fût le ſeul dieu auquel ils euſſent

erétto témpi, venerávano nondiméno un dío crea-
érigé des temples, ils vénéroient néanmoins un dieu créa-

tóre, ſuperióre ad éſſo, che chiamávano Pachácamac;
teur, ſupérieur à lui, qu'ils appelloient Pachacamac;

quéſto nóme éra per éſſi il più ſácro, il più riſ-
ce nom étoit pour eux le plus ſacré, le plus reſ-
pettévole, e non ardívano pronunziárlo, ſe non di rádo
pectable, & ne ils oſoient prononcer le, ſinon rarement
e con dimoſtrazióni délla maggiòr riverénza.
& avec démonſtrations de la plus grande vénération.

Avévano pariménte úna grandiſſima venerazióne
Ils avoient pareillement une très-grande vénération
per la lúna, riputándola móglie e ſorélla del ſóle,
pour la lune, croyant elle mere & ſœur du ſoleil,
mádre ed orígine di qualſi vóglia cóſa; figurándoſi,
mere & ſource de quelle qu'on veuille choſe; imaginant s',
peró, cóme púre tútti gli áltr' Indiáni, che quéſt' áſtro
pourtant, comme enfin touts les autres Indiens, que cet aſtre
cagionerébbe la diſtruzióne del móndo, nel laſciàrſi
occaſionneroit la deſtruction du monde, par le laiſſer ſoi
cadèr ſópra la térra, che annichilerébbe cólla ſúa cadúta.
tomber ſur la terre, qu'il anéantiroit par la ſienne chûte.

Il tuóno, che chiamávano Yalpor, i lámpi ed il
Le tonnerre, qu'ils appelloient Yalpor, les éclairs & la
fúlmine érano tra éſſi conſideráti cóme miniſtri délla
foudre étoient chez eux regardés comme miniſtres de la
giuſtízia del ſóle; e quéſt' idéa contribuì non póco
juſtice du ſoleil; & cette idée contribua non peu
álla ſánta riverénza che inſpirárono lóro i primi
à la ſainte révérence qu' inſpireroient à eux les premiers
Spagnuóli : le di cúi ármi da fuóco érano dái Pe-
Eſpagnols : les deſquels armes à feu étoient par les Pé-
ruviáni ſtimáte iſtruménti del tuóno.
ruviens pris pour inſtruments du tonnerre.

L'opinióne dell' immortalità dell'ánima éra ſtabilíta
L'opinion de l'immortalité de l'âme étoit accréditée
fra i Peruviáni; credévano, cóme la maggiòr párte
chez les Péruviens; ils croyoient, comme la plus grande partie
degl' Indiáni, che l'ánima s' involáſſe in luóghi incógniti,
des Indiens, que l'âme s'envôloit en lieux inconnus,

per

per éſſervi premiáta o puníta, ſecóndo lo me-
pour être y récompenſée ou punie, ſelon qu'elle le mé-
ritáva.
ritoit.

Offerívano al ſóle óro e quánto avévano di
Ils offroient au ſoleil l'or & tout ce qu'ils avoient de
più prezióſo. Il Raymi éra la ſúa principàl féſta,
plus précieux. Le Raymi étoit la leur principale fête,
e gli veníva preſentáto in úna cóppa un cérto
& lui étoit préſentée en une coupe une certaine
licòr gagliárdo, nomináto Mays, che i Peruviáni
liqueur forte, appellée *Mays,* que les Péruviens
ſpremévano da úna délle lóro piánte, e di cúi
exprimoient d' une de leurs plantes, & dont ils
bevévano dópo i ſacrifíci, ſinchè fóſſero ubbriáchi.
buvoient après les ſacrifices, juſqu'à ce qu'ils fuſſent ivres.

Vi érano nel magnífico témpio del ſóle cénto
Y étoient dans le magnifique temple du ſoleil cent
pórte; l'Inca regnánte, che ſi chiamáva il Capa-Inca,
portes; l'*Inca* régnant, qu'on appelloit le *Capa-Inca,*
potéva égli ſólo fárle apríre, e penetràr nel ſantuário.
pouvoit lui ſeul faire les ouvrir, & pénétrer dans le ſanctuaire.

Le Vérgini conſacráte al ſóle érano educáte nel
Les Vierges conſacrées au ſoleil étoient élevées dans le
Témpio quáſi naſcéndo, ed ivi, ſótto la cuſtódia
Temple preſqu'en naiſſant, & là, ſous la garde
délle lóro Mamas o ſía Aje, vivévano in un' etér-
de leurs *Mamas* ou Gouvernantes, vivoient dans une éter-
na virginità, eccétto che le léggi le deſtináſſero a
nelle virginité, excepté que les loix les deſtinaſſent à
maritárſi cogl' Incas, che dovévano neceſſariaménte ſpoſàr
marier ſe avec les *Incas,* qui devoient néceſſairement épouſer
le lóro ſorelle; ed in mancánza di quéſte, la prí-
les leurs ſœurs; & à défaut de celles-ci, la pre-
ma Principéſſa del ſángue reále che fóſſe Vérgine
miere Princeſſe du ſang royal qui fût Vierge

C

del sóle. Una délle principáli occupazióni di quéste
du soleil. Une des principales occupations de ces
Vérgini éra di lavoràr ái diadémi degl' Incas, *la*
Vierges étoit de travailler aux diadêmes des *Incas*, la
di cúi ricchézza consistéva in úna spécie di frángia.
desquels richeffe consiftoit en une efpece de frange.

Il Témpio éra ornáto di divérsi Ídoli déi pópoli
Le Temple étoit orné de diverfes Idoles des peuples
che gl' Incas *avévano sottoméssi, e costrétti d'abbracciàr*
que les Incas avoient foumis, & contraints d'embraffer
il cúlto del sóle : in sómma risplendéva in quél sácro
le culte du foleil : en général éclatoit dans ce facré
luógo, arrichíto di gióje e de' più preziósi metálli,
lieu, enrichi de pierreries & des plus précieux métaux,
úna magnificénza veraménte dégna del Dío che vi
une magnificence vraiment digne du Dieu qui y
éra adoráto.
étoit adoré.

L'ubbidiénza ed il rispétto déi Peruviáni per i
L'obéiffance & le refpect des Péruviens pour les
lor Sovráni, procedévano dall' opinióne che il sóle
leurs Souverains, procédoient de l'opinion que le foleil
fósse il pádre di quéi Príncipi; ma l'affétto che
étoit le pere de ces Princes; mais l'affection qu'ils
avévano per éssi éra il frútto délle lóro próprie
avoient pour eux étoit le fruit de leurs propres
virtù e délla rettitúdine degl' Incas.
vertus & de la droiture des *Incas*.

Si educáva la gioventù con tútta la cúra che
On élevoit la jeuneffe avec tout le foin que
richiedéva la felíce semplicità délla lóro moróle. La
exigeoit l'heureufe fimplicité de la leur morale. La
subordinazióne non intimoríva gli ánimi, perchè ne
fubordination ne pas intimidoit les efprits, parce que en
veníva dimostráta la necessità dall' età più ténera, e
étoit démontrée la néceffité dès l'âge le plus tendre, &

che la tiránnide e l'orgóglio non vi avévano párte
que la tyrannie & l'orgueil n' y avoient part
alcúna. La modéſtia ed i riſguárdi ſcambiévoli érano
aucune. La modeſtie & les égards mutuels étoient
i primi fondaménti dèll' educazióne déi fanciúlli ; y
les premiers fondements de l'éducation des enfants ; &
lóro maéſtri, atténti a corréger in éſſi i primi
leurs maîtres, attentifs à corriger en eux les premiers
diffétti, reprimévano le paſſióni naſcénti, ovvéro le
défauts, réprimoient les paſſions naiſſantes, ou bien les
dirigévano all' utilità délla pátria. Vi ſóno cérte
dirigeoient à l'utilité de la patrie. Y ſont certaines
virtù che ne ſuppóngono mólte áltre. Per dàr un' idéa
vertus qui en ſuppoſent beaucoup d'autres. Pour donner une idée
di quélle de' Peruviáni, baſterà dìre che prima dell' arrívo
de celles des Péruviens, ſuffira dire qu'avant de l'arrivée
dégli Spagnuóli, ſi dáva per poſitívo, che un Peru-
des Eſpagnols, on donnoit pour poſitif, qu' un Péru-
viáno non avéva mái mentíto.
vien n' avoit jamais menti.

Gli Amautas, filóſofi di quélla nazióne, inſegnávano
Les Amautas, philoſophes de cette nation, enſeignoient
álla gioventù le ſcopérte che ſi érano fátte nélle
à la jeuneſſe les découvertes qui s'étoient faites dans les
ſciénze. Benchè la nazióne fóſſe ancór nélla fanciullézza
ſciences. Bien que la nation fût encore dans l' enfance
circa quéſto particoláre, éſſa éra nondiméno al ſómmo
ſur cet article, elle étoit néanmoins au comble
délla ſúa felicità.
de la ſienne félicité.

I Peruviáni non érano coſì verſáti cóme nói
Les Péruviens n' étoient auſſi verſés que nous
ſiámo nélle ſciénze e nélle arti, ma ſapévano
ſommes dans les ſciences & dans les arts, mais ſçavoient
però procacciárſi quánto éra lóro neceſſário.
pourtant procurer ſe ce qui étoit à eux néceſſaire.

In véce délla nóstra scrittúra adoprávano cérti
En place de la notre écriture ils employoient certains
cordoncíni di bambágia o di budéllo, chiamáti Quipos
cordons de coton, ou de boyau, appellés Quipos
o sía Quapas, di quáli érano attacáti áltri cordóni
ou Quapas, auxquels étoient attachés autres cordons
di divérsi colóri, e formandóne nódi di distánza
de diverses couleurs, & en formant en des nœuds de distance
in distánza, rapprefentávano in quésta maniéra i
en distance, ils repréfentoient de cette maniere les
lor penfiéri; quéfti érano i lóro annáli, códici,
leurs penfées; tels étoient les leurs annales, livres,
rituáli, &c.
rituels, &c.

Avévano ufficiáli públici, Guardaquípos, nomináti
Ils avoient des officiers publics, Garde-Quipos, appellés
Quipocamajos. Le Finánze, i Cónti, i Tribúti, in
Quipocamajos. Les Finances, les Comptes, les Tributs, en
fómma tútte le combinazióni e tútti gli affári érano
total toutes les combinaifons & toutes les affaires étoient
cosí facilménte trattáti cói Quipos, cóme fi farébbe
auffi facilement traitées avec les Quipos, comme on auroit
potúto far coll' úfo délla fcrittúra.
pu faire avec l'ufage de l' écriture.

Secóndo le léggi del fávio Mancócapac, la cultúra
Suivant les loix du fage Mancocapac, la culture
délle térre éra divenúta fácra; éffa fi facéva in
des terres étoit devenue facrée; elle fe faifoit en
commúne, ed i giórni di quéfto lavóro érano riputáti
commun, & les jours de ce travail étoient réputés
féfte. Divérfi canáli d'un' imménfa lunghézza diftribuívano
fêtes. Divers canaux d'une immenfe longueur diftribuoient
da per tútto la frefcúra e la fertilità; ma quéllo
de par - tout la fraîcheur & la fertilité; mais ce
che fi può appéna capíre, fi é che fénz' alcún' if-
qui fe peut à peine comprendre, c'eft que fans aucun inf-
truménto

truménto di férro nè d'acciájo, ed a fórza di bráccia
trument de fer ni d'acier, & à force de bras
folaménte, i Peruviáni avéffero potúto rovefciàr rúpi,
feulement, les Péruviens euffent pu renverfer rochers,
dividèr mónti i più álti, per praticàr i loro magni-
couper montagnes les plus hautes, pour pratiquer les leurs magni-
fici acquedótti, e le ftráde neceffárie in tútto il
fiques aqueducs, & les chemins néceffaires dans tout le
lor paéfe.
leur pays.

Sapévano nel Perù, quánto éra lóro neceffário
Ils fçavoient dans le Pérou, autant qu'il étoit à eux néceffaire
di geometría per la divifióne e mifúra délle térre.
de géométrie pour la divifion & mefure des terres.

La medicína vi éra totalménte ignoráta, ancorchè
La médecine y étoit totalement ignorée, quoiqu'ils
adopráffero alcúni fecréti per cérti máli particolári.
euffent trouvé aucuns fecrets pour certains maux particuliers.

Garciláffo díce che avévano úna fpécie di múfica
Garcilaffo dit qu'ils avoient une efpece de mufique
ed ánche quálche génere di poesía.
& même quelque genre de poéfie.

I lóro Poéti, nomináti Hafavec, componévano úna
Les leurs Poëtes, appellés Hafavec, compofoient une
fórta di tragédie e di commédie che i fígli déi
forte de tragédies & de comédies que les fils des
Caciques, ovvéro déi Curacas, rapprefentávano nel
Caciques, ou bien des Curacas, repréfentoient dans le
témpo délle féfte in prefénza degl' Incas e di tútta
temps des fêtes en préfence des Incas & de toute
la Córte.
la Cour.

La morále e la cognizióne délle léggi útili al
La morale & la connoiffance des loix utiles au
ben público, érano dúnque le fóle fciénze nélle quáli
bien public, étoient donc les feules fciences dans lefquelles
D

i Peruviáni avéſſero fátto   progréſſi.   Biſógna confeſſáré
les Péruviens euſſent fait des progrès.   Il faut   avouer
(dice úno Stórico) che   han   fátto cóſe tánto mara-
(dit   un Hiſtorien) qu' ils ont fait choſes tant   mer-
viglióſe, e ſtabilíto regolaménti coſì ſávi, che póche
veilleuſes, & établi   réglements   ſi ſages,   que peu de
nazióni póſſono gloriárſi di avérli ſuperáti in quéſto génere.
nations peuvent glorifier ſe d'avoir les ſurpaſſés en ce   genre.

LÉTTERE
LETTRES
D'ÚNA PERUVIÁNA.
D'UNE PÉRUVIENNE.

LÉTTERA PRÍMA.
LETTRE PREMIERE.

Aza! mío cáro Aza! le grida, i gémiti délla túa
Aza! mon cher Aza! les cris, les plaintes de la tienne
ténera Zília, símili ái vapóri délla mattína, ſi eſálano
tendre Zilia, ſemblables aux vapeurs du matin, s'exhalent
e ſvaníſcono príma di giúnger a te; indárno ío
& s'évaporent avant d'arriver à toi; en vain je
ti chiámo al mío ajúto, indárno ſto aſpettándo che
t'appelle à mon ſecours, en vain je ſuis dans l'attente que
tu vénga a ſpezzàr le míe caténe. Ahi! fórſe
tu viennes à rompre les miennes chaînes. Hélas! peut-être
le ſciagúre che mi ſon ignóte, ſóno le più orríbili!
les malheurs qui me ſont inconnus, ſont les plus horribles!
fórſe i tuói máli ſúperano i miéi.
peut-être les tiens maux ſurpaſſent les miens.

La città del sóle, in préda ái furóri d'úna
La cité du soleil, en proie aux fureurs d'une
nazióne bárbara, mérita pur tróppo le míe lágrime;
nation barbare, mérite certainement trop les miennes larmes;
ma tu féi, Aza, tu féi l'único oggétto del mío
mais tu es, Aza, tu es l'unique objet du mien
affánno e délla mía difperazióne.
chagrin & du mien défefpoir.

Quál è ftáta la túa fórte in quél tumúlto fpa-
Quel a été le tien fort dans ce tumulte épou-
ventófo, víta mía cára! Il túo valóre ti è ftáto
ventable, vie mienne chère! La tienne valeur t' a été
égli funéfto o inútile? Crudéle àlternatíva! mortál
elle funefte ou inutile? Cruelle alternative! mortelle
inquietúdine! Oh mío cáro Aza! Pur chè i giórni
inquiétude! O mon cher Aza! Mais que les jours
tuói sieno fálvi; ch' ío foccómba, s' è d' uópo,
tiens foient confervés; que je fuccombe, s'il eft de befoin,
fótto i máli che mi opprímono!
fous les maux qui m' oppriment!

Dal moménto terríbile (deh! piacéffe al ciélo
Depuis le moment terrible (ah! plût au ciel
ch' égli fóffe ftáto fvélto dálla caténa del témpo e
qu' il eût été arraché de la chaîne du temps &
rimmérfo nélle idée etérne!) dal moménto órrido,
replongé dans les idées éternelles!) du moment horrible,
díco, in cúi quéfti felvággi émpi mi rapírono al
dis-je, dans lequel ces fauvages impies me ravirent au
cúlto del fóle, a me ftéffa, al túo amóre; ritenúta
culte du foleil, à moi-même, à ton amour; retenue
in úna ftrétta cattività, príva d'ógni commércio
dans une étroite captivité, privée de tout commerce
co' nóftri Cittadíni, ignorándo la língua di quéfti
avec les notres Citadins, ignorant la langue de ces
uómini feróci, próvo foltánto gli effétti d'úna fórte
hommes féroces, j'éprouve feulement les effets d'un fort

avvérfa,

avvérfa , fénza potérne indovinàr la cagióne. Immérfa
ennemi , fans pouvoir en deviner la caufe. Plongée
in un' abíffo d'ofcurità , i méi giórni fóno fimili
dans un abîme d'obfcurité , les miens jours font femblables
álle nótti le più fpaventévolli!
aux nuits les plus épouvantables !

I méi rapitóri non fóno commóffi dálle míe
Les mes raviffeurs ne font émus par les miennes
lágrime , non che da' miéi laménti : fórdi álla
larmes , non plus que par les miennes lamentations : fourds au
mía favella , lo fóno pariménte álle grida délla
mien difcours , ils le font pareillement aux cris du
mía difperazióne.
mien défefpoir.

Quál è quél pópolo così feróce , che non sía
Quel eft le peuple auffi féroce , qui n' eft
intenerito dái fégni dell' afflizióne! Quál órrido
attendri par les fignes de l'affliction ! Quel horrible
deférto ha vedúto náfcer uómini infenfíbili álla
défert a vu naître des hommes infenfibles à la
vóce délla natúra geménte. I bárbari ! Padróni
voix de la nature gémiffante. Les barbares ! Maîtres
dell' Yalpor , altiéri délla poténza di eftermináre ,
du tonnerre , fiers de la puiffance d' exterminer ,
la crudeltà è la lóro fóla guída. Aza! che áfilo
la cruauté eft le leur feul guide. Aza ! quel afyle
troverái cóntro il lor furóre? Ove féi? che
trouveras-tu contre la leur fureur ? Où es-tu ? que
fái? Se la mía víta ti è cára , fámmi confapévole
fais-tu ? Si la mienne vie t' eft chère , fais-moi inftruite
del túo deftíno.
de ton deftin.

Ahi! cóme il mío è cangiáto! è égli poffíbile
Hélas ! comme le mien eft changé ! eft - il poffible
che giórni tánto fimili fra lóro , ábbian ,
que des jours auffi femblables entre eux , aient ,

E

rifpétto à nói, differénze cosí funéfte? Il témpo
par rapport à nous, des différences auffi funeftes? Le temps
fcórre, le ténébre fuccédono álla lúce; non fi
court, les ténèbres fuccédent à la lumiere; ne fe
véde fconcério verúno nélla natúra; ed ío, dal
voit défordre aucun dans la nature; & moi, du
cólmo délla felicità, fóno precipitáta nell' abiffo
comble de la félicité, fuis précipitée dans l'abîme
délle fciagúre, fénza che alcún intervállo mi ábbia
des chagrins, fans qu' aucun intervalle m' ait
preparáta a queft' orríbil páffo.
préparée à cet horrible paffage.
Tu lo fái, oh delízie del mio cuóre! quéll' ór-
Tu le fçais, ô délices de mon cœur! cet hor-
rido giórno, per fémpre fpaventévole, dovéva illuminàr
rible jour, pour toujours épouvantable, devoit illuminer
il triónfo del nóftr' iminéo. Appéna l'auróra cominin-
le triomphe de notre hymenée. A peine l'aurore commen-
ciáva a fpuntare, che anfiofa d'efeguìr un difégno
çoit à pointer, que jaloufe d'exécuter un deffein
che il mío ténero afétto mi avéva infpiráto duránte
que la mienne tendre affection m' avoit infpiré durant
la nótte, córfi a' miéi Quipos; e prevaléndomi
la nuit, je courus à mes Quipos, & prévalant me
del filenzio che regnáva ancór nel témpio,
du filence qui régnoit encore dans le temple,
mi affrettái di nodarli, fperándo con lor ajúto
me hâtai de nouer les, efpérant avec leur aide
di confacrár all' immortalità la memória de' nóftri
de confacrer à l'immortalité la mémoire de les notres
amóri e délla nóftra felicità.
amours & de la notre félicité.
A proporzióne ch' io lavoráva, l'impréfa mi
A proportion que je travaillois, l'entreprife me
paréva méno difficíle; ad ógni moménto quélla
paroiffoit moins difficile; à chaque moment cette

quantità innumerábile di cordoncíni diventáva fra
quantité innombrable de cordons devenoit entre
le míe máni úna pittúra fedéle délle nóſtre aziôni
les miennes mains une peinture fidelle de les notres actions
e de' nóſtri ſentiménti attuáli, com' éra áltre vólte
& de les notres ſentiments actuels, comme elle étoit autre fois
l'intérprete de' nóſtri penſiéri, duránte i lúnghi inter-
l'interprète de les notres penſées, durant les longs inter-
válli che paſſávámo ſénza vedérci.
valle que nous paſſions ſans voir nous.
Immérſa nélla mía occupazióne, il témpo ſcorréva
Plongée dans la mienne occupation, le temps couroit
inſenſibilménte per me, quándo un rumór confúſo
inſenſiblement pour moi, quand une rumeur confuſe
riſvegliò i miei ſpiriti, e féce palpitár il mío cuóre.
réveilla les miens eſprits, & fit palpiter le mien cœur.
Penſái che il moménto avventuróſo fóſſe giúnto,
Je penſai que le moment heureux fût arrivé,
e che le cénto pórte s' appríſſero per laſciár un
& que les cent portes s' ouvriſſent pour laiſſer un
líbero tránſito al ſóle de' giórni miéi; naſcoſi
libre paſſage au ſoleil de les jours miens; je cachai
frettoloſaménte i miéi quipos ſótto un lémbo délla
hâtivement les miens quipos ſous un pan de la
mía véſta, e córſi al túo incóntro.
mienne robe, & je courus à la tienne rencontre.
Ma quál orréndo ſpettácolo víddi io! úna rimembranza
Mais quel horrible ſpectacle vis-je! un reſſouvenir
coſì ſpaventévole non ſi cancellerà mái dálla mía
auſſi épouvantable ne ſe détachera jamais de la mienne
memória. Il paviménto del témpio inſanguináto, l'immágine
mémoire. Le pavé du temple enſanglanté, l'image
del ſóle calpeſtáta, úno ſtuólo di ſoldáti furióſi
du ſoleil foulée aux pieds, une foule de ſoldats furieux
inſeguéndo le nóſtre vérgini ſbigottíte, e trucidándo
pourſuivant les notres vierges effrayées, & tuant

quánto   ſi opponéva   al   lóro   tránſito;   le   nóſtre
tout ce qui   s' oppoſoit   à   leur   paſſage;   les   notres
Mamas   ſpiránti,   e gli   ábiti   délle   quáli   ardévano
Mamas   expirantes,   &   les   habits de les   quelles brûloient
ancóra   del   lor   fúlmine;   i   gémiti   déllo   ſpavénto,
encore   de la leur   foudre;   les gémiſſements de l' épouvante,
le   grída   del   fúrore,   ſpargéndo da   ógni   párte   il   terrór
les   cris   de   la fureur, répandant de   toute   part   la terreur
e   lo   ſcompíglio,   mi   tólſero   ógni   ſentiménto.
&   l'   effroi,   m' ôterent tout   ſentiment.
Riavúti   i   miéi   ſénſi,   mi   trováí   per   un   cérto
Repris   les miens   ſens, je   me   trouvai par   un   certain
móto   naturále   e   quáſi   involontário,   appiattáta
mouvement naturel   &   preſqu' involontaire,   applatie
diétro   l'altáre   ch' ío   tenéva   abbraciáto.   Quívi,
derriere   l'autel   que je   tenois   embraſſé.   Là,
immóbile   per   la   paúra,   vedéva   paſsàr   quéi   bárbari;
immobile   par   la   peur,   je   voyois   paſſer   ces   barbares;
il   timóre   d' éſſere   ſcopérta   ſoſpendéva   il   mío   reſpíro.
la crainte   d' être   découverte ſuſpendoit la mienne reſpiration.
Oſſerváí   nulladiméno   che   la   lóro   crudeltá   ſi   rallen-
J'obſervai   néanmoins   que la   leur   cruauté   ſe   rallen-
táva,   quáſi   ſopíta   dállo   ſpettácolo   ſtupéndo   déi
tiſſoit,   comme aſſoupie   par le   ſpectacle   étonnant   des
prezióſi   ornaménti   del   témpio;   che   ſi   lanciávano
précieux   ornements   du   temple;   qu' ils s'   élançoient
vérſo   i   più   riſplendénti,   e   ſvellévano   eziandío
vers   les   plus   reſplendiſſants,   &   arrachoient   auſſi
le   piáſtre   d'óro   di   cúi   lè   paréti   érano   lamináte.   Mi
les   piaſtres   d'or deſquelles les   murs   étoient recouverts.   Me
figuráí   che   il   latrocínio   fóſſe   la   cagión   délla
je   figurai   que   le   larcin   étoit   la   cauſe   de la
lor   barbárie,   e   che   non   opponéndomi   álla   lor   ra-
leur   barbarie,   &   que   ne pas oppoſant moi   à la   leur   ra-
pína,   ſfuggiréí   dálle   lóro   máni.   Riſólſi   dúnque
pine,   j'échapperois de les   leurs   mains. Je réſolus   donc
d'uſcìr.

d'uscìr dal témpio, per fàrmi condùr al tùo pa-
de sortir du temple, pour faire me conduire à ton pa-
lazzo, e chiéder al Capa-Inca soccorso ed asìlo
lais, & demander au Capa-Inca secours & asyle
per le mie compágne e per me; ma al prímo
pour les miennes compagnes & pour moi; mais au premier
móto ch' io féci per scostàrmi, mi sentìi
mouvement que je fis pour échapper me, me je sentis
fermàre. Ah! mío cáro Aza, ne frémo ancóra!
arrêter. Ah! mon cher Aza, en je frémis encore!
quégli émpi ardírono, cólle lóro máni sacríleghe,
ces impies oserent, avec les leurs mains sacriléges,
profanàr la fíglia del sóle.
profaner la fille du soleil.

Rapìta dálla dimóra sácra, strascinàta ignominiosa-
Enlevée de la demeure sacrée, entraînée ignominieuse-
ménte fuòr del témpio, hò vedùto per la príma
ment hors du temple, j'ai vu pour la premiere
vólta il sóglio délla porta celéste, ch' io non dovéva
fois le seuil de la porte céleste, que je ne devois
passàr se non cólle vestiméntà reáli; in véce déi
passer si non avec les vêtements royaux; en place des
fióri che dovévano éssere spárfi sótto i miéi pássi,
fleurs qui devoient être répandues sous les miens pas,
hò vedùto le stráde copérte di sángue e di mori-
j'ai vu les chemins couverts de sang & de mori-
bóndi; in véce dégli onóri del tróno, che ci
bonds; au lieu des honneurs du trône, qui nous
érano destinati, schiáva délla tiránnide, rinchiùsa
étoient destinés, esclave de la tyrannie, renfermée
in úna prigión oscúra, non óccupo maggiór
dans une prison obscure, ne j' occupe un plus grand
spázio di quéllo che vi vúole per contener il mío
espace que celui qu' il faut pour contenir le mien
indivíduo. Una stója, inaffiáta di lágrime, raccóglie il
individu. Une natte, mouillée de larmes, reçoit le

F

mío córpo affaticàcto dái   torménti délla   mía   ánima;
mien corps fatigué par les tourments de la mienne âme;

ma, foftégno caro délla mía víta, eh! quánto mi
mais, foutien cher de la mienne vie, oh! combien me

faran leggiéri tánti   máli, fe inténdo che tu refpíri!
feront légers tant de maux, fi j'apprends que tu refpires!

Fra   quéft' órrido fconvolgiménto, non   fo   per
Pendant cet horrible bouleverfement, ne je fçais par

qual accidénte awenturáto ío ábbia conferváto i miéi
quel évenement heureux   j' aie confervé les miens

quipos : éffi fóno in potér mío, Aza cáro!
quipos : ils font en pouvoir mien, Aza cher!

quéfto è attualménte il fól teföro del mío cúore,
c' eft actuellement le feul tréfor du mien cœur,

poichè fervirà d'intérprete al túo amóre cóme al
puifqu' il fervira d'interprète au tien amour comme au

mío; i medéfimi nódi che t' informeránno délla mía
mien; les mêmes nœuds qui t' informeront de la mienne

efifténza, cangiándo fórma nélle túe máni, mi
exiftence, en changeant de forme dans les tiennes mains, me

farán confapévole délla túa fórte. Ahi! per qual
feront inftruite de ton fort. Hélas! par quel

vía potrò fárli capitàr nélle túe máni? Per
voie pourrai-je faire les paffer dans les tiennes mains? Par

qual mézzo potrán éffermi ripórtati? Non lo fo
quel moyen pourront-ils être à moi rapportés? Ne le je fçais

ancóra; ma il medéfimo fentiménto che cen' inf-
encore; mais le même fentiment qui nous en inf-

piró l'úfo, ci potrá fuggerír il módo d'ingannàr
pira l'ufage, nous pourra fuggérer le moyen de tromper

i nóftri tiránni. Qualúnque sía il Chaqui fedéle
les notres tyrans. Quelque foit le Chaqui fidèle

che ti porterà quéfto preziófo depófito, non cefferò
qui te portera ce précieux dépôt, ne je cefferai

d'invidiàr la fúa ventúra : egli ti vedrà, ben mío!
d'envier le fien bonheur : il te verra, ami mien!

Perchè non pòſſo cangiàr tútti i giórni che il ſóle
Pourquoi ne puis je changer touts les jours que le ſoleil
mi deſtina con un ſól moménto della túa preſénʒa?
me deſtine avec un ſeul moment de la tienne préſence?
Eſſo ti vedrà, ídolo cáro! nell' údir la — túa
Il te verra, idole chérie! en entendant la tienne
vóce, l'ánima ſúa ſarà penetráta d'oſſéquio e di
voix, l'âme ſienne ſera pénétrée de reſpect & de
timóre; in véce che la mía la ſarébbe di giója
crainte; au-lieu que la mienne le ſeroit de joie
e di felicità. Egli ti vedrà: ſicúro délla túa víta,
& de félicité. Il te verra: ſûr de la tienne vie,
la benedirà in preſénʒa túa, nel témpo che,
la il bénira en préſence tienne, dans le temps que,
divoráta d'inquiétudini, l'impaʒiénʒa del ſúo ritórno
dévorée d'inquiétudes, l'impatience du ſien retour
mi diſeccherà il ſángue nelle véne. Ah! mío
me deſſéchera le ſang dans les veines. Ah! mon
cáro Aʒa, i torménti de' cuóri téneri ſóno
cher Aʒa, les tourments des cœurs tendres ſont
tútti adunáti nel mío: un moménto délla túa víſta
touts réunis dans le mien: un moment de la tienne vue
li ſarébbe ſparíre; per godérne mi ſarébbe dólce
les feroit diſparoître; pour jouïr en me ſeroit doux
il ſacrifício délla mia víta.
le ſacrifice de la mienne vie.

LÉTTERA SECÓNDA.
LETTRE SECONDE.

Sparga per sémpre l'álbero délla virtù súa
Répande pour toujours l'arbre de la vertu son
ómbra sácra sóvra la famíglia del pío cittadíno che
ombre sacrée sur la famille du pieux citoyen qui
ha ricevúto sótto la mía finéstra il misteriófo tessúto
a reçu fous la mienne fenêtre le myftérieux tiffu
de' miéi penfiéri, e che l'ha riméffo, Aza
des miennes penfées, & qui l'a remis, Aza
cáro, nélle túe máni. Prolúnghi Pachacamac
cher, dans les tiennes mains. Prolonge Pachacamac
fuói ánni, per prémio del piacèr divíno che
fes années, pour prix du plaifir divin que
mi ha procuráto, col fármi capitàr la túa rifpófta.
m' il a procuré, avec le faire me paffer la tienne réponfe.

I tefóri dell' amóre mi fóno apérti, di cúi
Les tréfors de l' amour me font ouverts, des quels
la mía ánima s' inébbria. Méntre fvilúppo i
la mienne âme s' enivre. Pendant que je développe les
fecréti del túo cuóre, il mío è inondáto da un
fecrets du tien cœur, le mien eft inondé d' un
fiúme di dolcézze. Tu vívi, ed i legámi che ci
fleuve de douceurs. Tu vis, & les liens que nous
preparáva l' imenéo, non fóno totalménte fciólti :
préparoit l'hyménée, ne font totalement rompus :
io afpiráva benfi a tánta felicità, ma non ardíva
j' afpirois certainement à fi grande félicité, mais ne 'ofois
fperarla.
efpérer la.

Sénza curármi di me ftéffa, io teméva fol
Sans foucier me de moi-même, je craignois feulement

pér

per la tua vita; ora che sei fuor di
pour la tienne vie; à préfent que tu es hors de
pericolo, non ho più angófcie. Tu mi ámi; la
 péril, ne j'ai plus d'angoiffes. Tu m'aimes; la
vita, ánzi l'allegrézza, nel mio cuór eftinta,
vie, auffi l'allégreffe, dans le mien cœur éteinte,
vi rináfce. Felice! fon ficúra che il mio affétto è
y renaît. Heureufe! je fuis affurée que le mien attachement eft
da te corrifpófto; ma non per quéfto diméntico,
de toi correfpondu; mais ne pour cela j' oublie,
Aza cáro, che ti fóno debitríce di quánto
Aza cher, qu'à toi je fuis débitrice de tout ce que
dégni approvàr in me. Siccóme la
tu daignes approuver en moi. Tout de même que la
rófa ricéve dái rággi del fóle la pórpora del
rofe reçoit des rayons du foleil la pourpre de la
fúo bel colóre, nell' iftéffo módo, fe tu tróvi
fienne belle couleur, de la même maniere, fi tu trouves
nel mio fpírito e ne' miéi fentiménti quálche
dans le mien efprit & dans les miens fentiments quelque
cófa dégna di ftíma, ne ho l' óbbligo al
chofe digne d' eftime, en j' ai l'obligation au
túo fublíme ingégno: tóltone il mio amóre,
tien fublime génie : excepté en le mien amour,
tútto il rimanénte è túo.
tout le refte eft tien.
Se tu fóffi un' uóm' ordinário, faréi rimáfa
 Si tu fuffes un homme ordinaire, je ferois demeurée
nell' ignoránza a cúi è condennáto il mio féffo;
dans l'ignorance à laquelle eft condamné le mien fexe;
ma l'ánimo túo, fuperióre all' úfo, ne ha trapaffáto
mais l'âme tienne, fupérieure à l'ufage, en a franchi
i límiti per innalzármi síno a te. Non hái
les limites pour élever moi jufqu'à toi. Ne tu as
credúto che un' effénza símile álla túa fóffe dálla
cru qu'un être femblable au tien fût par la

G

natúra riſtrétta all' umiliánte vantággio di dar la
nature borné à l' humiliant avantage de donner la
víta álla túa poſterità; hái volúto che i nóſtri
vie à la tienne poſtérité; tu as voulu que les notres
divíni Amautas ornáſſero il mío intellétto cólle
divins Amautas ornaſſent le mien entendement par les
lóro ſublími ſciénze. Mà, oh lúce délla mía
leurs ſublimes ſciences. Mais, ô lumiere de la mienne
víta! ſénza il deſidério d' éſſerti più aggradévole,
vie! ſans le deſir d' être à toi plus agréable,
avréi ío potúto riſólvermi ad abbandonàr la mía
aurois-je pu réſoudre me à abandonner la mienne
tranquílla ignoránza per l'occupazíone faticóſa délloſtúdio?
tranquille ignorance pour l'occupation fatiguante de l' étude?
Sénza la vóglia eſtréma di meritàr la túa ſtíma,
Sans le vouloir extrême de mériter la tienne eſtime,
la túa confidénza, il túo riſpétto, per mézzo
la tienne confiance, le tien reſpect, par le moyen
di virtù che avvívano l' amóre, e ch' éſſo
des vertus qui vivifient l'amour, & que lui-même
rénde delizióſe, faréi un' oggétto ſoltánto cáro
rend délicieuſes, je ſerois un objet ſeulement cher
a' túoi ócchi, l' aſſénza mi avrébbe già bandíta dálla
aux tiens yeux, l' abſence m'auroit déjà bannie de la
túa memória.
tienne mémoire.

Ah! ſe mi ámi ancóra, perchè ſon ío nélle caténe?
Hélas! ſi me tu aimes encore, pourquoi ſuis-je dans les chaînes?
Allorchè vólgo lo ſguárdo ſulle paréti del mío cárcere, la mía
Lorſque je jette le regard ſur les murs de ma priſon, la mienne
gioja ſpariſce, mi ſénto inorridíre, e ricádo nel
joie diſparoît, me je ſens ſaiſir d'horreur, & je retombe dans l'
príſtino mío timóre. Non ti e ſtáta rapíta la libertà, e non
ancienne mienne crainte. Ne te a été ravie la liberté, & ne
viéni a ſoccórrermi. Ti è nóta la mía fórte, éſſa non è
viens tu à ſecourir me. T' eſt connu le mien ſort, il n' eſt

cangiàta! Nò, mio càro Aza, quéſti Pòpoli feróci che
changé! Non, mon cher Aza, ces Peuples féroces que
chiàmi Spagnuòli, non ti làſciano coſì libero còme
tu nommes Eſpagnols, ne te laiſſent auſſi libre comme
crédi éſſerlo. Tu ſéi altrettànto cattìvo fra gli onòri
tu crois être le. Tu es autant eſclave dans les honneurs
ch' éſſi ti prodìgano, quànto io la ſòno nélla mìa prigióne; non
qu'ils te prodiguent, que je la ſuis dans la mienne priſon; ne
fan àltro in ſòmma ch' indoràr le tùe caténe.
ils font autre en ſomme que dorer les tiennes chaînes.
La tùa bontà t' inganna; tu ti fìdi délle proméſſe che
La tienne bonté te trompe, tu te fies ſur les promeſſes que
quéſti bàrbari ti fànno per mézzo del lor intérprete, perchè
ces barbares te font par entremiſe du leur interprete, parceque
le tùe paròle ſòno invariàbili; ma io che non capìſco
les tiennes paroles font invariables; mais moi qui ne comprends
la lor favélla, io che non ſon reputàta dégna d' éſſer
la leur langue, moi qui ne ſuis réputée digne d' être
ingannàta, diſcérno dàlle lòro aziòni, quàli veraménte
trompée, je diſcerne par les leurs actions, quels vraiment
ſòno.
ils font.

I tuòi ſùdditi li ſtìmano Dèï, perció ſi ſottopòn-
Tes ſujets les croient des Dieux, pour cela ſe ſoumet-
gono àlle lor léggi; oh, Aza càro, guài al Pòpolo
tent aux leurs loix; oh, Aza cher, malheur au Peuple
che il timòr régge!
que la crainte conduit!

Diſingànnati, diffìdati délla fàlſa bontà di quéſti
Détrompe-toi, défie-toi de la fauſſe bonté de ces
ſtraniéri. Abbandòna il tùo império, poichè Viracòcha ne ha
étrangers. Abandonne le tien Empire, puiſque Viracocha en a
predétto la diſtruziòne. Cómpra la tùa vìta e la tùa libertà
prédit la deſtruction. Achete la tienne vie & la tienne liberté
col cedèr e poténza e teſòri; contentiàmoci déï
par le céder & puiſſance, & tréſors; contentons-nous des

dóni délla Natúra e la nóſtra víta farà in ſicurézza,
dons de la Nature, & la notre vie fera en ſécurité.
Rícchi col poſſedèr ſcambievolménte i nóſtri cuóri, grándi
Riches avec le poſſéder réciproquement les notres cœurs, grands
cólle nóſtre virtù, poténti còlla nóſtra moderazióne, anderémo
avec les notres vertus, puiſſants avec la notre modération, nous irons
in úna capánna a godèr le meraviglie del Ciélo, le
dans une cabanne pour jouir les merveilles du Ciel, les
bellézze délla térra, e le dolcézze del nóſtro vicendévol
beautés de la terre, & les douceurs de la notre mutuelle
affétto. Tu farái più Sovráno, regnándo full' ánima mía,
affection. Tu feras plus Souverain, en régnant fur l' âme mienne,
che ſe tu regnáſſi ſòvra un Pópolo infiníto, fórſe infe-
que ſi tu regnois ſur un Peuple inombrable, peut-être infi-
déle. Sémpre ſottopóſta ad ógni túo volére, godrái
dèle. Toujours ſoumiſe à tout ton vouloir, tu jouiras
méco, ſénza tirannía, la bélla prerogatíva di com-
avec moi, ſans deſpotiſme, de la belle prérogative de com-
mandáre. Nell' ubbidírti, farò riſuonàr il túo Império co'
mander. En t'obéiſſant, je ferai retentir le tien Empire des
miéi cánti d' allegrézza, il túo diadéma farà ſémpre
miens chants d' allégreſſe, le tien diadême ſera toujours
il lavóro delle mie máni, non perderái del túo Reáme
l'ouvrage des miennes mains, ne tu perdras du tien Royaume
áltro che le cúre e le fatíche.
autre choſe que les ſoucis & les fatigues.
Quánte vólte ti peſávano, ánima mía cára, i dovéri
Combien de fois te peſoient, âme mienne chere, les devoirs
del túo ſublíme grádo? Infaſtidíto dal ceremoniále délle túe
du tien ſublime rang? Dégoûté du cérémonial des tiennes
víſite, quánte vólte hái invidiáto la fórte de' túoi
viſites, combien de fois tu as envié le ſort des tiens
ſúdditi? Tu deſiderávi d' esíſter per me ſóla, ti vérrebb'
Sujets? Tu déſirois d'exiſter pour moi ſeule, te viendroit-
égli preſenteménte a nója di privárti di tánte ſoggezióni?
il à préſent à ennui de priver te de ſi grandes ſujettions?

Non

Non son io più quélla Zilia che avrésti prefferíta al túo
Ne suis - je plus cette Zilia que tu aurois préférée au tien
Império ? Nò, non póſſo créderlo ; il mío cuóre non è
Empire ? Non , ne je puis croire le ; le mien cœur n' eſt
cangiáto , perchè lo farébb' égli il túo ?
changé , pourquoi le feroit - il le tien ?
   Amo védo fémpre il medéſimo Aza che regnò nélla
   J'aime, je vois toujours le même Aza qui regna dans la
mía ánima , dal primo iſlánte che lo víddi; mi è
mienne âme, depuis le premier inſtant où le je vis ; m' eſt
ancór preſénte quél giórno fortunáto, in cúi túo Pádre ,
encore préſent ce jour fortuné, au quel ton Pere ,
mío Sovráno Signóre , ti féce partécipe per la pri-
mon Souverain Seigneur , te fit participant pour la pre-
ma vólta del potér a lúi fólo appartenénte di entràr
miere fois du pouvoir à lui feul appartenant d' entrer
nell' interióre del nóſtro Témpio ; mi rappreſénto il
dans l' intérieur du notre Temple ; me je repréſente le
graziófo fpettácolo délle nóſtre Vérgini raünáte, la di cúi
gracieux fpeĉtacle des notres Vierges réunies, la de qui
bellézza ricevéva un nuóvo lúſtro per l' órdine leggiádro
beauté recevoit un nouveau luſtre par l' ordre charmant
nel quále érano diſpóſte; símili ái fióri d' un
dans le quel elles étoient diſpofées; femblables aux fleurs d'un
giardíno, che per la fimetría de' lóro compartiménti, bríl-
jardin, qui par la fymétrie de leurs compartiments, bril-
lano ágli ócchi con maggior vaghezza.
lent aux yeux avec plus grand agrément.
   Ivi comparíſti fra nói cóme un fol náſcénte, la di
   Là tu parus entre nous comme un foleil naiſſant, la de
cúi ténera lúce annúnzia la ferenità d'un bel giórno ;
qui tendre lumiere annonce la férénité d'un beau jour;
lo fplendóre de' túoi ócchi fpargéva fópra le nóſtre guáncie il
l' éclat des tiens yeux répandoit fur les notres joues le
coloríto délla modéſtia; con un' ingénua confuſióne raccoglie-
coloris de la modeſtie; avec une ingénue confuſion nous recueil-

H

vámo i nóſtri tímidi ſguárdi, in véce che   ne’   tuói sfavillá-
lions les notres timides regards, au lieu que dans les tiens   étince-
van   rággi   d’ allegrézza ; non   avévi   mái   trováto
loient rayons   d’ allégreſſe ;   ne tu avois jamais trouvé
tánte   bellázze inſiéme. Non avevámo mai vedúto altr’
ſi grandes beautés enſemble. N’   avions jamais vu   autre
uómo che il Capa-Inca. Lo ſtupóre ed il ſilenzio regnávano
homme que le Capa-Inca. L’étonnement & le ſilence régnoient
da ógni párte. Io non ſo quáli fóſſero i penſiéri délle
de toute part. Je ne ſçais quelles furent les penſées des
míe compágne ; ma da quáli ſentiménti non fù aſſalíto
miennes compagnes ; mais de quels ſentiments ne fut aſſailli
il mío cuóre! Palpitáva per la príma vólta
le mien cœur! Il palpitoit pour la premiere fois
d’ inquietúdine, e nondiméno di piacére. Vergognóſa
d’inquiétude, & néanmoins de plaiſir.   Honteuſe
di quéſte agitazióni, io éra per involármi dálla
de ces agitations, j’ étois pour envoler me de la
túa víſta ; ma tu volgéſti i tuói páſſi vérſo
tienne vue ; mais tu tournas les tiens pas vers
di me : il riſpétto mi riténne.
de moi : le reſpect me retint.
Oh mío cáro Aza! la memória di quél primo
O mon cher Aza! la mémoire de ce premier
moménto délla mía felicità mi ſarà ſémpre deli-
moment de la mienne félicité me ſera toujours déli-
zióſa. La túa vóce ſonóra, uníta col cánto melo-
cieuſe. La tienne voix ſonore, unie avec le chant mélo-
dióſo de’ nóſtri ínni, portò nélle míe
dieux des notres hymnes, porta dans les miennes
vènes il dólce frémito e la ſánta riverénza
veines le doux frémiſſement & le ſaint reſpect
che c’ inſpíra la preſénza délla divinità.
que nous inſpire la preſence de la divinité.
Tremánte, attónita, la timidità mi avéva insíno
Tremblante, étonnée, la timidité m’ avoit preſque

privàta dell' ùſo délla vóce ; fàttomi finalménte
privée de l'uſage de la voix ; fait à moi finalement
ànimo per le tùe amorévoli paróle, ardìi
courage par les tiennes amoureuſes paroles, j'oſai
alzàr i miéi ſguàrdi verſo di te. Incontrài
élever les miens regards vers toi. Je rencontrai
i tùoi. Nò, la mórte ſtéſſa non cancellerà mài
les tiens. Non, la mort même n' effacera jamais
dàlla mìa memória i tenéri móti délle
de la mienne mémoire les tendres mouvements des
nóſtre ànime, che s' incontràrono e ſi confùſero
notres âmes, qui ſe rencontrerent & ſe confondirent
nel medéſimo iſtànte.
dans le même inſtant.

Se potéſſimo dubitàr délla nóſtra orígine, Aza
Si nous puſſiions douter de la notre origine, Aza
mìo càro, quéſto ràggio di lùce baſterébbe per
mien cher, ce rayon de lumiere ſuffiroit pour
rivelàrcela. Quàl àltro, fuorchè il princípio del ſóle,
révéler nous la. Quel autre, hors que le principe du ſoleil,
avrébbe potùto accénder négli ànimi nóſtri quélla vìva
auroit pu allumer dans les âmes nôtres cette vive
ſimpatìa, communicàta, ſpàrſa e ſentìta con' una
ſympathie, communiquée, répandue & ſentie avec une
rapidità ineſplicàbile.
rapidité inexplicable.

Io éra tróppo novízia círca gli effétti dell' amóre
J' étois trop novice ſur les effets de l' amour,
per non ingannàrmi. Avendo l'imaginazióne riempìta
pour ne pas tromper me. Ayant l'imagination remplie
délla ſùblime teologìa de' nóſtri Cucipatas,
de la ſublime théologie des notres Cucipatas,
m' immaginài che il fuóco che mi animàva fóſſe
me j'imaginai que le feu qui m' animoit fût
un' agitazióne divìna, e che il ſóle manifeſtàndomi
une agitation divine, & que le ſoleil manifeſtant me

il   fúo   volére,   per   mézzo   túo,   mi   fcegliéffe
le   fien   vouloir,   par   moyen   tien,   me   choififoit
per   fúa   fpófa   predilétta;   ne   fofpirái,   ma
pour   fon   époufe   préférée;   en je foupirai,   mais
dópo   la   túa   parténza,   confultándo   il   mío   cuóre,
après   le   tien   départ,   en confultant   le   mien   cœur,
vi   trovái   fol   impréffa   la   túa   immágine.
y je trouvai feulement empreinte   la   tienne   image.

Che   metamórfofi   avéva   prodótta   in   me,   Aza
    Quelle   métamorphofe   avoit   produite   en   moi,   Aza
cáro,   il   vidérti!   Tútti   gli   oggétti   divénnero   per
cher,   le   voir toi!   Touts   les   objets   devinrent   pour
me   nuóvi;   credéi   vedèr   le   míe   compágne
moi   nouveaux; je   crus   voir   les   miennes   compagnes
la   príma   vólta.   Oh!   quánto   mi   párvero
la   premiere   fois.   Oh !   combien   me elles   parurent
bélle!   Non   potéi   foftenèr   la   lóro   prefénza : ritiráta-
belles !   Ne je pus   foutenir   la   leur   préfence : retirée
mi   in   difpárte,   mi   abbandonáva   all' agitazióne del
moi   à   l'écart,   me j'   abandonnois   à l' agitation   de la
mío   ánimo,   quándo   úna   fra   éffe   fi   avvicinò   per
mienne   âme,   quand   une   entr'   elles   s' approcha   pour
diftrármi   dal   mío   vaneggiaménto,   a   cúi   élla
diftraire me   de la   mienne   réverie,   à   qui   elle
fomminiftrò   al   contrarío   nuóva   éfca :   infátti
fournit   au   contraire   nouvel   aliment : effectivement
mi   diffe ch' éffendo io   la   túa   più próffima parénte,
me elle   dit   qu' étant moi   la tienne   plus prochaine parente,
éra   deftináta ad éffer   la   túa   cónforte,   fúbito
j'étois   deftinée à   être   la   tienne   compagne,   auffi-tôt
che la mía etá lo permetterébbe.
que le mien   âge le   permettroit.

Io ignoráva   le   léggi   del   túo   Império;   ma vedúta
    J' ignorois   les   loix   du   tien   Empire; mais   vu
ch' io t'ébbi,   éra   tróppo illumináta dall' amóre,   per
que je t' eus,   j'étois trop   éclairée par l' amour,   pour

non rappresentármi quánto saréi felíce d' essérti
ne représenter me combien je serois heureuse d' être à toi
uníta ; nientediméno in véce di conóscerne tútto il
unie ; néanmoins au-lieu de connoître en tout le
prégio, avvézza al nóme sácro di spósa del sóle,
prix, habituée au nom sacré d' épouse du soleil,
tútta la mía spéranza éra limitáta a vedérti
toute la mienne espérance étoit bornée à voir te
ógni giórno, ad adorárti, ad offerírti vóti cóme
chaque jour, à adorer te, à offrir te vœux comme
a lúi stésso.
à lui-même.

Tu séi quégli, Aza cáro, quégli séi che
Tu es celui, Aza cher, celui tu es qui
inebbriásti pói l' ánima mía di delízie, col
as enivré depuis l' âme mienne de délices, par le
fármi sapére che il grádo augústo di túa
faire moi sçavoir que le rang auguste de ta
consórte mi farébbe partécipe del túo cuóre, del
compagne me feroit participante du tien cœur, du
túo tróno, délla túa glória, délle túe virtù ;
tien trône, de la tienne gloire, des tiennes vertus ;
che goderéi di contínuo quélle conversazióni che
que je goûterois continuellement ces conversations qui
ornávano il mío intellétto délle túe divíne per-
ornoient le mien intellect des tiennes divines per-
fezióni, e che aggiungévano álla mía felicità la
fections, & qui ajoutoient à la mienne félicité la
dólce speránza di far un giórno la túa.
douce espérance de faire un jour la tienne.

Quánto éra per me lusinghévole, Aza cáro,
Combien il étoit pour moi agréable, Aza cher,
di vedérti così impaziénte cóntro la mía età, che
de voir te aussi impatient contre le mien âge, qui
tróppo ténera ritardáva la nóstr' unióne ! Oh ! quánto
trop tendre retardoit la notre union ! Oh ! combien

ti han párfo lúnghi i dúe ánni che fóno
te ont paru longues les deux années qui font

fcórfi! quánto però n' è ftáta bréve la
écoulées! combien cependant en a été courte la

duráta! Ahi! láffa, il moménto avventurófo
durée! Hélas! malheureufe, le moment heureux

éra giúnto! Per quál fatalità è divenúto così
étoit arrivé! Par quelle fatalité eft-il devenu auffi

funéfto? Quál deità crudéle perféguita in quéfto módo
funefte? Quelle déité cruelle pourfuit en cette maniere

l' innocénza e la virtù? o, per méglio dire,
l' innocence & la vertu? ou, pour mieux dire,

quál infernàl poténza ci ha divifi da nói
quelle infernale puiffance nous a divifés de nous-

ftéffi? L' orròr mi affále; il mio cuór fi
mêmes? L' horreur m' affaillit; le mien cœur fe

ftrúgge, le lágrime inóndano il mio lavóro, Aza!
déchire, les larmes inondent le mien travail, Aza!

mio cáro Aza!
mon cher Aza!

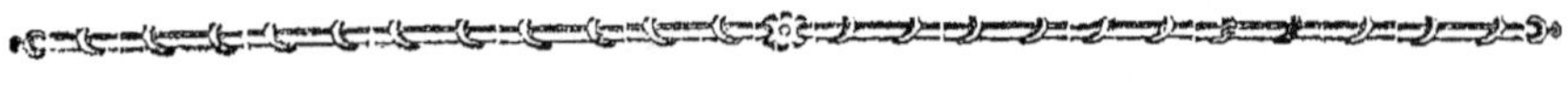

LÉTTERA TÉRZA.
LÉTTRE TROISIEME.

TU féi, oh lúce de' giórni miéi, tu féi l' único
Tu es, ô lumiere des jours miens, tu es l' unique
oggétto che mi richiáma álla vìta; acconfentiréi io di
objet qui me rappelle à la vie; confentirois - je de
confervárla, fi non fóffi ficúra che la mórte, nel
conferver la, fi ne je fuffe fûre que la mort, en
percuótermi ti avrébb' eftínto col medéfimo cólpo? Già
frappant moi t' auroit éteint par le même coup ? Déjà
éra per eftínguerfi nel mío córpo languénte
étoit pour éteindre fe dans le mien corps languiffant
la fcintílla divína cólla quále ci vivífica il fóle;
l' étincelle divine avec la quelle nous vivifie le foleil;
la natúra laboriófa fi difponéva già a dar
la nature épuifée fe difpofoit déjà à donner
un' áltra fórma álla porzióne di matéria che in
une autre forme à la portion de matiere qui dans
me le appartiéne; ío ftáva moréndo: ti éra tólta
moi lui appartient; j' étois mourant : t' étoit ôtée
per fémpre la metà di te ftéffo, fe il mío
pour toujours la moitié de toi - même, fi le mien
amóre non mi avéffe ridáto la vìta, e di nuóvo
amour ne m' avoit redonné la vie, & de nouveau
ti la confácro; ma cóme informárti délle
te la je confacre; mais comment informer te des
cófe ftupénde che mi fon fuccéffe? cóme
chofes étonnantes qui me font arrivées ? comment
rammentármi idée già confúfe, allorchè ne ricevéi
rappeller me les idées déjà confufes, lorfque en je reçus

l' impreſſióne,   e   di   più   oſcuráte   dal   témpo
l' impreſſion,   &   de   plus   obſcurcies   par le   temps
índi   ſcórſo.
depuis   écoulé.

Appéna   ío   avéva   confidáto, Aza   cáro,   al   nóſtro
A peine   j'   avois   confié,   Aza   cher,   au   nôtre
fedéle chaqui   l' último   teſſúto   de'   miéi   penſiéri,   che
fidel chaqui   le dernier   tiſſu   des   miennes   penſées,   que
udíi   un   gran   rumóre   nélla   nóſtr' abitazióne :
j'entendis   une   grande   rumeur   dans la   notre habitation :
vérſo   mézza nótte,   dúe   de'   miéi   rapitóri   vénnero
vers   la   mi - nuit,   deux   des miens   raviſſeurs   vinrent
all' oſcúra   mía   dimóra,   per   trármene   con
à l' obſcure   mienne   demeure,   pour   tirer m'en   avec
violénza,   nell' iſtéſſa   guíſa   che   fúi   ſvélta   dal
violence,   de la même   maniere   que je fus   arrachée   du
témpio del ſóle.
temple du ſoleil.

Non   ſo   per   quál   vía   fúi   condótta : ſi
Ne je ſçais   par   quelle   voie je fus   conduite : on
camináva   ſoltánto   di   nótte ;   e   di   giórno   ci
marchoit   ſeulement   de   nuit ;   &   de   jour   nous
fermavámo   in   áridi   deſérti,   ſénza   cercár
nous arrêtions   dans   arides   déſerts,   ſans   chercher
verún   ricóvero. Soccombénte   in   bréve   témpo   álla
aucune   retraite. Succombant   en   court   temps   à la
fatíca,   mi   fecéro portáre non   ſo   per   quál   fórte
fatigue, ils   me   firent porter   ne   ſçais   dans   quelle   ſorte
d' hamac,   le   di cúi   ſcóſſe   mi   faticávano   quáſi
de hamac,   les   du quel   ſecouſſes   me   fatiguoient   preſque
altrettánto   cóme   ſe   avéva camináto a piédi.
autant   comme   ſi   j' avois   marché   à pied.

Giúnti   finalménte   al   luógo deſtináto,   quéſti   bárbari
Arrivés   finalement   au   lieu   deſtiné,   ces barbares
mi   portárono   úna   nótte   ſúlle   lóro   bráccia   in   úna
me   porterent   une   nuit   ſur les   leurs   bras   en   une
cáſa,

cása, i di cúi áditi mi párvero, non ostánte
cafe, les de la quelle entrées me parûrent, non-obftant
l' ofcurità, difficilíſſimi.
l' obfcurité, très-difficiles.

Fúi pófta in un luógo più ftrétto e più
Je fus placée en un lieu plus étroit & plus
incómodo che non éra ftáto il mío primo
incommode que n' avoit été la mienne premiere
carcére. Ma, Aza cáro, potréi io perfuadérti
prifon. Mais, Aza cher, pourrois-je perfuader te
quéllo che non capífco io ftéſſa, fe tu non fóſſi
ce que ne je comprends moi-même, fi tu ne fúſſes
ficúro che la bugía non ha mái contamináto le
fûr que la fauſſeté n' a jamais fouillé les
lábbra d' un figlio del fóle?
levres d' un enfant du foleil?

Quélla cáfa, che ho ftimáta mólto fpaziófa
Cette cafe, que j'ai eftimée beaucoup fpacieufe
per la quantitá délla génte ch' éſſa contenéva;
par la quantité des perfonnes qu' elle contenoit;
quélla cáfa, cóme fofpéfa in ária, e che non
cette cafe, comme fufpendue en l' air, & qui ne
tenéva púnto álla terra, éra in úna continúa
tenoit point à la terre, étoit dans une continuelle
agitazióne.
agitation.

Bignoferébbe, oh lúme délla ménte mía, che
Il faudroit, ô lumiere de l' efprit mien, que
Ticaiviracócha avéſſe ornáto il mío intellétto, cóme
Ticaiviracocha eût orné le mien intellect, comme
il túo, délla fúa divina fciénza, per capir
le tien, de la fienne divine fcience, pour comprendre
quéfto prodigio. Tútta la notízia che ne ho;
ce prodige. Toute la connoiſſance que en j' ai,
fi è che quéfl' abitazióne non è ftáta conftrútta da
c' eft que cette habitation n' a été conftruite par

K

un' essénza amíca dégli uómini, perciocchè alcúni mo-
une essence amie des hommes, puisque quelques mo-
ménti dópo che vi fúi entráta, il súo móto
ments après que y je fus entrée, le sien mouvement
continúo, accompagnáto da un' odóre nocívo, mi
continuel, accompagné d' une odeur nuisible, me
cagionò un mále cosi gagliárdo, che sóno attónita di
cauſa un mal ſi violent, que je ſuis étonnée de
non essérne rimása oppréssa : quést' era solaménte il
n' être en reſtée étouffée : c' étoit ſeulement le
prelúdio de' miéi gúai.
prélude des miennes peines.

    Era già scórso mólto témpo, e non
Il étoit déjà paſſé beaucoup de temps, & ne je
soffríva quási più verùn incómodo, quándo
ſouffrois preſque plus aucune incommodité, quand
úna mattína fúi risvegliáta da non so che
une matinée je fus réveillée par ne je ſçais quel
strépito, più terríbile di quéllo dell' yalpor : la
bruit, plus terrible que celui du tonnerre : la
nóstr' abitazióne ne ricevéva scósse símili a
notre habitation en recevoit ſecouſſes ſemblables à
quélle che la térra proverà, quándo la lúna, nel
celles que la terre éprouvera, quand la lune, dans le
cadére, ridurrà l' univérso in pólvere. Le grida che
tomber, réduira l' univers en poudre. Les cris qui
si unírono a quésto fracásso, ne accrescévan l' orróre ; i
s' unirent à ce fracas, en accrûrent l' horreur ; les
miéi sénsi, assalíti da un terrór secréto, rappre-
miens ſens, ſaiſis d' une terreur ſecrette, repré-
sentávan all' ánima mía l' idéa délla totàl distruzióne
ſentoient à l' âme mienne l' idée de la totale deſtruction
délla natúra.
de la nature.

    Io credéva il períglio universále : tremáva per la
Je croyois le péril univerſel : je tremblois pour la

tùa vìta; ma quàl fù il mìo fpavénto, nel
tienne vie; mais quel fut le mien effroi, dans le
vedèr uómini infuriáti e infanguináti, lanciárfi
voir des hommes furieux & enfanglantés, lancer fe
tumultuofaménte nélla mìa caméra! Il mìo
tumultueufement dans la mienne chambre! Le mien
fguárdo non potè foftenèr úno fpettácolo così
regard ne put foutenir un fpectacle auffi
órrido; cáddi tramortíta: non fo quàl fù
horrible; je tombai évanouie : ne je fçais quelle fut
l' éfito di quèl terríbil evénto. Riavútami dal
l' iffue de ce terrible évenement. Revenue moi du
mìo fvaniménto, mi trovái in un létto ragione-
mien évanouïffement, me je trouvai dans un lit raifonna-
volménte affettato, circondáta da Selvággi differénti dái
blement ajufté, environnée de Sauvages différents des
crudéli Spagnuóli, ma che non mi érano men
cruels Efpagnols, mais qui ne m' étoient moins
ignóti
inconnus.

Puói tu rappréfentárti quàl fóffe lo mìo ftupórē,
Peux - tu repréfenter te quelle fut la mienne frayeur,
nel trovármi in úna nuóva abitazióne, con
dans le trouver moi en une nouvelle habitation, avec
altri uómini, fénza potèr indovinàr cóme fi fóffe
autres hommes, fans pouvoir deviner comment fe fût
fátto quéfto cangiaménto? Chiúfi di bel nuóvo gli
fait ce changement? Je fermai de bel nouveau les
ócchi affinchè, più raccólta in me ftéffa, potéffi
yeux, afin que, plus recueillie en moi - même, je puffe
accertármi s' io fóffi in vìta, oppúre fe l' ánima
affurer m' fi j' étois en vie, ou bien fi l' âme
mía avéffe abbandonáto il mìo córpo per involárfene
mienne avoit abandonné le mien corps pour voler s'en
nélle regióni incógnite.
dans les régions inconnues.

Débbo io   confeffártelo,   idolo   cáro?   Stánca
Dois - je   confeffer te le,   idole   chère ?   Fatiguée
ormái   d' úna   víta   odiófa,   infaftidíta di   fòffrir
pour toujours d' une   vie   odieufe,   dégoûtée de   fouffrir
torménti   d' ógni   fpécie,   oppréffa   fótto   il   péfo
tourments   de toute   efpece,   opprimée   fous   le   poids
del   mío   órribil   deftíno,   víddi   con   indiferénza
du   mien   horrible   deftin,   je vis   avec   indifférence
avvicinárfi   la fíne   délla   mía   víta.   Ricufái conf-
approcher fe   la   fin   de la   mienne   vie. Je refufai conf-
tanteménte   tútti   gli   ajúti   che   mi   éran   offérti :
tamment   touts   les   fecours   qui   m'   étoient   offerts :
ónde in pòchi   giórni   fúi   ridótta   al   términe fatále,
de-là en   peu   de   jours je   fus   réduite   au   terme   fatal,
e   ciò   fénza   ripugnánza.
& cela   fans   répugnance.

L' eftenuazióne   délle   fòrze   anníchila   il   fen-
L' exténuation   des   forces   anéantit   le   fen-
timénto ; la   mía   ménte   infievolíta   non   ricevéva
timent;   la   mienne   imagination   affoiblie   ne   recevoit
piú   le   immágini,   fe non   cóme   un   leggièr difégno
plus   les   images,   fi non   comme   un   léger   deffin
delineáto da   úna   máno   tremánte;   gli   oggétti che
tracé   par   une   main   tremblante;   les   objets   qui
mi   avévan fátto   maggiòr   impreffióne,   non   deftávan
m'   avoient   fait   plus grande   impreffion,   n'   éveilloient
piú   in   me   áltre   fenfazióni,   che quélle   idée   vághe
plus   en   moi   autres   fenfations,   que   ces   idées   vagues
che   úno   próva   nel   lafciárfi   andàr ad   un
que   chacun   éprouve   dans le   laiffer fe   aller à   une
vaneggiaménto indeterminàto :   io   non   efiftéva,   per   cosi
rêverie   indéterminée :   je   n'   exiftois,   pour   ainfi
díre, piú.
dire, plus.

Quéfto ftáto,   Aza   cáro,   non   è   tánto   penófo   cóme
Cet   état,   Aza   cher,   n' eft   auffi   pénible   comme
fi

ſi créde. Da lúngi ci atterríſce, perchè vi
on croit. De loin nous il atterre, parce que y nous
penſiámo con tútte le fòrẓe délla ménte; quándo
penſons avec toutes les forces de l' eſprit; quand
è giúnto, indebolíti dálle gradaẓióni déi dolóri
il eſt arrivé, affoiblis par les gradations des douleurs
che ci condúcono a quéſto púnto, il moménto decisívo
qui nous conduiſent à ce point, le moment décifif
páre ſoltánto quéllo del ripóſo. Provái nondiméno
paroît ſeulement celui du repos. J' éprouvai néanmoins
che l' inclinaẓióne che ci muóve, méntre
que l' inclination qui nous meut, pendant que nous
viviámo, a penetràr nell' avveníre ed eẓiandío in quèl
vivons, à pénétrer dans l' avenir & auſſi dans le
témpo che non ſarà piú per nói, ſémbra acquíſtar
temps qui ne ſera plus pour nous, ſemble acquérir
nuóve fòrẓe, quándo ſiàm ſúl púnto
nouvelles forces, quand nous ſommes ſur le point
di perdèr la víta. Quantúnque úno céſſi di víver per
de perdre la vie. Quoique chacun ceſſe de vivre pour
sè, égli desídera nientediméno ſapére cóme viverà
ſoi, il deſire néanmoins ſçavoir comment il vivra
nell' oggétto da lúi amáto.
dans l' objet par lui aimé.

Credéi, in úno di quéſti delíri, d' éſſere traſ-
Je crus, dans un de ces délires, d' être tranſ-
portáta nell' interióre del túo palázzo; vi giungéva
portée dans l' intérieur du tien palais; y j' arrivois
nell' iſtánte medéſimo che ti veníva notificáta la mía
dans l' inſtant même que t' étoit notifiée la mienne
mórte.
mort.

La mía immaginaẓióne mi ráppreſentò il túo ſtáto
La mienne imagination me repréſenta le tien état
coſì al vívo, che la realità non ſarébbe ſtáta più
auſſi au vif, que la réalité n' auroit été plus

L

energica del mio sógno. Ti vídi, mio cáro
énergique que le mien songe. Te je vis, mon cher

Aza, pállido, sfiguráto, privo di sentiménti, somigliánte
Aza, pâle, défiguré, privé de sentiments, semblable

ad un gíglio diseccáto dal cocénte ardóre del mézzo
à un lys desséché par la cuisante ardeur du milieu

giórno: l' Amóre è égli dúnque talóra bárbaro? Io
jour : l' Amour est - il donc quelquefois barbare ? Je

godéva, nel vedérti afflitto, e provocáva il
jouïssois, dans le voir te affligé, & je provoquois la

túo dolóre per un reiteráto e mésto addío; mi
tienne douleur par un réitéré & triste adieu ; me

éra dólce, fórse ánche dilettévole, di spárger
il étoit doux, peut-être aussi agréable, de répandre

nel túo ánimo il veléno del cordóglio; e quél
dans le tien esprit le venin de la douleur ; & ce

medésimo amóre che m' inspiráva crudélta, mi squarciáva
même amour qui m' inspiroit cruauté, me déchiroit

il cuóre, muovéndomi a pietà délle túe
le cœur, en excitant me à la commisération des tiennes

orríbili péne. Risórta finalménte cóme da úno letár-
horribles peines. Sortie enfin comme d' une létar-

go, penetráta del túo dolóre, treménte per
gie, pénétrée de la tienne douleur, tremblante pour

la túa víta, chiési ajúto: rivídi la
la tienne vie, je demandai secours : je revis la

lúce.
lumiere.

Ti rivedrò io, árbitro délla mía esisténza?
Te reverrai - je, arbitre de la mienne existence ?

Ahi! chi potrà assicurármene? Non so più óve
Hélas ! qui pourra assurer m'en ? Ne je sçais plus où

io sía: fórse sóno lúngi da te; ma ancorchè
je suis : peut-être je suis loin de toi ; mais encore que

gli spúzj imménsi che ábitano i fígli del sóle
les espaces immenses qu' habitent les fils du soleil

fòſſèro tra nòi frapòſti, i mièi ſòſpiri,
fuſſent entre nous placés, les miens ſoupirs,
  ſimili ad úna núvola leggièra, volerànno di contínuo
ſemblables à une nuée légere, voleront de continue
all' intórno di te, único mío béne.
à l' entour de toi, unique mien bonheur.

LÉTTERA QUÀRTA.
LETTRE QUATRIEME.

QUALUNQUE *ſìa, cáro Aza; il nòſtro affétto per*
Quelque ſoit, cher Aza, la notre affection pour
la víta, le péne lo diminuíſcono, la diſperazióne
la vie, les peines la diminuent, le déſeſpoir
l' eſtíngue. Il diſpréżżo che la natúra páre far del
l' éteint. Le mépris que la nature paroît faire du
nòſtro indivíduo, coll' abbandonárlo ái dolóri,
notre individu, avec l' abandonner le aux douleurs,
comíncia a ſdegnárci; ìndi l' impoſſibilità di
commence à indigner nous; de-là l' impoſſibilité de
liberárci da' nòſtri máli, accúſa talménte l' u-
délivrer nous des notres maux, accuſe tellement l' hu-
mána infirmità, e ci umília tánto, che c' inſ-
maine infirmité, & nous humilie tant, qu' elle nous inſ-
píra faſtídio di nòi ſtéſſi.
pire dégoût de nous-mêmes.
  Non vívo piú in me, nè per me; ògni
  Ne je vis plus en moi, ni pour moi; chaque
moménto in cúi reſpíro, è un ſacrifício fátto
moment dans le quel je reſpire, eſt un ſacrifice fait
al túo amóre; ſacrifício che divénta di giórno in
au tien amour; ſacrifice qui devient de jour en

giórno　più　penófo :　conciofiacófa chè,　fe　il　témpo　va
jour　plus　pénible :　　attendu　que,　fi　le　temps　va
moderándo　i　miéi　máli　esterióri,　égli　inafpríce　i
modérant　les　miens　maux　extérieurs,　il　aigrit　les
torménti　del　mío　ánimo,　coll' ofcuràr　di　più
tourments　du　mien　efprit,　avec l' obfcurcir　de　plus
in　più　la　mía　fórte,　in　véce　di　rifchiarárla.
en　plus　le　mien　fort,　en　place　d' éclaircir　le.

Tútto　quéllo che　mi　circónda　mi　è　ignóto;
Tout　ce　qui　m'　environne　m'　eft　inconnu;
tútto mi　è　nuóvo,　tútto défta　la　mía　curio-
tout　m'　eft　nouveau,　tout　éveille　la　mienne　curio-
fità : éffa　non　può　éffer　appagáta　da　cós' alcúna
fité : elle　ne　peut　être　contentée　par　chofe　aucune.
Indárno　ío procúro　e　mi　sfórzo　d' inténdere　o　di éffer
En vain　je　tâche　&　m'　efforce　d' entendre　ou　d' être
intéfa,　l' úno　e　l' áltro　mi　fóno　ugualménte　im-
entendue,　l' un　&　l' autre　me　font　également　im-
pofsíbili. Affaticáta　da　tánte　péne　inútili,　credéi
poffibles. Épuifée　par　tant　de peines　inutiles, je crus
che,　per　fárle　ceffáre,　io　dovéffi　privàr　i　miéi
que,　pour　faire les　ceffer,　je　dûffe　priver　les　miens
ócchi　dágli　oggètti　che　mi　facewáno　maggiorménte
yeux　des　objets　qui　me　faifoient　plus grandement
impréffióne; mi　oftinái　a　tenérli　chiúfi　per
impreffion;　me j' obftinai　à　tenir les　fermés　pour
quálche　témpo : sfórzi　inútili!　Le　ténebre　volon-
quelque　temps : efforts　inutiles! Les　ténèbres　volon-
tárie　álle　quáli　ío　mi　éra　condennáta,　éran
taires　aux　quelles　je　m'　étois　condamnée,　étoient
foltánto　favorévoli　álla　mía　modéftia　fémpre
feulement　favorables　à la　mienne　modeftie　toujours
offéfa　dal　vedèr　quéi　ftraniéri,　i　di　cúi　fervígj
offenfée par le voir　ces　étrangers,　les　de　qui　fervices
ed　ajúti　fóno altrettánti　fupplízj;　ma　l' ánima
&　fecours　font　autant　de fupplices;　mais　l' âme
mía

mía non éra per quéſto men crucciáta. Raccólta
mienne n' étoit pour cela moins tourmentée. Recueillie
in me ſléſſa, le mie inquietúdini aumentaváno,
en moi - même, les miennes inquiétudes augmentoient,
cóme ánche il deſidério di fárle conóſcere.
comme auſſi le deſir de faire les connoître.

L' impoſſibilità di fármi inténdere affligge, per
L' impoſſibilité de faire me entendre afflige, pour
coſì díre, i miéi órgani, ed è, al parèr
ainſi dire, les miens organes, & eſt, à l' opinion
mío, úna péna intolerábile; benchè ſecréta,
mienne, une peine intolérable, bien que ſecrete,
e non compatíta dágli áltri.
& non plainte des autres.

Ahi! credéva già comprénder alcúne paróle
Hélas! je croyois déjà comprendre quelques paroles
déi Selvággi Spagnuóli; vi trováva quálche confor-
des Sauvages Eſpagnols; y je trouvois quelque confor-
mità cólla nóſtra augúſta língua; ſperáva di
mité avec la notre auguſte langue; j' eſpérois de
potèr in bréve témpo ſpiegármi con éſſi; ma
pouvoir en court temps expliquer me avec eux; mais
i miéi nuóvi tiránni ſi eſprímono con tánta
les miens nouveaux tyrans s' expriment avec tant de
rapidità, che non diſtínguo neppùr le infleſſióni
rapidité, que ne je diſtingue aucunement les inflexions
délla lóro vóce. Tútto m' indúce a crédere che non
de la leur voix. Tout m' induit à croire que ne
síeno délla ſléſſa naʒióne; e dálla differénʒa
ils ſoient de la même nation; & par la différence
délle lóro maniére e del lor caráttere apparénte,
des leurs manieres & du leur caractere apparent,
s' indovína facilménte che Pachacamac ha diſtribuíto
on devine facilement que Pachacamac a diſtribué
lóro, con úna gran diſproporʒióne, gli ele-
à eux, avec une grande diſproportion, les élé-

M

ménti   cói   quáli   ha formáto   i   mortáli.
ments   avec les   quels   il   a   formé   les   mortels.
  L'ária grave   e   feróce   déi   primi,   dimóſtra   che
  L'air   grave   &   féroce   des   premiers,   démontre qu'ils
ſóno compóſti   della   matéria   de' piū   duri   metálli ;   ma
ſont   compoſés de la matiere   des   plus   durs   métaux ;   mais
queſti   pajono   éſſerſi   involáti   dalle   máni   del   Creatóre,
ceux-ci   paroîſſent être ſe envolés   des   mains   du   Créateur,
méntre   non   érano   ancòr   formáti   d'áltro   che
lorſque   ne   ils   étoient   encore   formés   d'autre   que
d'ária   e   di   fuóco. Gli   ócchi   fiéri,   l'áſpetto   fóſco
d'air   &   de   feu.   Les   yeux   fiers,   le regard   ſombre
e   flemmático   di   quélli,   indicávano baſtaneménte ch'
&   flegmatique   de   ceux-là,   indiquoient   ſuffiſamment qu'ils
érano   crudéli   di   cáſo penſáto ;   l' inumanità délle   lóro
étoient   cruels   par   cas   réfléchi ;   l' inhumanité   des   leurs
azióni   l' ha   pur   tróppo verificáto. Il   vólto ridénte di
actions   l' a   enfin   trop   vérifié.   Le   viſage   riant   de
quéſti,   la dolcézza   de' lóro   ſguárdi,   un   cérto   zélo
ceux-ci,   la   douceur   des leurs   regards,   un   certain   zèle
ſpárſo   nélle   lóro   azióni,   e   che   par   bene-
répandu   dans les   leurs   actions,   &   qui   paroît   bien-
volénza,   previéne   a   favòr   lóro ;   ma   oſſérvo
veuillance,   prévient   en   faveur   leur ;   mais   j' obſerve
cérte   contradizióni   nel   lor   módo   di   pro-
certaines   contradictions   dans la   leur   maniere   de   pro-
cédere,   che   ſoſpéndono   il   mío   giudício.
céder,   qui   ſuſpendent   le   mien   jugement.
  Dúe   di   quéſti Selvággi non   ſi   ſcóſtano   quáſi   mái
  Deux   de   ces   Sauvages   ne ſ'éloignent   preſque   jamais
dal   mío   cappezzále ; úno di éſſi,   il di cúi aſpétto nóbile
du   mien   chevet ;   un   d' eux,   le de qui regard   noble
mi ha fátto giudicáre ch' égli fóſſe   il   Cacique,   mi   di-
m' a   fait   juger   qu' il   fût   le   Cacique,   me   dé-
móſtra,   ſecóndo   le   maniére   délla   ſúa   nazióne,
montre,   ſelon   les   manieres   de la   ſienne   nation, ·

mólta riverénza; l' áltro mi fomminíſtra úna párte
beaucoup de révérence; l' autre m' adminiſtre une partie
déi biſógni che richiéde la mía malattía: ma la
des ſecours qu' exige la mienne maladie : mais la
ſúa bontà è dúra, i ſuói ſoccórſi ſóno crudéli,
ſienne bonté eſt dure, les ſiens ſecours font cruels,
e la ſúa famigliarità impérióſa.
& la ſienne familiarité impérieuſe.

Dal prímo moménto che, riavútami dal mío
Du premier moment que, revenue moi du mien
deliquio, mi trovái in potèr lóro; coſtúi
évanouïſſement, me je trouvai en pouvoir leur; celui-ci
(perccioché l' ho bén oſſerváto) più ardíto dégli áltri,
(parce que le j'ai bien obſervé) plus hardi des autres,
vólle pigliármi la máno, che ritirái con úna
voulut prendre me la main, que je retirai avec une
confuſióne che non può eſprímerſi; párve attónito
confuſion qui ne peut exprimer ſe; il parut étonné
délla mía reſiſténza, e, ſénza verùn riſguárdo per
de la mienne réſiſtance, &, ſans aucun égard pour
la modéſtia, la ripigliò ſúbito. Débole, moribónda,
la modeſtie, la reprit ſubitement. Débile, moribonde,
e pronunziándo ſolaménte paróle che non érano in-
& prononçant ſeulement paroles qui n' étoient en-
téſe, potéva ío impedírglielo? La ſerbó, Aza
tendues, pouvois-je empêcher lui le? La il garda, Aza
mío cáro, quánto vólle, e da quél témpo
mien cher, tant qu' il voulut, & depuis ce temps
in quà, biſógna che gliéla pórga ío ſtéſſa
juſqu'ici, il faut que lui la je préſente moi-même
parécchie vólte per giórno, ſe vóglio prevenir con-
pluſieurs fois par jour, ſi je veux prévenir des con-
tráſti che ſi termínano ſémpre in mío ſvantággio.
trariétés qui ſe terminent toujours au mien déſavantage.
Quéſta ſpécie di cerimónia è probabilménte úna
Cette eſpece de cérémonie eſt probablement une

ſuperſtizióne di quéſti pópoli: mi è parso che vi
ſuperſtition de ces peuples : m' eſt apparu qu'ils y
tróvino quálche relazióne col mío mále ; ma
trouvent quelque relation avec le mien mal ; mais
fórſe biſógna éſſer délla lóro nazióne, per ſentírne
peut-être il faut être de la leur nation, pour ſentir en
gli effétti, impercechè non ne próvo quáſi verúno.
les effets, puiſque ne en j'éprouve preſqu' aucun.

Un fuóco intérno mi divóra contínuo ; appéna
Un feu interne me dévore continuellement ; à peine
mi rimáne fórza ſufficiénte per nodàr i miéi
me il reſte force ſuffiſante pour nouer les miens
quipos. Impiégo in quéſta occupazióne tútto il
quipos. J' emploie dans cette occupation tout le
témpo che púo perméttermi la mía debolézza ;
temps que peut permettre me la mienne débilité ; il
pàrmi che quéſti nódi, per l' impreſſióne che
paroît me que ces nœuds, par l' impreſſion qu' ils
fánno ne' miéi ſénſi, díano maggiòr realità
font ſur les miens ſens, donnent plus grande réalité
a' miéi penſiéri ; la ſpécie di ſomigliánza che hánno
aux miennes penſées ; l'eſpece de reſſemblance qu' ils ont
cólle paróle, mi fa un' illuſióne che ſoſpénde
avec les paroles, me fait une illuſion qui ſuſpend
il mío mále. Crédo parlàrti, dírti ch' io t' ámo ;
le mien mal. Je crois parler te, dire te que je t' aime,
proteſtàrti il mío ténero affétto : quéſto dólce ingánno
proteſter te le mien tendre amour : cette douce erreur
è il mío béne e la mía víta.
eſt le mien bonheur & la mienne vie.

Se l' eccéſſo dell' oppreſſióne mi coſtringe d' inter-
Si l' excès de l' oppreſſion me contraint d' inter-
rúmper il mío lavóro, gémo délla túa aſſénza,
rompre le mien travail, je gémis de la tienne abſence,
e coſì tútta inténta al mío amóre, non v' è
& ainſi toute attentive au mien amour, n' y eſt
un

un sólo de' miéi moménti che non ti apparténga.
un feul des miens moments qui ne t' appartienne.

Ahi! che áltr' úfo potréi io fárne? Oh
Hélas! quel autre ufage pourrois-je faire en? O

Aza mío dilétto, ancorchè tu non fóffi l' único
Aza mien chéri, encore que tu ne fuffes l' unique

poffeffóre de' miéi affétti; ancorchè i víncoli
poffeffeur des miennes affections; encore que les nœuds

dell' amóre non mi uniffero infeparabilménte a te;
de l' amour ne m' uniroient inféparablement à toi,

immérfa in un' abíffo d' ofcurità, potréi io rimmover
plongée en un abîme d' obfcurité, pourrois-je détourner

i miéi penfiéri dálla lúce délla mía víta.
les miennes penfées de la lumiere de la mienne vie.

Tu féi il fóle de' giórni miéi; tu li illúmini,
Tu es le foleil des jours miens; tu les éclaires,

li prolúnghi; fóno tuói. Tu mi ámi;
les prolonges; ils font tiens. Tu m' aimes; je

acconfénto di vívere. Che farái per me? Con-
confens de vivre. Que feras-tu pour moi? Tu con-

tinuerái ad amármi: écco la mía mercéde.
finueras à aimer me : voilà la mienne récompenfe.

N

LETTERA QUINTA.
LETTRE CINQUIEME.

OH! quánto ho soffèrto, mío cáro Aza, dópo gli
Oh ! combien j'ai souffert, mon cher Aza, depuis les
últimi   nódi   che   ti   ho confacráti! Non mancáva
derniers nœuds que te j'ai confacrés ! Ne manquoit
al cólmo délle míe   péne, se non la privazióne
au comble des miennes peines, fi non la privation
de' miéi quipos. Súbito che i miéi officiósi
des miens quipos. Auffi-tôt que les miens officieux
perfecutóri si sóno accórti che quéflo lavóro accrefcéva
perfécuteurs fe font apperçus que ce travail accroiffoit
la mía oppreffióne, menè han tólto l' úfó.
la mienne oppreffion, m' en ils ont ôté l' ufage.
  Mi è flúto finalménte reflituíto il tefóro del mío
  M' a été finalement reftitué le tréfor du mien
amóre; ma l' ho comprúto con mólte   lágrime.
amour; mais le j'ai acheté avec beaucoup de larmes.
Mi rimáne quéflo fól mézzo per efprímer i miéi
Me refte ce feul moyen pour exprimer les miens
fentiménti; mi rimáne in fómma la fóla e míféra
fentiments; me refte en fomme la feule & miférable
confolazióne di rapprefentárti i miei guái:
confolation de repréfenter à toi les miennes peines:
potéva égli éffermi rapíto fénza difperármi?
pouvoit-il être à moi ravi fans défefpérer me ?
  Il mío fláno deflíno mi ha insíno privára di
  Le mien étrange deftin m' a jufques-la privée de
quéll' alleggiaménto che tróvano gl' infelíci nel
  ce foulagement que trouvent les malheureux dans le
raccontár le lóro péne. Crediàm éffer compatíti,
raconter les leurs peines. Nous croyons être plaints,

quàndo *fiàm* *afcoltáti;* *úna párte del nóftro affánno*
quand nous fommes écoutés; une partie du notre chagrin
s' invóla *ful* *vólto dégli* *uditóri;* *qualúnque ne*
s' envôle fur le vifage des auditeurs; quelqu' en
sìa il motívo, la lóro attenzióne, in qualche módo,
foit le motif, la leur attention, en quelque maniere,
ci cónfola.
nous confole.

Non póffo fàrmi capire, benché circondáta
Ne je puis fàire me comprendre, quoiqu' environnée
dall' allegrézza; ánzi non póffo neppúr godèr in
de l' allégreffe; même ne je puis vraiment goûter en
páce la nuóva fpécie di folitúdine álla quále mi
paix la nouvelle efpece de folitude à la quelle me
ridúce l' impoffibilità di palesàr i miéi penfiéri.
réduit l' impoffibilité de découvrir les miennes penfées.
Gli fguàrdi de' miéi importúni pertúrbano la quiéte
Les regards des miens importuns troublent le repos
délla mía ánima, dánno fuggezióne alle attitúdini
de la mienne âme, donnent fujétion aux attitudes
del mío córpo, ed insíno a' miéi penfiéri; cóme fe
du mien corps, & jufqu' à mes penfées; comme fi
la natúra non ci avéffe dáto la felíce libertà
la nature ne nous eût donné l' heureufe liberté
di velàr impenetrabilménte i nóftri fentiménti;
de voiler impénétrablement les notres fentiments; je
témo alcúne vólte che quéfti Selvággi curiófi indovínino
crains quelques fois que ces Sauvages curieux devinent
le refleffióni fvantaggiófe che m' infpíra la bizar-
les réflexions défavantageufes que m' infpire la bifar-
ría de' lóro coftúmi; ónde póngo ógni attenzióne a
rerie des leurs coutumes; de-là je mets toute attention à
raffrenàr i miéi penfieri, cóme fe potéffero
réprimer les miennes penfées, comme s' ils puffent
penetràrli mío malgrádo.
pénétrer les moi malgré.

Non ho ancor potuto formarmi un' idéa cérta e
Ne j' ai encore pu former me une idée certaine &
fiſſa del lóro caráttere e del lòr módo di penſáre
fixe du leur caractère & de la leur maniere de penſer
vérſo di me : la mía opinióne in quéſto vacilla
à l'égard de moi : la mienne opinion ſur cela vacille
di contínuo, e cángia da un moménto all' áltro.
continuellement, & change d' un moment à l' autre.

Sénza parlàr di mílle contradizióni, mi négano, Aza
Sans parler de mille contradictions, me ils refuſent, Aza
cáro, non ſólo gli aliménti neceſſári álla conſer-
cher, non - ſeulement les aliments néceſſaires à la conſer-
vazióne délla víta, ma eziandio la libèrtà del luógo
vation de la vie, mais encore la liberté du lieu
nel cúi vóglio ſtáre; mi riténgono con úna
dans le quel je veux demeurer; me ils retiennent avec une
ſpécie di violénza in quéſto létto, ch' è divenúto per
eſpece de violence dans ce lit, qui eſt devenu pour
me un véro cárcere. Dévo adúnque crédere che mi
moi une vraie priſon. Je dois donc croire que me ils
ſtímino cóme la lóro ſchiáva, e che síano
regardent comme la leur eſclave, & qu' ils ſont
ánch' éſſi tiránni.
auſſi eux tyrans.

Per áltro, ſe consídero l' eſtrémo deſidério che
En outre, ſi je conſidere l' extrême deſir que ils
dimóſtrano di conſervármi in víta, ed il módo
montrent de conſerver moi en vie, & la maniere
riverénte col quále mi ſérvono, mi viéne
reſpectueuſe avec la quelle me ils ſervent, me il vient
quáſi in ménte ch' éſſi mi téngano per un'
preſque dans l' eſprit qu' eux me tiennent pour une
eſſénza ſuperióre all' umanità.
eſſence ſupérieure à l' humanité.

Neſſúno d' éſſi comparíſce mái in preſénza mía
Aucun d' eux ne comparoît jamais en préſence mienne
ſénza

sénza inchinársi più o méno, cóme sogliàm
fans incliner fe plus ou moins, comme nous avons coutume
fáre adoràndo il fóle. Si dirébbe che il Cacique imíti
de faire en adorant le foleil. On diroit que le Cacique imite
il ceremoniále degl' Incas nel giórno del Raymi; égli
le cérémonial des Incas dans le jour du Raymi; il
s' inginócchia mólto vicíno al mío létto, e rimáne un
s' agenouille beaucoup près au mien lit, & il refte un
gran témpo in quéfta pofizióne incómoda; alcúne vólte
grand temps en cette pofition incommode; quelques fois
non párla; cógli ócchi abbaffiti, fta penfójo. Véggo
ne il parle; avec les yeux baiffés, il eft penfif. Je vois
nel fúo vólto quèl fentiménto confúfo di riverénza e
dans le fien vifage ce fentiment confus de refpect &
d' amóre, che c' infpíra il gran nóme, pronunziáto
d' amour, que nous infpire le grand nom, prononcé
ad álta vóce.
à haute voix.

S' égli tróva l' occafióne di pigliármi la máno, vi
S' il trouve l' occafion de prendre me la main, y
pórta la bócca cólla medéfima venerazióne che
il porte la bouche avec la même vénération que
abbiámo per il diadéma fácro.
nous avons pour le diadême facré.

Talvólta pronúnzia cérte paróle differénti dal
Telle fois il prononce certaines paroles différentes de l'
fólito linguággio délla fúa nazióne; il fuóno n' è
ordinaire langage de la fienne nation; le fon en eft
più dólce, più diftínto, più mifuráto: le accom-
plus doux, plus diftinct, plus mefuré : les il accom-
págna con quèll' ária commóffa che precéde le lágrime,
pagne avec cet air ému qui précede les larmes,
quéi fofpíri ch' efprímono i bifógni dell' ánima,
ces foupirs qui expriment les befoins de l' âme,
quégli accénti che fon quáfi dogliénze; in fómma
ces accents qui font prefque des doléances; en bref

O

con t úto quéllo che dinóta il defidério d' ottenèr grázie.
avec tout ce qui dénote le defir d' obtenir des grâces.

Ah! mío cáro Aza, s' égli mi conofcéffe béne, fe
Ah! mon cher Aza, s' il me connoiffoit bien, fi

non fóffe in quálch' erróre círca il mío éffere, che
ne il fût en quelqu' erreur fur le mien être, quelle

preghiéra avrébb' égli da fàrmi?
priere auroit - il à faire me?

Non farébbe fórfe idolátra quéfta nazióne? Non la
Ne feroit peut-être idolâtre cette nation? Ne la

ho ancòr vedúto far alcun' adorazióne al fóle; può
j' ai encore vu faire aucune adoration au foleil; il peut

éffere che quéfti Selvággi àbbian adottáto le dónne per
être que ces Sauvages aient adopté les femmes pour

l' oggétto del lor cúlto.
l' objet de leur culte.

Príma che il gran Mancócapac avéffe portáto dal ciélo
Avant que le grand Mancocapac eût apporté du ciel

in térra le léggi del fóle, i nóftri antenáti ono-
en terre les loix du foleil, les notres ancêtres hono-

rávano cóme Divinità tútti gli oggétti del lor timóre
roient comme Divinités touts les objets de la leur crainte

o piacére: fórfe églino próvano unicaménte per le
ou plaifir: peut-être ils éprouvent uniquement pour les

dónne quéfti dúe fentiménti.
femmes ces deux fentiments.

Ma fe mi adoráffero, potrébbero éffi aggiúnger a' miéi
Mais fi me ils adoroient, pourroient - ils joindre aux miens

difáftri quélla gran fuggezióne in cúi mi ri-
défaftres cette grande fujétion dans laquelle me ils re-

téngono? Nò, per cérto; li vedréi atténti a
tiennent? Non, pour certain; les je verrois attentifs à

compiacérmi, ad ubbidir di cénni de' miéi defidérj;
plaire me, à obéir aux fignes de mes defirs; je

faréi libéra, ufciréi da quéft' odiófa dimóra, anderéi
ferois libre, je fortirois de cette odicufe demeure, j' irois

a rivedèr il sóle deï giórni miéi, e da un sólo
pour revoir le soleil des jours miens, &, d' un seul
de' suói sguárdi sentiréi ravvivársi, e, per cosí
de ses regards je sentirois ranimer se, & pour ainsi
dire, rinfiorìr l' ánima mía, quási appassáta da
dire, refleurir l' âme mienne, presqu' anéantie par
tánte sciagúre.
tant de chagrins.

LÉTTERA SEXTÁ.
LETTRE SIXIEME.

CHE orríbil evénto, Aza mío cáro! oh! quánto
Quel horrible évènement, Aza mien cher! oh! combien
si son accresciùte le nóstre disgrázie! Oh! quánto
se font accrûes les notres disgraces! Oh! combien
siàm dégni di compassióne! I nóstri máli
nous sommes dignes de compassion! Les notres maux
sóno sénza rimédio; l' único mío confórto è di
font sans remede; l' unique mien confort est de
fárteli sapére, e pói moríre.
faire te les sçavoir, & puis mourir.

Mi è státo finalménte permésso d' uscìr dal létto; pre-
Me il a été finalement permis de sortir du lit; pré-
valéndomi súbito di quésta libertà, ho vólto i
valant me subitement de cette liberté, j' ai tourné les
miéi pássi vacillánti vérso úna finestrélla, ch' éra
miens pas chancelants vers une fenêtre petite, qui étoit
da gran témpo l' oggétto délla mía curiosità; l' ho
de grand temps l' objet de la mienne curiosité; la j' ai
apérta precipitosaménte: che ho mái vedúto, víscere
ouverte précipitamment : qu' ai-je alors vu, entrailles

mie   cáre ? Non   troveró   efpreſſióni   per   rap-
miennes chères ? Ne je trouverai des expreſſions pour re-
preſentàrti   l' eccéſſo del mío   ſtupóre   e la mortàl
préſenter te   l' excès du mien étonnement & le mortel
diſperazióne,   nel   védermi   in   mézzo   a quèl terríbil
déſeſpoir, dans le voir moi au milieu de ce terrible
eleménto, la di cúi ſóla víſta ſà frémere.
élément, la de qui ſeule vue fait frémir.

Quéſt' orríbile ſcopérta mi ha pur tróppo reveláto la
Cette horrible découverte m' a bien trop révélé la
cauſa del moviménto incómodo délla nóſtr' abitazióne.
cauſe du mouvement incommode de la notre habitation. Je
ſóno in úna di quélle cáſe ſluttuánti che traſportárono
ſuis dans une de ces maiſons flottantes qui tranſporterent
gli Spagnuóli nel nóſtro ſventuráto paeſe, e di
les Eſpagnols dans le notre malheureux pays, & de
cúi mi éra ſolaménte ſtáta fátta úna deſcrizióne
qui m' avoit ſeulement été faite une deſcription très-
imperfettíſſima.
imparfaite.

Puói tu figurárti, Aza cáro, da che funéſte
Peux-tu figurer te, Aza cher, de quelles funeſtes
idée fúi ſúbito crucciáta ? Sóno cérta che
idées je fus ſubitement tourmentée ? Je ſuis certaine que
quéſti bárbari mi allontánano da te ; non reſpíro piú
ces barbares m' éloignent de toi; ne je reſpire plus
la medéſima ária, non ábito piú lo ſtéſſo eleménto :
le même air, ne j'habite plus le même élément :
non ſaprái mái óve ío sía, ſe ti ámi, s'ío
ne tu ſçauras jamais où je ſuis, ſi te j'aime, ſi je
víva ; l' annichilaménto del mío éſſere non parrà neppúr
vis ; l' annihilation du mien être ne paroîtra vraiment
un' evénto dégno d' éſſerti riferíto.
un évènement digne d' être à toi rapporté.

Arbitro cáro de' giórni miéi, di che giovaménto potrà
Arbitre cher des jours miens, de quel aide pourra
éſſerti,

éfferti, da quì avanti, la mia fciaguráta vita? Per-
être à toi, d' ores en avant, la mienne douloureufe vie ? Per-
métti ch' io reftituífca álla divínità il dóno intollerábile
mets que je reftitue à la divinité le don intolérable
délla vita, che non póffo più godére : non ti vedrò
de la vie, que je ne puis plus goûter : ne te je verrai
più, non vóglio più vívere.
plus, ne je veux plus vivre.

Pérdo il mio amante : l' univérfo è per me
Je perds le mien amant : l' univers eft pour moi
annichiláto; mi par un váfto deférto rifonánte ormái
anéanti ; me il paroît un vafte défert réfonnant déformais
délle grída perpétue del mio amóre; ódile, ben
des cris perpétuels du mien amour; entends-les, bonheur
mio cariffimo; fiine commóffo, permétti ch' io múoja....
mien cher; fois-en ému, permets que je meure....

Quàl' erròr mi fedúce! Nò, mio cáro Aza,
Quelle erreur me féduit ! Non, mon cher Aza,
nò, tu non féi quégli che mi impóne la dúra légge
non, tu n' es celui qui m' impofe la dure loi
di vívere; ma bensí la tímida natúra, che;
de vivre; mais bien oui la timide nature, qui,
freménte d' orróre, ténta cólla túa vóce, più
frémiffant d' horreur, tente par la tienne voix, plus
délla fúa, di ritardàr un fíne fémpre formidábile
que la fienne, de retarder une fin toujours formidable
per éffa : ma tútto è finíto. La vía la più
pour elle : mais tout eft fini. La voie la plus
bréve mi libererà da quéfto ribrézzo....
courte me délivrera de ce regret....

Il máre inghiottífca per fémpre ne' fuói abíffi
Que la mer engloutiffe pour toujours dans fes abîmes
profóndi i miei fventuráti afférti, la mia
profonds les miennes malheureufes affections, la mienne
víta e la mia difperazióne!
vie & le mien défefpoir !

P

Accógli, tróppo infelíce Aza, accógli gli últimi
Recueille, trop malheureux Aza, recueille les derniers
fospíri del mío cuóre; la túa immágine è la fóla
foupirs du mien cœur; la tienne image eft la feule
che vi sía fcolpíta; ficcom' égli vivéva unicaménte
qui y foit fculptée; ainfi comme il vivoit uniquement
per te, móre cólmo del túo amóre. Ti ámo,
pour toi, il meurt au comble du tien amour. Te j'aime,
lo pénfo, lo fénto ancóra, lo díco per l' úl-
le je penfe, le je fens encore, le je dis pour la der-
tima vólta....
niere fois....

⋙━━━━━━━━━━━❖━━━━━━━━━━━⋘

LÉTTERA SÉTTIMA.

LETTRE SEPTIEME.

Aza, non difperárti; tu régni ancór fóvra un cuóre;
Aza, ne défefpérer toi; tu régnes encore fur un cœur;
ío refpíro. La vigilánza de' miéi cuftódi ha fconcertáto il mío
je refpire. La vigilance des miens gardes a déconcerté le mien
funéfto difégno, e fon rimáfa folaménte cólla vergógna di
funefte deffein, & je fuis reftée feulement avec la honte d'
avérlo tentáto. Non t' informeró délle particolaritá d'una
avoir le tenté. Ne t' informerai des particularités d'une
rifoluzióne non cofi tófto formáta che fvaníta. Ardiréi ío alzàr
réfolution non auffi-tôt formée qu' évanouïe. Oferois-je lever
giammái in prefénza túa gli ócchi miéi, fe i tuói
jamais en préfence tienne les yeux miens, fi les tiens
avéffero vedúto il mío eccéffo.
euffent vu le mien excès.
La ragióne, fbandíta dálla mía difperazióne, non éra
La raifon, égarée par le mien défefpoir, n' étoit

più afcoltáta : io non facéva più verùn cónto délla vìta,
plus écoutée : je ne faifois plus aucun compte de la vie,
avéva dimenticáto il tûo amóre.
j'avois oublié le tien amour.

Quánto è crudéle la tranquillitá dell' ánimo dópo il
Combien eſt cruelle la tranquillité de l'eſprit après la
furóre ! Quánto han apparénze diſſimili i medéſimi
fureur ! Combien ont d'apparences diſſemblables les mêmes
oggétti ! Nell' orrór della diſperazióne ſi reputa la ferocità
objets ! Dans l'horreur du déſeſpoir ſe prend la férocité
per ánimo, ed il liberárſi dài máli per generoſità : ma
pour courage, & le délivrer ſoi des maux pour généroſité : mais
richiamáti álla ragióne con úna paróla, úno ſguárdo o da
rappellés à la raiſon avec une parole, un regard ou par
qualſiſia áltra cóſa, reſtiàm convínti che la
quelque ſoit autre choſe, nous reſtons convaincus que la
nóſtra magnanimità non avéva áltro fondaménto che la deboléẓa ;
notre magnanimité n' avoit autre fondement que la foibleſſe ;
per frútto ne raccógliàm il pentiménto, e per prémio
pour fruit en nous recueillons le repentir, & pour récompenſe
il diſprezzo.
le mépris.

La più ſevéra punizióne del mío fállo è il
La plus ſévère punition de la mienne faute eſt le
conoſcérlo. Laceráta da pungénti rimórſi, e naſcóſta
connoître elle. Déchirée par des cuiſants remords, & cachée
ſótto il vélo délla vergógna, mi téngo in diſpárte ; témo
ſous le voile de la honte, me je tiens à l'écart ; je crains
che il mío indivíduo óccupi tróppo ſpázio : vorréi
que le mien individu occupe trop d'eſpace : je voudrois
ſottrárlo álla lúce ; diluvíano i miéi piánti, il
ſouſtraire le à la lumière ; coulent les miens pleurs, la
mío cordóglio è tranquíllo ; non prorúmpe in alcún
mienne douleur eſt tranquille ; ne elle éclate en aucun
gémito ; ma mi divóra internaménte. Póſſo io pentir-
gémiſſement ; mais me elle dévore intérieurement. Puis-je repentir

mi tróppo del mìo furóre ? Effo ti offendeva.
me trop de la mienne fureur ? Elle t' offenfoit.

Indárno quéfti generófi felvággi procúrano da dúe
En vain ces généreux fauvages s' efforcent depuis deux
giórni in quà d' infpirármi l' allegrezza dálla quále
jours en çà d' infpirer à moi l' allégreffe de la quelle ils
fóno trafportáti : la cagióne non men' è precifaménte nóta ;
font tranfportés : la caufe ne m'en eft précifément connue ;
ma quándo ánche mi fóffe, non mi crederéi degna
mais quand même me elle le fût ne me je croirois digne
di participàr álle lóro féfte.
de participer aux leurs fêtes.

Nell' udìr le lóro efclamazióni di giója, nel vedèr
Par l' entendre les leurs exclamations de joie, par le voir
le lóro dánze ed un cérto licór róffo, simile al
les leurs danfes & une certaine liqueur rouge, femblable au
mays di cúi bévono copiofaménte, ed in fómma la lóro
mays de laquelle ils boivent copieufement, & en bref le leur
premúra di contemplár il fóle per qualúnque párte
empreffement de contempler le foleil par quelque partie
póffano fcoprírlo, non avréi dubitáto che quéfto
qu'ils puiffent découvrir le, ne j' aurois douté que ce
giórno feftívo fóffe confacráto all' Áftro divíno, fe il Cacíque
jour de fête fût confacré à l'Aftre divin, fi le Cacique
facéffe come gli áltri ; ma fcórgo che in véce
faifoit comme les autres ; mais je m' apperçois qu' au lieu
di participàr all' allegrézza commúne, il mìo affánno è
de participer à l' allégreffe commune, le mien chagrin eft
l'única fúa inquietúdine, ónde il fúo zélo è divenúto
l'unique fienne inquiétude, d'où le fien zèle eft devenu
più rifpettófo, più affíduo e più follécito.
plus refpectueux, plus affidu & plus inquiet.

Ha indovináto che la prefénza contínua de' fuói
Il a deviné que la préfence continuelle des fiens
Selvággi aggiungéva fuggezióne álla mìa afflizióne, mi
fauvages ajoutoit contrainte à la mienne affliction, me
ha

ha liberáta da' lóro sguárdi incómodi; i suói son quási
il a délivrée des leurs regards incommodes; les siens sont presque
i sóli ch' io ábbia da sostenére.
les seuls que j' aie à soutenir.

Lo crederésti, Aza cáro? vi sóno moménti néi quáli
Le croirois-tu, Aza cher ? y sont des moments dans les quels
mi piácciono quéste múte conversazióni; il brío de suói
me plaisent ces muettes conversations; la vivacité de ses
ócchi mi rappreſénta quéllo che ſplénde né' tuói; vi
yeux me représente celle qui brille dans les tiens; y
tróvo quálche ſomigliánza che ingánna il mío cuóre.
je trouve quelque ressemblance qui trompe le mien cœur.
Ahi! quánto è paſſaggièra l' illuſióne! quánto durévoli
Hélas! combien est passagère l' illusion ! combien durables
al contrário le péne che le ſuccédono! Non finiránno
au contraire les peines qui lui succèdent ! Ne elles finiront
ſe non cólla mía víta, poichè vívo per te ſólo.
ſi non avec la mienne vie, puiſque je vis pour toi ſeul.

LÉTTERA OTTAVA.
LETTRE HUITIEME.

QUANDO un' oggétto è il sólo di tútti i nóstri
Quand   un objet   est   le   seul   de toutes les notres
penfiéri, Aza mío cáro, i evénti non c' in-
penfées, Aza mien cher, les évènements ne nous in-
teréffano fe non per la conformità che vi troviámo
téreffent fi non par la conformité que y nous trouvons
con éffo. Se tu non fóffi l' único fcópo déll' ánima
avec lui. Si tu ne fuffes l' unique fin de l' âme
mía, faréi io paffáta, cóme ho fátto póco innánzi,
mienne, ferois-je paffée, comme j'ai fait peu auparavant,
dáll' orrór délla difperazióne álla fperánza la più lufinghiéra?
de l' horreur du défefpoir à l' efpérance la plus flatteufe?
Il Cacíque avéva già tentáto più vólte indárno di
Le Cacique avoit déjà tenté plufieurs fois en vain de
fármi accoftár a quélla finéftra, che non miro
faire me approcher à cette fenêtre, que ne je regarde
più fénza fpavénto. Sollecitáta finalménte di bel nuóvo,
plus fans effroi. Sollicitée finalement de nouveau,
me fon lafciáta perfuadér d' andárvi. Quánto è ftáta
me je fuis laiffée perfuader d' aller y. Combien a été
rimuneráta la mía condefcendénza!
récompenfée la mienne condefcendance!

Oh prodígio incomprensíbile! nel fármi guardár
O prodige incompréhenfible! dans le faire moi regarder
per úna fpécie di cánna foráta, égli mi ha fátto vedèr
par une efpece de canne forée, il m' a fait voir
la térra in úna lontanánza tále, che fénza l' ajúto
la terre en un éloignement tel, que fans l' aide

di quél maravigliófo ordégno, i miéi òcchi non avrébbero
de cette merveilleufe machine, les miens yeux n' auroient
potúto arrivárvi.
pu arriver y.

Nel medéfimo témpo mi ha fátto capir; con
Dans le même temps me il a fait comprendre, avec
cérti fégni che commínciano ad éffermi famigliári,
certains fignes qui commencent à être à moi familiers,
che andiámo a quélla térra, e che la di léi vífta
que nous allions à cette terre, & que la d' elle vue
éra l' única cagióne di quélle allegrézze che mi avévan
étoit l' unique raifon de ces allégreffes qui m' avoient
párfo un facrifício fátto al fóle.
paru un facrifice fait au foleil.

Felíce fcopérta! La fperánza, cóme un ràggio
Heureufe découverte! L' efpérance, comme un rayon
di lúce, ha portáto il feréno nell' íntimo del mío cuóre.
de lumiere, a porté le ferein dans le fond de mon cœur.

Non póffo dubitáre che mi condúcano a quélla
Ne je puis douter que me ils conduifent à cette
térra che mi hánno moftráta : è cófa evidénte
terre que me ils ont montrée : c' eft chofe évidente
ch' éffa è úna porzióne del túo Império, poichè il
qu' elle eft une portion du tien Empire, puifque le
fóle vi fpárge i fuói ràggi divíni. Non fóno
foleil y répand les fiens rayons divins. Ne je fuis
più fchiáva déi crudéli Spagnuóli; chi potrébbe adúnque
plus efclave des cruels Efpagnols; qui pourroit donc
impedírmi di víver di nuóvo fótto le túe léggi?
empêcher me de vivre de nouveau fous les tiennes loix?

Sì, Aza cáro, vádo a riunírmi álla più cára
Oui, Aza cher, je vais à réunir me à la plus chère

párte   di   me   fléſſa.   Il   mío   amóre,   la   mía
partie   de   moi-même.   Le   mien   amour,   la   mienne
ragióne,   le   míe   ardénti bráme,   túrto   menè aſſicúra.
raiſon,   les   miens   ardents   deſirs,   tout   m'en   aſſûre.

M'invólo   nélle   túe   bráccia;   un   torrénte   di   giója
Je m'envôle   dans les   tiens   bras;   un   torrent   de   joie
inónda   la   mía   ánima; il paſſáto ſparíſce: ſon   finíte,
inonde   la mienne âme;   le   paſſé   diſparoît :   ſont   finies,
ánzi   dimenticáte,   túrte   le   míe   péne;   l'avveníre
même   oubliées,   toutes   les   miennes   peines;   l'avenir
ſólo   mi   óccupa,   quéſto   è   l'único   mío   béne.
ſeul   m'   occupe,   c'   eſt   l'unique   mien   bonheur.

Aza,   ſperánza   mía   cára! non   ti   ho   perdúto,
'Aza,   eſpérance mienne chère !   ne   te   j'ai   perdu,
vedrò   il   túo   ſembiánte,   i   tuói   ábiti,   la   túa
je verrai   le tien   viſage,   les   tiens   habits,   la tienne
ómbra;   ti   amerò,   telò   dirò   a   te   ſléſſo.   Quáli
ombre;   te   j'aimerai,   te le je dirai   à   toi-même.   Quels
ſóno   i   torménti   a   cúi   úna   tal   felicità   non
ſont   les   tourments   auxquels   une   telle   félicité   ne
ripari ?
remédie ?

Léttera

LÉTTERA NÓNA.
LETTRE NEUVIEME.

OH! *quánto ci pájono lúnghi, Aza cáro, i giórni,*
Oh! combien nous paroiſſent longs, Aza cher, les jours,
quándo viviámo in un' anſióſa aſpettatíva! Il
quand nous vivons dans une inquiétante expectative! Le
témpo, cóme ánche lo ſpázio, è ſoltánto conoſciúto
temps, comme auſſi l' eſpace, eſt ſeulement connu
per i ſuói límiti. Le nóſtre idée ſi confóndono
par les ſiennes limites. Les notres idées ſe confondent
e flúttuano nell' uniformità del témpo, cóme fà la
& flottent dans l' uniformité du temps, comme fait la
víſta nel vágo dell' ária. Se dágli oggétti ſóno
vue dans le vague de l' air. Si par les objets ſont
determináti i límiti déllo ſpázio, pármi che
déterminées les limites de l' eſpace, il paroît me que
quélli del témpo lo síeno pariménte dálle nóſtre
celles du temps le ſont pareillement par les notres
ſperánze, e che s' éſſe ci abbandónano, o che
eſpérances, & que ſi elles nous abandonnent, ou que
non síeno ben impréſſe, poſſiámo méglio
ne elles ſoient bien empreintes, nous pouvons mieux
diſtínguer la duráta del témpo, che l' ária erránte
diſtinguer la durée du temps, que l' air errant
néllo ſpázio.
dans l' eſpace.

Dáll' iſtánte fatále délla nóſtra ſeparazióne, l' ánima
Depuis l' inſtant fatal de la notre ſéparation, l' âme
ed il mío cuóre, ugualménte oppréſſi dálle ſciagúre,
& le mien cœur, également oppreſſés des chagrins,
erano ſepólti in quéll' abbandóno totále, orróre délla
étoient enſevelis dans cet abandon total, horreur de la

R

natúra, immágine del núlla; i giórni fcorrévano
nature, image du néant; les jours couroient
fénza che menè avvedéffi; neffúna fperánza fiffáva
fans que m'en j'apperçuffe; aucune efpérance fixoit
la mía attenzióne círca la lóro lunghézza. Ora
la mienne attention fur la leur longueur. A cette heure
che la fperánza ne fégna tútti gl'iftánti, la lor
que l'efpérance en indique touts les inftants, la leur
duráta mi par infiníta, ed a póco a póco ricúpero
durée me paroît infinie, & à peu à peu je recouvre
quéi dúe tefóri ineftimábili dell' ánima; cioè, la
ces deux tréfors ineftimables de l' âme; fçavoir, la
páce e la facilità di penfáre.
paix & la facilité de penfer.

  Dachè la mía immaginazióne è apérta áll' alle-
  Depuis que la mienne imagination eft ouverte à l' allé-
grézza, mílle penfiéri vi abbóndano con tánta rapidità,
greffe, mille penfées y abondent avec fi grande rapidité,
ch' éffa n' è faticáta. Várj progétti di piacéri e
qu' elle en eft fatiguée. Divers projets de plaifirs &
di felicità vi fuccédono l' úno áll' áltro: le nuóve
de félicité y fuccedent l' un à l' autre: les nouvelles
idée vi fóno facilménte accólte; ánzi vi tórnano,
idées y font facilement accueillies; même y reviennent,
fénza éffer chiamáte, quélle che mi érano già paffáte
fans être appellées, celles qui m' étoient déjà paffées
per la ménte, ma fénza fármi impreffióne.
par l' efprit, mais fans faire me impreffion.

  Da dúe giórni in quà, capífco mólte
  Depuis deux jours jufqu' ici, je comprends beaucoup
  paróle délla língua del Cacique, le quáli io
de paroles de la langue du Cacique, les quelles je
credéva ignoráre. Véro è che non fon áltro che i
croyois ignorer. Vrai eft que ne font autre que les
nómi dégli oggétti; non efprímono i miéi penfiéri,
noms des objets; ne ils expriment les miennes penfées,

e non mi paléſano quélli dégli áltri ; nientediméno
& ne me ils découvrent celles des autres : néanmoins
mi ſomminiſtrano già alcúni lúmi che mi érano
me ils fourniſſent déjà quelques lumières qui m' étoient
neceſſárj.
néceſſaires.

So che il Cacíque ſi chiáma Detervílle ; la
Je ſçais que le Cacique s' appelle Deterville ; la
nóſtra cáſa fluttuánte, náve ; e la térra óve
notre maiſon flottante, navire ; & la terre où nous
andiámo, Fráncia.
allons, France.

Quéſt' última nóme mi ha ſúbito ſpaventáta : non mi
Ce dernier nom m' a ſubitement étonnée ; ne me je
ricórdo di avèr mái udíto nominàr in quéſto
rappelle d' avoir jamais entendu nommer de cette
módo alcúna párte del túo Régno ; ma rifletténdo
maniere aucune partie du tien Royaume ; mais réfléchiſſant
al numéro infiníto délle regióni che lo compóngono, e
au nombre infini des régions qui le compoſent, &
délle quáli mi ſóno sfuggíti i nómi, quéſto móto
des quelles me ſont échappés les noms, ce mouvement
di timóre ſi è in bréve ſvaníto, eſſéndo incompatíbile
de crainte s' eſt en peu évanoüi, étant incompatible
cólla ferma fidúcia che m' inſpíra di contínuo
avec la ferme confiance que m' inſpire continuellement
la víſta del ſóle.
la vue du ſoleil.

Nó, Aza cáro, quéſt' áſtro divíno non illúmina áltri
Non, Aza cher, cet aſtre divin n' illumine autres
fuorchè i ſuói figliuóli, il dubitárne farébbe un' im-
hors que les ſiens enfants, le douter en feroit une im-
pietà. Sóno ſul púnto di rientràr ſótto il túo
piété. Je ſuis ſur le point de rentrer ſous le tien

Império; sóno giúnta al moménto di vedérti, vólo
Empire; je suis arrivée au moment de voir te : je vôle
* nélle bráccia del mío béne.*
dans les bras du mien bonheur.

La mía allegrézza è coronáta dálla dólce
La mienne allégreffe eft couronnée par la douce
fperánza di appagàr fra póco la mía gratitúdine
efpérance de payer dans peu la mienne gratitude
vérfo il benéfico Cacíque che ci riunirà; égli
envers le bienfaifant Cacique qui nous réunira : lui
da te colmáto d' onóre e di richézze, porterà
par toi comblé d'honneur & de richeffes, portera
nélla fúa Província la memória di Zília. Dal
dans la fienne Province la mémoire de Zilia. Par la
prémio eccitáta, fi perfezzionerà ancóra la fúa
récompenfe excitée, fe perfectionnera encore la fienne
virtù, e la fúa felicità farà la túa glória.
vertu, & la fienne félicité fera la tienne gloire.

Non può efprimérfi quánt' égli sía atténto a compiacérmi
Ne peut exprimer fe combien il foit attentif à complaire me
in tútto; in cámbio di trattármí da fchiáva, fi dirébbe
en tout; en change de traiter me en efclave, on diroit
quáfi, ch' égli sía il mío; próvo óra da lúi
quafi, qu' il foit le mien; j' éprouve à préfent de lui
altrettánte condefcendénze, quánte io prováva contra-
autant de condefcendances, que j' éprouvois de contra-
dizióni duránte la mía malattía : páre in fómma che
dictions durant la mienne maladie : il paroît en fomme que
non sía occupáto d' áltro che di me, délle míe
ne il eft occupé d' autre que de moi, des miennes
inquietúdini, e de miéi trattenimênti.
inquiétudes, & des miens traitements.

Ricévo con minòr ripugnánza i fuói fervígj;
Je reçois avec moindre répugnance les fiens fervices,
dachè l'abitúdine e la rifleffióne mi han fátto
depuis que l'habitude & la réflexion m' ont fait
conófcere,

conóscere ,   ch' ío   m' éra   ingannáta intórno àll' idolatría
connoître, que je m' étois trompée fur l' idolâtrie
che gli   attribuíva.
que à lui j' attribuois.

Non   è   però ch' eglí non ripéta fpéffo ;   e
Ne   il eft   pourtant   qu' il   ne   répète fouvent, &
quáfi   néll' iftéffa maniéra, le medéfime dimoftrazióni
prefque   de la même   manière,   les   mêmes démonftrations
ch' ío ftimáva éffer un cúlto ; ma   nel   fárle,   il
que j' eftimois être un culte; mais dans le faire les, le
fuóno   délla vóce, l' ária del fúo vólto,   mi perfuádono
fon   de la voix, l' air du fien vifage,   me perfuadent
che quéfto è   unicaménte úno fchérzo naturále àlla
que cela eft uniquement une badinerie naturelle à la
fúa nazióne.
fienne nation.

Comíncia   a fármi pronunziàr diftintaménte alcúne
Il commence à faire me prononcer diftinctement quelques
paróle délla fúa língua ; fúbito che   ho ridétto quéllo
paroles de la fienne langue; auffitôt que j' ai redit   ce
che mi   díce : Si ,   vi ámo,   ovvéro ,   vi   pro-
que me il dit : Oui, vous j' aime, ou bien, vous je pro-
métto d' éffer interaménte vóftra, l' allegrézza fpícca
mets   d' être entièrement vôtre, l' allégreffe s' étend
nel fúo vólto, mi bácia le máni con ardóre ,
fur le fien vifage, me il baife les mains avec ardeur ,
e con un' ária giulíva del tútto contrária al fério
& avec un air joyeux du tout contraire au férieux
che accompágna il cúlto divíno.
qui accompagne le culte divin.

Tranquílla intórno àlla fúa religióne , non la
Tranquille à l' égard de la fienne religion, ne la
fóno totalménte círca il paéfe dal quále eglí cáva la
je fuis totalement fur le pays du quel il tire la
fúa orígine. La fúa favélla ed il fúo veftiménto
fienne origine. Le fien langage & le fien vêtement

S

fóno cosí divérſi da' nóſtri, che ſpéſſe vólte la
font auſſi divers des nôtres, que ſouventes fois la

mía fidúcia n' è agitáta. Cérte rifleſſióni
mienne confiance en eſt agitée. Certaines réflexions

ſpiacévoli véngono ad intorbidármi, di módo che
déplaiſantes viennent à troubler me, de façon que je

flúttuo di contínuo fra il timóre e l'allegrézza.
flotte continuellement entre la crainte & l'allégreſſe.

Affaticáta dálla confuſióne délle míe idée, ributtáta
Fatiguée de la confuſion des miennes idées, rebutée

dálle incertézze che mi crúcciano ío avéva riſólto
des incertitudes qui me tourmentent j' avois réſolu

di non dar più sfógo álla mía imma-
de ne donner plus d'émancipation à la mienne ima-

ginazióne ; ma cóme raffrenár il móto d' ún'
gination ; mais comment réfréner le mouvement d'une

ánima príva d' ógni communicazióne, tútta rinchiúſa in
âme privée de toute communication, toute récluſe en

ſe ſtéſſa, e che vièn eccitáta a riflétter da in-
elle - même, & qui eſt excitée à réfléchir ſur in-

teréſſi cosí grávi? Non lo póſſo, mío cáro Aza ;
térêts auſſi graves ? Ne le je puis, mon cher Aza ;

cérco ad iſtruírmi con ún' agitazióne che mi
je cherche à inſtruire m' avec une agitation qui me

divóra, e mi tróvo di contínuo invólta
dévore, & me je trouve continuellement enveloppée

nélle ténebre.
dans les ténèbres.

Ben ſapéva che la privazióne d' un ſénſo può
Bien je ſçavois que la privation d' un ſens peut

ingannár in cérti cási, mà ſcórgo con iſtupóre
tromper en certains cas, mais je vois avec étonnement

che l'úſo de' miéi mi va precipitándo d'erróre in
que l'uſage des miens me va précipitant d'erreur en

erróre.
erreur.

L' *intelligénza* *déll'* *ánima* *procederébbe* *fórſe* *dálla*
L' intelligence de l' âme procéderoit peut-être de la
ſciénza *délle* *lingue?* *Quánte* *faſtidióſe* *verità* *mì* *fà*
ſcience des langues? Combien de faſtidieuſes vérités me fait
antivedèr *l'* *infelíce* *mío* *ſtáto!* *Ma* *ſcoſtátevi*
prévoir le malheureux mien état! Mais éloignez-vous
da *me,* *infaúſti* *preſági;* *approdiámo* *al* *lído.*
de moi, funeſtes préſages; nous approchons au rivage.
La *lúce* *déi* *giórni* *miéi* *farà* *ſparìr* *in* *un*
La lumière des jours miens fera diſparoître en un
moménto *le* *ténebre* *che* *mi* *circóndano.*
moment les ténèbres qui m' environnent.

LÉTTERA DĔCIMA.
LETTRE DIXIEME.

SóNO *finalménte* *giúnta,* *Aza* *cáro,* *a* *quéſta* *térra;*
Je ſuis finalement arrivée, Aza cher, à cette terre,
l' *oggétto* *de'* *miéi* *deſidérj;* *ma* *fin* *óra* *non* *vi*
l' objet des miens deſirs; mais juſqu'à cette heure ne y
védo *núlla* *che* *mi* *annúnzi* *il* *conténto* *ch'* *io*
je vois rien qui m' annonce le contentement que j'
ſperáva *trovárci;* *tútto* *quéllo* *che* *ſi* *offreríſce* *álla* *mía*
eſperois trouver y; tout ce qui s' offre à la mienne
víſta, *mi* *ſorprénde,* *mi* *ſtupíſce,* *e* *núll'* *áltro* *pro-*
vue, me ſurprend, m' étonne, & rien autre pro-
dúce *nélla* *mía* *ménte* *che* *impreſſióni* *vághe* *ed*
duit dans le mien eſprit que des impreſſions vagues &
úna *perpleſſità* *ſtúpida,* *dálla* *quále* *non* *procúro*
une perplexité ſtupide, de la quelle ne je cherche
neppúre *di* *liberármi;* *i* *miéi* *sbágli* *raffrénano*
pas même de délivrer me; les miens écarts répriment

i   miéi   giudízj ,   rimángo   incérta ,   dúbito   quáſi
les   miens jugements , je reſte incertaine , je doute preſque
de   ce   que   je   vois.
di   ciò   ch'   io   véggo.

Uſcíti   dálla   cáſa   fluttuánte ,   ſiàm   entráti   in
Sortis de la maiſon flottante ,   nous ſommes   entrés   en
úna   Città   fabbricáta   ſul   lído   del   máre.   Il   pópolo
une Cité fabriquée ſur le bord de la mer.   Le peuple
che   ſeguíva   in   fólla ,   mi   ſémbra   délla   medéſima naʒióne del
qui ſuivoit en foule , me ſemble de la   même   nation du
Cacíque ;   ma   le   cáſe   non   hánno   ſomigliánʒa   verúna
Cacique ; mais les maiſons n' ont   reſſemblance aucune
con   quélle   délla   Città   del   ſóle ;   ſe   quéſte   ſóno   ſuperióri
avec celles de la Cité du ſoleil ; ſi celles-ci ſont ſupérieures
in   bellézza   per   la   richézza   de'   lor   ornaménti ,   quélle
en beauté par la richeſſe de leurs ornements , celles-là
lo   ſóno   di   mólto   per   i   prodígj   che   rinchiúdono.
le ſont de beaucoup par les prodiges qu' elles renferment.

Néll'   entràr   nélla   cámera   in   cúi   Detervílle   mi
Dans l' entrer dans la chambre dans laquelle Déterville me
ha   alloggiáta ,   il   mío   cuóre   ha   ſtrabiliáto ;   ho   vedúto   da
a logée ,   le   mien   cœur   a   treſſailli ;   j'ai   vu   de
lúngi   úna   giovinétta   veſtíta   da   Vérgine   del   ſóle ;
loin une jeune fille vétue en Vierge du ſoleil ;
le   ſóno   córſa   áll'   incóntro   cólle   bráccia   apérte.   Ma
lui ſuis courue à la rencontre avec les bras   ouverts. Mais
che   maravíglia ,   Aʒa   cáro ,   che   maravíglia   eſtréma
quelle merveille , Aza cher , quelle merveille extrême
di   non   incontràr   che   úna   reſiſténʒa   impenetrábile   óve
de ne rencontrer qu' une réſiſtance impénétrable où
io   vedéva   úna   figúra   úmana   muóverſi   in   úno   ſpáʒio
je voyois une figure humaine mouvoir ſe dans un eſpace
mólto   ámpio !
beaucoup ample !

Immóbile   di   ſtupóre ,   io   ſtáva   fiſſándo   gli   ócchi
Immobile d' étonnement j' étois fixant les yeux
ſópra

sópra quéll'ómbra, quándo Detervílle mi ha fátto offervàr
fur   cette ombre , quand Déterville m' a fait obferver
la fúa própria figúra a cánto di quélla che occupáva
la fienne propre figure à côté de celle qui occupoit
tútta la mía attenzióne : ío lo toccáva , gli parláva ,
toute la mienne attention : je le touchois , lui je parlois ,
e lo vedéva nel medéfimo témpo mólto vicíno
& le je voyois dans le même temps beaucoup voifin
e mólto lontáno da me.
& beaucoup lointain de moi.

Quéfti prodígj confóndono lá ragióne ; offufcáno l'in-
Ces   prodiges confondent la raifon , offufquent l'in-
tellétto. Che idéa déve formárfi dégli abitánti di
tellect. Quelle idée doit former fe des habitants de
quéfto paéfe ? Bifógna temérli , ovvéro
ce pays ? Eft-il befoin de craindre les , où vraiement
amárli ? Per cérto non determineró niénte círca
aimer les ? Pour certain ne je déterminerai rien fur
quéfto dúbbio.
ce doute.

Il Cacíque mi ha fátto compréder che la figúra
Le Cacique m' a fait comprendre que la figure
ch' ío vedéva , éra la mía ; ma quéfto di che
que je voyois , étoit la mienne ; mais cela de quoi
m' iftruífce ? Il prodígio n' è fors' égli minóre ,
m' inftruit-il ? Le prodige en eft peut-être il moindre ,
cóme púre la mía confufióne e la mía igno-
comme même la mienne confufion & la mienne igno-
ranza ? Men' avvédo con rincrefciménto , mío cáro
rance ? M' en j' apperçois avec déplaifir , mon cher
Aza ; i méno erudíti di quéfto paéfe fóno più
Aza ; les moins érudits de ce pays font plus
dótti di tútti i nóftri Amautas.
doctes que touts les nôtres Amautas.

Detervílle mi ha dáto úna China gióvine e mólto
Déterville m' a donné une China jeune & beaucoup
T

vivàce; quéſta è per me úna gran ſoddisfazióne di
vive ; celle-ci eſt pour moi une grande ſatisfaction de
rivedèr perſóne del mio ſéſſo, e di éſſerne ſervíta ;
revoir des perſonnes du mien ſexe, & d' être en ſervie ;
parécchie áltre fánno a gára per eſibírmi i
pluſieurs autres font à l'envi pour exhiber à moi les
lor ſervígj ; ma la lóro preſénza mi è piuttóſto
leurs ſervices ; mais la leur préſence m' eſt plutôt
faſtidióſa ch' útile, attéſo che riſvégli i miéi
faſtidieuſe qu' utile, attendu qu' elle réveille les miennes
timóri. Dal lóro ſtupóre a conſiderármi, ben
craintes. Par leur étonnement à conſidérer me, bien
m' accórgo che non ſóno ſtáte in Cuzco; tuttavía
me je apperçois que non elles ont été à Cuzco ; toutefois
non póſſo ancóra decíder aſſolutaménte di núlla: la
ne je puis encore décider abſolument de rien : le
mía ménte va ſémpre fluttuándo in un máre d' in-
mien eſprit va toujours flottant en une mer d' in-
certézza ; il mio cuóre ſólo immobíle non bráma,
certitude ; le mien cœur ſeul immobile ne deſire,
non ſpéra e non aſpétta, ſe non quell' único béne
n' eſpere & n' attend, ſi non cet unique bien
ſénza il quále non vi ſarà mái nel móndo cóſa
ſans le quel n' y ſera jamais dans le monde choſe
che non gli ſía torménto.
qui ne lui ſoit tourment.

LÉTTERA UNDÉCIMA.
LETTRE ONZIEME.

Sebbén ho pósto, Aza cáro, ógni cúra per indagàr
Quoique j'ai mis, Aza cher, tout soin pour découvrir
quàl sía la mía fórte, non ne ho maggiòr contézza
quel soit le mien fort, ne en ai plus grande satisfaction
di quélla che ne avéva tre giórni fa. Dal póco
que celle que j'en avois trois jours avant. Par le peu
che ho potúto offerváre, i Selvággj di quéfto paéfe non
que j'ai pu obferver, les Sauvages de ce pays ne
mi pájono men buóni ed umáni del Cacíque;
me paroiffent moins bons & humains que le Cacique; ils
cántano e bállano cóme fe dovéffero giornalménte
chantent & danfent comme fi ils devoient journellement
coltivàr térre. Se giudicáffi dall' oppofizióne de' lóro
cultiver les terres. Si je jugeaffe par l' oppofition de leurs
coftúmi a quélli délla nóftra nazióne, ahimè! potréi ío
coutumes à celles de la notre nation, ah moi! pourrois-je
immaginármi d' effer ancóra nel túo Império? Ma
imaginer me d' être encore dans le tien Empire? Mais
quéllo che foftiéne la mía fperánza, fi è che mi
ce qui foutient la mienne efpérance, c' eft que me
ricórdo d' avèr udíto díre che il túo augúfto
je rappelle d' avoir entendu dire que le tien augufte
pádre ha conquiftáto Province mólto difcófte, e
pere a conquis des Provinces beaucoup diftantes, &
di cúi popóli non avévano maggiòr relazióne
de qui les peuples n' avoient plus grande relation
co' nóftri; perchè non può quéfta éfferne úna?
avec les nôtres; pourquoi ne peut elle être en une?
Páre che il fóle fi dilétti a illuminárla:
Il paroît que le foleil fe délecte à éclairer la :

non l' ho mái vedúto più púro,   *e*   *mi*   *abbandóno*
ne le j'ai jamais vu plus pur,   &   me   j'abandonne
volontiéri   *álla*   *fidúcia*   *ch' égli m' infpíra;*   *l' única*
volontiers   à la   confiance   qu' il m'infpire;   l' unique
mía   *inquietúdine*   *è*   *di*   *fapére*   *quánto*   *témpo vi*
mienne inquiétude   eft de   fçavoir   combien de temps y il
vorrà   *per*   *éffer*   *interaménte*   *al fátto de' nóftri*   *inte-*
faudra pour   être   entierement   au   fait   des nôtres inté-
réffi,   *perciocchè*   *è*   *indubitáto,*   *mío*   *cáro*   *Aza,*   *che*
rêts,   parce qu' il eft indubitable,   mon   cher Aza,   que
l' úfo   *fólo délla língua del paéfe*   *potrà*   *iftruírmi*
l' ufage feul   de la langue   du   pays   pourra inftruire m'
del véro,   *e*   *terminàr*   *le*   *míe*   *inquietúdini.*
du vrai,   &   terminer   les   miennes   inquiétudes.

Procúro adúnque d' imparárla,   *e*   *mi*   *preváglio di*
   Je tâche   donc   d' apprendre la, &   me je prévaux de
tútti   *i*   *moménti*   *néi*   *quáli Deterville mi láfcía*
touts les   moments   dans les   quels   Déterville me laiffe
in libertà,   *per*   *éffer*   *iftruíta dálla*   *mía*   *China;*
en liberté,   pour   être   inftruite par la   mienne China;
ma   *éffa mi*   *è*   *di*   *póco*   *ajúto,*   *perchè*   *non mi è*
mais elle m' eft   de   peu de fecours, parce que   ne m' eft
poffíbile di   *fárle*   *inténder*   *i*   *miéi*   *penfiéri,*   *nè*
poffible de faire lui   entendre   les   miennes   penfées,   ni
per   *confequénza di*   *entràr*   *in*   *alcún*   *ragionaménto con*
par   conféquent d' entrer   en   aucun   raifonnement avec
léi.   *I*   *cénni*   *del Cacíque*   *mi*   *fóno*   *alcúne*
elle.   Les   fignes   du   Cacique   me   font   quelques
vólte più   *útili;*   *l' úfo*   *cenè*   *ha fátto úna*   *fpécie*
fois plus utiles;   l' ufage   nous en   a   fait   une   efpece
di linguággio ch' efpríme   *alméno*   *le*   *nóftre*   *vóglie.*
de langage   qui exprime   au moins   les nôtres volontés.
Egli mi   *condúffe jéri*   *in*   *úna*   *cáfa,*   *óve*   *fénza*
  Il   me   conduifit hier   dans   une   maifon,   où   fans
quéft' ajúto,   *mi*   *faréi*   *governáta*   *mólto*   *mále.*
  ce fecours,   me je ferois   gouvernée   beaucoup   mal.
                                              Entrámmo

Entrámmo in úna cámera più grande e
Nous entrâmes dans une chambre plus grande &

méglio ornáta di quélla in cúi ío ábito; vi
mieux ornée que celle dans la quelle j' habite; y

éra adunáta mólta génte. Lo ſtupòr generále
étoient réunis beaucoup de gens. La ſurpriſe générale

che dimoſtrárono nel vedérmi, mi diſpiácque; le
qu' ils démontrerent dans le voir moi, me déplut; les

riſa ecceſsíve che mólte zitélle procurávano di
ris exceſſifs que beaucoup de jeunes filles tâchoient de

ſopprímere, é che ricomminciávano ógni quàl vólta
retenir, & qui recommençoient chaque quelle fois

volgévan gli ócchi vérſo di me, eccitárono
elles tournoient les yeux vers moi, exciterent

nel mío ánimo un ſentiménto coſì moléſto, che
dans le mien cœur un ſentiment ſi chagrinant, que

l' avréi ſtimáto un móto di vergógna, ſe mi
le j' aurois eſtimé un mouvement de honte, ſi me je

fóſſi credúta colpévole di quálche fállo: ónde infaſtidíta
fuſſe crue coupable de quelque faute: de-là dégoûtée

di ſtar con éſſe, ío éra per uſcíre, allorchè un
de reſter avec elles, j' étois pour ſortir, lorſqu' un

cénno di Deterville mi riténne.
ſigne de Déterviile me retint.

Compréſi ſúbito che avréi peccáto contro la
Je compris ſubitement que j' aurois péché contre la

decénza, ſe fóſſi uſcíta; non vólli far cóſa
décence, ſi je fuſſe ſortie; ne je voulus faire choſe

verúna che potéſſe dar un giúſto fondaménto al lor
aucune qui pût donner un juſte fondement à la leur

módo di procéder vérſo di me; rimáſi dúnque,
maniere de procéder à l'égard de moi; je reſtai donc,

e ponéndo ógni mía attenzióne ad oſſervàr quélle fémine,
& mettant toute mon attention à obſerver ces femmes,

credéi accórgermi che lo ſtupóre délle úne e
je crus appercevoir m' que l' étonnement des unes &

V

le rìsa pungénti délle áltre,   *procedévano dálla fingolaritá*
les ris piquants des autres,   procédoient de la fingularité
de' miéi abìti ; compatíi la lóro debolézza di fpírito,
des miens habits ; je plaignis la leur débilité d' efprit,
e non attéfi più ad áltro cófa che a perfuadèr
& ne je m' attachois plus à autre chofe qu' à perfuader
lóro col contégno, che la mía ánima non diffe-
leur avec la contenance, que la mienne âme ne diffé-
ríva tánto dálla lóro, quánto i miéi ábiti da' lor
roit pas tant de la leur, que les miens habits des leurs
ornaménti.
parures.

Un' uómo che avréi ftimáto un Cúracas, fe
Un homme que j' aurois pris pour un Curacas, fi
non fóffe ftáto veftíto di néro, vénne a pigliármi per
ne il avoit été vétu de noir, vint pour prendre me par
la máno con un' ária affábile, e mi condúffe preffo
la main avec un air affable, & me il conduifit près
ad úna dónna di afpétto imperiófo, la quále mi pa-
à une dame d' un afpect impérieux, la quelle me pa-
réva la Pallas del paéfe; égli le díffè alcúne vóci
roiffoit la Pallas du pays; il lui dit quelques mots
che ho udíto pronunziár mílle vólte da Deterville.
que j' ai entendu prononcer mille fois par Déterville.
Oh! quánto è bélla! che bélli ócchi...! Un' áltro
Oh! qu'elle eft belle! quels beaux yeux....! Un autre
foggiúnfe : cérte grázie, úna ftatúra da nínfa....
ajouta: certaines grâces, une ftature de nymphe....
Eccettuáte le dónne che non díffero núlla, tútti replicárono
Excepté les dames qui ne dirent rien, touts répéterent
le medéfime paróle : non ne fo ancòr il fignificáto,
les mêmes paroles : ne en fçais encore la fignification,
ma efprímono certaménte idée graziófe, per-
mais elles expriment certainement des idées gracieufes, parce
chè nel pronunziárle, il lor vólto éra fémpre ridénte.
que dans le prononcer elles, le leur vifage étoit toujours riant.

Il Cacìque paréva sommaménte conténto di quéllo
Le Cacique paroiſſoit ſouverainement content de ce
che ſi dicéva; e ſe talóra ſi ſcoſtáva da
qui ſe diſoit; & ſi quelquefois ſe il éloignoit de
me per parlàr a qualchedúno, non me perdéva per
moi pour parler à quelqu'un, ne me il perdoit pour
quéſto di víſta, e co' ſuói cénni m' indicáva cóme
cela de vue, & avec ſes ſignes m'indiquoit comment
dovéſſi regolármi : dal cánto mío, l' oſſerváva con
je devois régler me : du côté mien, le j'obſervois avec
ógni attenzióne, per non peccàr cóntro i coſtúmi
toute attention, pour ne pécher contre les coutumes
d' úna nazióne cosi póco iſtruíta de' nóſtri.
d' une nation auſſi peu inſtruite des nôtres.

Non ſó, Aza cáro, ſe potrò fárti com-
Ne je ſçais, Aza cher, ſi je pourrai faire te com-
préndere quánto mi ábbian párſo ſtraordinárie i ma-
prendre combien m' ont paru extraordinaires les ma-
niére di quéſti Selvággi.
nieres de ces Sauvages.

Hánno tánta vivacità, che le paróle non baſtándo
Ils ont tant de vivacité, que les paroles ne ſuffiſant
lóro per eſprímerſi, párlano col géſto quánto
à eux pour exprimer s', ils parlent par les geſtes autant que
col ſuóno délla vóce. La lóro agitazióne contínua mi ha
par le ſon de la voix. La leur agitation continuelle m' a
fátto conóſcere quánto fóſſero póco importánti quélle
fait connoître combien étoient peu importantes ces
dimoſtrazióni del Cacíque, che m' intrigávano tánto, e
démonſtrations du Cacique, qui m' intriguoient tant, &
circa le quáli ho fátto tánte fálſe congétture.
ſur les quelles j' ai fait tant de fauſſes conjectures.

Baciò jéri le máni délla Pallas, cóme púre
Il baiſa hier les mains de la Pallas, comme auſſi
quélle di tútte le áltre dónne, ed eziandío il vólto;
celles de toutes les autres dames, & même le viſage;

il che io non avéva ancòr vedúto : gli uómini venívano
ce que je n' avois encore vu : les hommes venoient
ad abbraciárlo ;   chi   lo pigliáva   per úna máno,
à embraffer lui ; celui-ci le prenoit par une main,
chi lo tiráva per il veflíto, e tútto quéfto con úna
celui-là le tiroit par l' habit, & tout cela avec une
preflézza di   cúi   non abbiàm   efémpio.
vivacité de la quelle ne nous avons exemple.
Se fi giudicáffe del lor ingégno dálla rapidità de' lóro
Si on jugeoit du leur efprit par la rapidité de leurs
géfti,   fóno cérta che le nóftre efpreffióni com-
geftes, je fuis certaine que les nôtres expreffions com-
pafsáte, ed i fublimi paragóni ch' efprimono tánto
paffées, & les fublimes comparaifons qui expriment tant
al naturále i nóftri téneri fentiménti ed i nóftri
au naturel les nôtres tendres fentiments & les nôtres
penfiéri affettuófi,   parébbero lóro infípidi ; la
penfées affectueufes, paroîtroient à eux infipides ; le
nóftr' ária féria e modéfta farébbe qui riputáta ftupidità,
notre air férieux & modefte feroit ici réputé ftupidité,
e la gravità del nóftro portaménto, melenfággine.
& la gravité de la nôtre démarche, engourdiffement.
Lo crederéfti, Aza cáro ? non oftánte le lóro im-
Le croirois-tu, Aza cher ? non obftant les leurs im-
perfezzióni, fe tu fóffi qui, la lor compagnía mi
perfections, fi tu fuffes ici, la leur compagnie me
aggradirébbe ; úna cért' affabilità fpárfa in tútte
plairoit ; une certaine affabilité répandue en toutes
le lor azióni, previéne a favòr lóro ; e fe
les leurs actions, prévient en faveur leur ; & fi
l' ánimo mío fóffe più tranquíllo, mi piacerébbe affái
l' efprit mien étoit plus tranquille, me plairoit affez
la diverfità dégli oggétti che fi offerífcono fucceffivaménte
la diverfité des objets qui s' offrent fucceffivement
à miéi ócchi ; ma ficcómé han téco póca rela-
à mes yeux ; mais comme ils ont toi avec peu de rela-
zióne ,

* zióne, mi divéntano insípidi, benchè nuóvi : in*
tion, me ils deviennent infipides, quoique nouveaux : en
te fólo, idólo cáro, è ripófta ógni mía felicità
toi feul, idole chérie, eft remife toute ma félicité
ed ógni mía contentézza.
& tout mon contentement.

LÉTTERA DUODECIMA.
LETTRE DOUZIEME.

QUANTO témpo pérfo, Aza mío cáro, poichè non ho
Que de temps perdu, Aza mien cher, puifque ne j'ai
potúto impiegárne un fol moménto nélla mía più
pu employer-en un feul moment dans la mienne plus
gráta occupazióne! Ho nulladiméno úna quantità di
agréable occupation! J'ai néanmoins une quantité de
cófe ftraordinárie da fárti fapére ; óra che
chofes extraordinaires à faire te fçavoir; à préfent que
póffo effettuárlo, vóglio informártene.
je puis effeétuer le, je veux informer t'en.
Il giórno dópo ch' ébbi fátto vífita álla Pallas ;
Le jour après que j'eus fait vifite à la Pallas,
Deterville mi féce portàr un bellíffimo veftiménto áll' úfo
Déterville me fit porter un très-beau vêtement à l'ufage
del paéfe. Aggiuftáto che l'ebbe la China álla mía
du pays. Ajufté dès que l' eut la China à la mienne
víta, mi féce avvicinàr a quéll' ingegnófo ordégno
taille, me elle fit approcher à cette ingénieufe machine
che dóppia gli oggétti ; quantúnque i fuói effétti mì
qui double les objets; quoique les fiens effets me
fóffero già nóti ; non potéi fàr a méno di non éffer
fuffent déja connus; ne je pus faire moins de n' être

X

di bel nuóvo attónita ,   nel   vedérmi   cóme   ſe
de bel nouveau étonnée , par le   voir moi   comme   ſi
fóſſi ſtáta di rimpétto a   me   ſtéſſa.
j'euſſe été   vis-à-vis   de moi - même.

Quéſto nuóvo aſſettaménto non mi diſpiácque ; fórſe
Ce   nouvel ajuſtement   ne   me   déplut ; peut-être
avréi laſciáto il mío con rincreſciménto, ſe non mi avéſſe
aurois-je laiſſé le mien avec   déplaiſir ,   ſi   ne   me il avoit
fátta guárdar da per tútto con ún' attenzióne incómoda.
fait   regarder de par tout avec une attention incommode.

Il Cacíque entró nélla mía cámera , quándo la
Le Cacique   entra   dans la mienne chambre ,   quand   la
China aggiungéva ancòr al mío acconciaménto alcúne
China   ajoûtoit   encore à mon accoûtrement quelques
minúzie ; égli ſi fermò álla pórta , e   ci   guardò
bagatelles ; lui s' arrêta à la   porte , & nous regarda
mólto témpo ſénza parláre : éra talménte immérſo
beaucoup de temps ſans   parler : il étoit tellement   plongé
ne' ſuói penſiéri, che ſi ſcansò per fàr luógo álla
dans les ſiennes penſées , que ſe il détourna pour faire place à la
China che uſcíva , è ſi ripóſe nello ſtéſſo luógo
China qui ſortoit , & ſe il remit dans le même   lieu
ſenz' accorgérſene ; éſſo ſtáva eſaminándomi da cápo
ſans appercevoir s' en ;   il   étoit   examinant moi   de   tête
a piédi con ún' attenzióne ſéria che m' intrigáva ,
aux pieds avec   une attention ſérieuſe qui   m' intriguoit ,
benché non ne ſapéſſi la cagióne.
bien que n' en je ſçuſſe la   cauſe.

Nientediméno per dimoſtrárgli la mía gratitúdine ;
Néanmoins   pour démontrer lui la mienne   gratitude ,
per i ſuói nuóvi favóri, gli pórſi la máno ; e
pour les ſiennes nouvelles faveurs , lui je tendis la main ; &
non poténdo eſprímer i miéi ſentiménti , credéi non
ne   pouvant exprimer les miens ſentiments , je crus   ne
potérgli dir cóſa più gráta di alcúne paróle
pouvoir lui dire choſe plus agréable que quelques paroles

che ſi dilétta di fármi ripétere ; ánzi procurái
qu'il ſe plaît de faire me répéter ; même je tâchai
d' imitàr quél ſuóno di vóce, col quále égli le
d' imiter ce ſon de voix, avec le quel il les
profferíſce.
profere.

Non ſo qual effétto prodúſſero in quéll' iſtánte
Ne je ſçais quel effet elles produiſirent en cet inſtant
néll' ánimo ſúo: ma i ſuói ócchi sfavillárono, il
dans l'eſprit ſien : mais les ſiens yeux étincelerent, le
ſúo vólto s' accéſe ; vénne al mío incóntro con
ſien viſage s' enflamma ; il vint à la mienne rencontre avec
ún' ária agitáta ; párve volèr pigliármi nélle ſúe
un air agité ; il parut vouloir prendre me dans les ſiens
bráccia ; póſcia fermándoſi in un trátto, mi ſtrinſe
bras ; puis arrêtant s' en un coup, me il ſerra
fortemente la máno, pronunziándo con úna vóce
fortement la main, en prononçant avec une voix
commóſſa : Nò ... il riſpétto ... la ſúa virtù ... e mólte
émue : Non ... le reſpeƈt ... la ſienne vertu... & beaucoup
áltre paróle che non capíſco méglio ; índi
d'autres paroles que ne je comprends mieux ; de-là
córſe a gettárſi ſóvra la ſúa ſédia dall' áltra
il courut à jetter ſe ſur la ſienne chaiſe à l' autre
párte délla cámera, óve rimáſe col cápo ap-
partie de la chambre, où il demeura avec la tête ap-
poggiáto tra le ſúe máni, in átto d' úno che
puyée entre les ſiennes mains, dans l'attitude d' un qui
ſtà immérſo in un cordóglio profóndo.
eſt plongé dans une douleur profonde.

Il ſúo ſtáto mi affliſſe, e non dubitándo di avérgli
Le ſien état m' affligea, & ne doutant de avoir lui
cagionáto quálche péne, mi avvicinái ad éſſo lúi
occaſionné quelque peine, me je approchai à même-lui
per dimoſtrárgliene il mío pentiménto ; ma mi riſpínſe
pour démontrer lui en le mien répentir ; mais me il repouſſa

con un legièr moto di máno sénza guardármi,
avec un léger mouvement de main sans regarder me,
ónde non ardìi più dírgli niénte : io stáva dúnque pensósa
d'où ne j' osai plus dire lui rien : j' étois donc pensive
e mólto intrigáta, quándo la servitù entrò per
& beaucoup intriguée, quand la servitude entra pour
portárci da mangiáre ; égli si rizzò, ci mettémmo a
porter nous à manger ; il se leva, nous nous mîmes à
távola insiéme, cóme al sólito : regnáva peró
table ensemble, comme à l'ordinaire : il regnoit pourtant
ancóra nel suó vólto languidétto úna liéve ma-
encore sur le sien visage languiffant une légère mé-
linconìa, résto dél súo affánno ; ma non avéva nè
lancolie, reste de son chagrin ; mais ne il avoit ni
minòr bontà, nè minòr piacevolézza ; tútto quésto
moindre bonté, ni moindre complaifance ; tout cela
mi par incomprensìbile.
me paroît incompréhenfible.

Io non ardìva mirárlo, nè prevalérmi déi cénni
Je n' ofois regarder le, ni fervir me des fignes
fra nói ufitáti in véce di converfazióne, nondiméno
entre nous ufités au lieu de converfation, néanmoins
cóme l'óra del nóstro pásto éra di mólto an-
comme l'heure du notre repas étoit de beaucoup an-
ticipáta, gli diédi da conóscere che quésto mi pa-
ticipée, lui je donnai à connoître que cela me pa-
réva straordinário.
roiffoit extraordinaire.

Tútto quéllo che compréfi dálla súa rifpósta, fù che
Tout ce que je compris de la fienne réponfe, fut que
stávamo per cangiàr dimóra : infátti, il
nous étions pour changer de demeure : en effet, le
Cacìque, dópo éffer ufcíto e rientráto parécchie vólte,
Cacique, après être forti & rentré plufieurs fois,
vénne a pigliármi per la máno ; mi lafciái condúrre,
vint à prendre me par la main, me je laiffai conduire,
penfándo

penſándo ſémpre a quéllo ch' era ſuccéſſo, e ſe il
penſant toujours à ce qui étoit ſuccédé, & ſi le
cangiaménto del luógo non ne fóſſe un' effétto.
changement du lieu n' en feroit un effet.

Quándo fúmmo uſcìti dáll' última pórta délla
Quand nous fumes ſortis de la derniere porte de la
cáſa, Dervìlle mi ajutò a fàr un páſſo altétto,
maiſon, Déterville m' aida à faire un pas un peu haut,
dópo il quále mi trovái in un cameríno, in
d'après le quel je me trouvai en une petite chambre, dans
cúi non ſi può caminàre nè ſtàr in piédi ſénza
laquelle ne on peut marcher ni être ſur pied ſans
incómodo; ma óve ſedémmo comodiſſimaménte
incommodité; mais où nous nous aſſîmes très-commodément
il Cacíque, la China, ed ío; quéſto picciol luógo éra
le Cacique, la China, & moi; ce petit lieu étoit
addobbiáto con elegánza: úna fineſtra l' illumináva da
doublé avec élégance : une fenêtre l' éclairoit de
ógni párte ſufficientemente.
chaque partie ſuffiſamment.

Méntre io lo conſideráva con iſtupóre, e
Pendant que je le conſidérois avec étonnement, &
che m' ingegnáva d' indovinàr per quál motívo Dervìlle
que me j'intriguois de deviner par quel motif Déterville
ci rinchiudéſſe in un luógo coſì ſtrétto, (oh Aza cáro!
nous renfermoit en un lieu auſſi étroit, (ô Aza cher !
i prodígj ſóno pur famigliári in quéſto paéſe) ſentii
les prodiges ſont bien familiers en ce pays) je ſentis
quélla máchina o ſía capánna, non ſo cóme
cette machine ou bien cabanne, ne je ſçais comment
chiamárla, la ſentii múoverſi e cangiàr síto:
appeller la, la je ſentis mouvoir ſe & changer de place :
mi rammentái súbito la cáſa fluttuánte, e giá
me je rappellai ſubitement la maiſon flottante, & déjà
fremeva di paúra; ma il Cacíque atténto álle mínime
je frémiſſois de peur; mais le Cacique attentif aux moindres

Y

míe   inquietúdini , mi rafficurò col   fármi vedèr per
miennes inquiétudes , me raffura avec le faire moi voir par
úna finéftra , che quélla máchina   fofpéfa   affái vicíno   a
une fenêtre , que cette machine fufpendue affez près   à
térra ,   fi   nuovéva per   mézzo d'un fecrétto   che   non
terre ,   fe   mouvoit par le moyen   d'un   fecret   que   ne
  capífco.
je comprends.

Detervílle   mi   moftrò   pariménte   alcúni   hamas (1)
 Déterville   me   montra   pareillement quelques hamas
di úna fpécie incógnita   nel   Perù ,   i quáli cami-
d' une efpèce inconnue dans le Pérou , les quels   mar-
návano avánti   nói ,   e tirávano diétro di lóro la capánna
choient devant nous ,   & tiroient derrière   eux la cabanne
rotolánte.
roulante.

Vi vuóle , oh lúme   de' giórni miéi , un' ingégno piú
 Il   faut ,   ô lumiere des jours miens , un génie plus
che umáno per   inventàr   cófe   tánto útili   e   cosí
qu' humain pour inventer des chofes auffi utiles & auffi
fingolári ;   ma bifógna altresí che   vi   síano   in   quéfta
fingulieres ; mais il faut auffi qu' y foient   en   cette
nazióne   gran   difétti che fcémino   la   fúa   poténza ,
nation de grands défauts qui diminuent la fienne puiffance ,
poichè   non   fignoréggia   tútto l' univérfo.
puifque ne elle feigneurife (ou domine fur) tout l' univers.

Sóno quáttro giórni che ,   rinchiúfi   in   quéfta
 Sont quatre jours que ,   renfermés   dans   cette
maravigliófa máchina , non ne   ufciámo , fe non la
merveilleufe machine , n' en nous fortons , fi non la
nótte ,   per   riftorárci   nel   prímo   luógo che
nuit ,   pour   reftaurer nous dans le premier   lieu   qui

---

(1) Nom générique des bêtes.
(1) *Nóme genérico délle béftie.*

s' incóntra,   e   non   la   láſcio   mái   ſenza diſpiacére.
ſe rencontre,   &   ne   la je laiſſe   jamais ſàns déplaiſir.
Telò   cònféſſo,   Aza   cáro,   non oſtánte   la   mía
Te le je confeſſe,   Aza   cher,   non-obſtant la   mienne
inquietúdine amoróſa,   ho   prováto   duránte quéſto viággio
inquiétude amoureuſe, j' ai éprouvé durant   ce   voyage
*   piacéri   che   mi   érano   ſconoſciúti. Alleváta   nel*
des plaiſirs   qui   m'   étoient   inconnus.   Elevée   dans le
témpio dall' età   mía   più   ténera,   non   conoſcéva
temple dès l' âge mien le plus tendre,   ne je connoiſſois
le vaghézze dell' univérſo :   che   pérdita   avréi   fátta !
les beautés de l' univers : quelle perte   j' aurois faite !
*   Non   v' è   dúbbio,   Aza   cáro,   che   vi   ſia   nélle*
   N'   y eſt doute,   Aza   cher,   qu' y il ſoit dans les
ópere   délla   natúra   un   non   ſò   che   di   ſoáve
ouvrages de la   nature   un   ne je ſçais quoi d' agréable
e   d' améno,   inimitábile all' árte   la   più   induſtrióſa.
&   de gracieux, inimitable à l' art le   plus induſtrieux.
Quéllo che   ho oſſerváta   néi   prodígj   inventáti   dágli
Ce que j' ai obſervé dans les prodiges inventés par les
uómini,   non   ha   mái   prodóuto   in   me   l' ammiraziòne
hommes,   n'   a jamais   produit   dans moi l' admiration
che m' inſpíra   lo ſpettácolo dell' univérſo. Il   mío   ánimo
que m' inſpire le ſpectacle de l' univers. Le mien eſprit
ſcórre   quélle   campágne   imménſe   che   váriano   e
parcourt   ces   campagnes   immenſes   qui   varient &
ſi   rinnóvano   ad   ógni   moménto   al   nóſtro   aſpétto
ſe renouvellent à chaque moment   à   notre   aſpect
cólla   ſtéſſa   velocità   con   cúi   le   attraverſiámo.
avec la même vélocité avec la quelle les nous traverſons.
Mille oggétti altrettánto divérſi quánto   améni   ſi offeríſcono
Mille objets autant divers qu' agréables s' offrent
di contínuo   all' ócchio che   in   un   trátto   li   véde, li
continuellement à l' œil, qui en un trait les voit, les
compréndo,   e   vi   ripóſa   delizioſaménte.
embraſſe,   &   y   repoſe délicieuſement.

Si créde allóra che la vífta non ábbia áltri límiti
On croit alors que la vue n' a autres limites
che quélli di tútta la térra. Quéfł' erróre ci lusínga,
que celles de toute la terre. Cette erreur nous flatte,
ci dà un' idéa così álta délla nóftra própria
nous elle donne une idée auffi haute de la notre propre
grandézza, che ci rénde in quálche módo parté-
grandeur, qui nous rend en quelque maniere parti-
cipi dégli attribúti del Creatóre di tánte maravíglie.
pants des attributs du Créateur de tant de merveilles.
Sul fíne d'un giórno seréno, il ciélo offerísce álla vífta
Sur la fin d'un jour ferein, le ciel offre à la vue
immágini tánto pompófe e magnífice, che
des images tant pompeufes & magnifiques, qu' elles
fupérano di gran lúnga quélle délla térra.
furpaffent de très - loin celles de la terre.
Da úna párte, cérte núvole trafparénti, adunáte
D' une part, certaines nuées tranfparentes, réunies
all' intórno del fóle tramontánte, pájono mónti
à l' entour du foleil couchant, paroiffent montagnes
d' ómbre e di lúce, la di cúi maeftófa con-
d' ombres & de lumiere, la de qui majeftueufe con-
fufióne rapífce lo fpettatóre fuòr di lúi ftéffo: dáll' áltra,
fufion ravit le fpeĉtateur hors de lui - même : de l' autre,
un' áftro méno rifplendénte fpúnta, ricéve e fpárge
un aftre moins refplendiffant pointe, reçoit & répand
un lúme viváce fóvra gli oggétti, che, perdéndo la
une lumiere vive fur les objets, qui, en perdant la
lor attività per l' affenza del fóle, non fánno più
leur aĉtivité par l' abfence du foleil, ne font plus
impreffióne ne' nóftri fénfi, fuorchè in un módo
d' impreffion fur les notres fens, hors que en une maniere
foáve, pacífico ed interaménte armónico col filénzio
fuave, paifible & entièrement harmonique avec le filence
che régna fóvra la térra. Allóra rientrándo in nói ftéffi,
qui regne fur la terre. Alors rentrant en nous-mêmes,
úna

úna cálma   deliziófa   pénetra   nell' ánimo   nóftro,
un calme délicieux pénetre dans l' âme nôtre, nous
godiámo l' univérfo,   cóme   fe   lo   poffedefsímo   fóli;
goûtons l' univers, comme fi le nous poffédions feuls;
non vi   vediámo   cós' alcúna   che non   ci   appar-
ne y nous voyons chofe aucune qui ne nous appar-
ténga; úna dólce ferenità c' indúce a fàr ri-
tienne; une douce férénité nous induit à faire des ré-
fleffióni dilettévoli, dálle quáli, úno che n' è occupáto,
flexions agréables, des quelles un qui en eft occupé,
non fi diftácca mái, fe non fúo malgrádo, e fol-
ne fe détache jamais, fi non foi malgré, & feu-
tánto per la dúra neceffità di rinchiúderfi nélle
lement par la dure néceffité de renfermer fe dans les
infenfáte prigióni, che gli uómini fi fóno fabbricáte,
infenfées prifons que les hommes fe font fabriquées,
e che, non oftánte tútta la lor indúftria, faránno
& qui, non-obftant toute la leur induftrie, feront
fémpre fprezzévoli, paragonáte cólle ópere délla natúra.
toujours méprifables, comparées avec les œuvres de la nature.
Il Cacíque fi è compiacciúto di fármi ufcìr ógni giórno
Le Cacique s' eft complu de faire me fortir chaque jour
dálla nóftra móbile cafétta, per lafciármi contemplàr
de la notre mobile petite maifon, pour laiffer me contempler
a bel ágio ciò ch' io ammiráva con tánta foddisfazióne.
à belle aife ce que je admirois avec fi grande fatisfaction.
Si le bellézze del ciélo e délla térra ci abbagliáno
Si les beautés du ciel & de la terre nous éblouiffent
tánto cólla lor magnificénza, quélle délle félve, più
tant par la leur magnificence, celles des forêts, plus
fémplici e lufinghiére, non infpirano nè minór
fimples & touchantes, ne nous infpirent ni moindre
piacére, nè minóre ftupóre.
plaifir, ni moindre furprife.
Quánto fóno deliziófe le félve, Aza mío cáro!
Combien font délicieux les bois, Aza mien cher!

Z

Nell' entràrvi, ún dilétto univerfàle fi fpàrge in
Dans l' entrer y, un charme univerfel fe répand dans
tútti i nóftri fénfi, e ne confónde l' úfo; fi créde
touts les nôtres fens, & en confond l' ufage; on croit
vedèr il fréfco prìma di fentírlo: le divérfe mefcolànze
voir le frais avant de fentir le: les divers mélanges
délle fóglie tempérano il lúme che le pénetra, e
des feuilles temperent la lumiere qui les pénetre, &
pájono infinuàrfi nel fentiménto, nel medéfimo
paroiffent infinuer fe dans le fentiment, dans le même
témpo che giúngono ágli ócchi.
temps qu' ils arrivent aux yeux.

Si refpíra ún cért' odóre foáve, ma indeter-
On refpire une certaine odeur fuave, mais indeter-
minàto, dàl quàle non fi difcérne quáfi fe l' odoráto
minée, de la quelle ne on difcerne prefque fi l' odorat
sía più lufingàto ovvero il palàto; l' ária pariménte,
eft plus flatté, ou bien le palais; l' air pareillement,
benchè impercettíbile, commúnica a tútto il nóftro
bien que imperceptible, communique à tout le nôtre
indivíduo úna voluttà púra, che ci dà, per
individu une volupté pure, qui nous donne, pour
così díre, ún fénfo di più, fénza che poffiàmo
ainfi dire, un fens de plus, fans que nous puiffions
determinàrne l' órgano.
déterminer en l' organe.

Oh, Aza càro, che piacéri! fe fóffero accom-
Oh! Aza cher, quels plaifirs! fi ils fuffent accom-
pagnàti da quéllo di vedérti! Quánte vólte ho io bramàto
pagnés de celui de voir toi! Que de fois ai-je defiré
di godérli téco! Teftimónio de' miéi più íntimi
de goûter les toi avec! Témoin des miennes plus intimes
penfiéri, avréfti trovàto néi fentiménti del mío
penfées, tu aurois trouvé dans les fentiments du mien
cuóre delizie ánche fuperióri álle vaghézze déll' univérfo.
cœur des délices même fupérieures aux beautés de l' univers.

LÉTTERA DÉCIMA-TÉRZA.
LETTRE DIXIEME TROISIEME.

*É*ccomi *finalménte, Aza mío cáro, in úna Città*
Voici me finalement, Aza mien cher, en une Cité
nomináta Parígi; quéſta è la méta del nóſtro viággio :
nommée Paris; elle eſt le terme du nôtre voyage :
ma ſecóndo le apparénze, non ſarà quélla délle
mais ſuivant les apparences, ne elle ſera celui des
míe inquietúdini.
miennes inquiétudes.

Dachè ſon giúnta, più atténta che mái
Depuis que je ſuis arrivée, plus attentive que jamais
ad oſſervàr quánto avviéne, le míe ſcopérte
à obſerver tout ce qui arrive, les miennes découvertes
non prodúcono áltro che torménto, e mi
ne produiſent autre choſe que tourment, & me elles
predícono ſoltánto ſventúre; il mínimo de' miéi
préſagent ſeulement des malheurs; le plus petit des miens
deſidérj curióſi va cercándo la túa immágine in
deſirs curieux va cherchant la tienne image dans
tútti gli oggétti che ſi offeríſcono álla mía víſta;
touts les objets qui s' offrent à la mienne vue;
ma áhi láſſa! non ven' è alcúno, Aza
mais hélas, malheureuſe! ne y en eſt aucun, Aza
cáro, che me la rappreſénti; il témpo che vi
cher, qui me la repréſente; le temps qu' il y
vuóle per attraversàr quéſta Città, ed il gran número
faut pour traverſer cette Cité, & le grand nombre

d' abitánti   di   cúi   fon   riempíte   le   ftráde, fánno con-
d' habitants   de   qui   font   remplies   les   rues,   font con-
getturáre   ch' éffa   conténga   maggiòr   número   di   génte
jeĉturer   qu' elle   contient   plus grand   nombre   de   gens
che non ne potrébbero contenèr   due   o   tre   de' nóftri
que   n' en   pourroit   contenir   deux   ou   trois   des nôtres
territórj.
territoires (ou contrées).

Le   maravíglie   di   Parígi   mi   rammèntano   quélle   che
Les   merveilles   de   Paris   me   rappellent   celles   qui
mi   fóno   raccontáte   di   Quito :   paragóno   alcúne   vólte
me   font   racontées   de   Quito :   je compare   quelques fois
quéfte   due   Città   cofpícue,   cercándo   fra   éffe
ces   deux   Cités   remarquables,   cherchant   entr' elles
quálche ;   conformità: ma   che   differénza!
quelque   conformité :   mais   quelle   différence !
Quéfta   contiéne   pónti,   fiúmi,   álberi,
Celle-ci   contient des ponts, des fleuves, des arbres, des
campágne,   di   módo   ch' éffa   mi   par   piuttófto   un
campagnes ;   de   maniere   qu' elle   me   paroît   plutôt   un
móndo   intéro,   che   úna   ftánza   particoláre.
monde   entier,   qu' une   habitation   particuliere.
Tenteréi   indárno   di   dárti   un' idéa   délle   cáfe ;
Je tenterois   en vain   de   donner te   une idée   des   maifons ;
éffe   fóno   di   un' altézza   così   finifuráta,   ch' è   più
elles   font   d' une hauteur   fi   démefurée,   qu'il eft   plus
fácile   di   crédere   che   la   natúra   le   ábbia prodótte,
facile   de   croire   que   la   nature   les a   produites telles
quáli   fóno,   che   di   compréndere   cóme   gli   uómini
quelles font,   que de   comprendre   comment   les   hommes
ábbian potúto   coftruírle.
ont   pu   conftruire les.
Cotéfta   è   la   Città   in   cúi   la   famíglia del
Celle-ci   eft   la   Cité   dans la quelle   la   famille   du
Cacíque   fa   la   fúa   refidénza.   La   cáfa   nélla
Cacique   fait   la   fienne   réfidence.   La   maifon   dans la
quále

quále égli ábita è quáſi altrettánto magnífica quánto
quelle il habite eſt preſqu' autant magnifique que
quélla del ſóle; le ſuppelléttili ed alcúni luóghi délle
celle du ſoleil; les meubles & aucuns endroits des
paréti ſóno d'óro; il rimanénte è ornáto di ún teſſúto
murs ſont d'or, le reſtant eſt orné d'un tiſſu
de' più béi colóri, rappreſentánti aſſái béne le
des plus belles couleurs, repréſentant aſſez bien les
bellézze délla natúra.
beautés de la nature.

Giúnti che fúmmo, Deterville mi féce inténdere
Arrivés dès que nous fûmes, Déterville me, fit entendre
che me conducéva nélla cámera di ſúa mádre.
que me il conduiſoit dans la chambre de ſa mere.
La trovámmo mézzo coricáta ſópra un létto quáſi
La nous trouvâmes moitié couchée ſur un lit preſque
délla medéſima fórma di quéllo dégl' Incas, e déllo
de la même forme de celui des Incas, & du
ſléſſo metállo.
même métal.

Dópo avèr pórſo la máno al Cacíque, che la
Après avoir préſenté la main au Cacique, qui la
bacciò, proſtráto quáſi ſino a térra, éſſa l' ab-
baiſa, proſterné preſque juſqu' à terre, elle l' em-
bracciò, ma con úna bontà coſì frédda, ún' allegrézza
braſſa, mais avec une bonté ſi froide, une allégreſſe
coſì compóſta, che, ſe non fóſſi ſláta prevenúta, non
ſi compoſée, que, ſi ne j'euſſe été prévenue, ne
avréi in quéll' accogliénza riconoſciúto úna mádre.
j'aurois dans cét accueil reconnu une mere.

Dópo éſſerſi trattenúti un moménto, il Cacíque mi
Après être s'entretenus un moment, le Cacique m'a
féce avvicináre; éſſa mi diéde ún' occhiáta ſdegnóſa,
fait approcher; elle me donna une œillade dédaigneuſe,
e, ſénza riſpónder a quéllo che ſúo fíglio le dicéva,
&, ſans répondre à ce que ſon fils lui diſoit, elle

A a

continuò ad avvólger graveménte álle súe dita ún
continua à entortiller gravement aux fiens doigts un
cordoncíno che pendéva ad ún pezzétto d' óro.
cordonnet qui pendoit à un petit morceau d' or.

Deterville ci lafciò per andàr áll' incóntro
Déterville nous laiffa pour aller à la rencontre
d' ún' uómo di álta ftatúra e di bel gárbo,
d' un homme de haute ftature & de belle mine,
che avéva fátto alcúni páffi vérfo di lúi; égli l' ab-
qui avoit fait quelques pas vers lui; il l' em-
bracciò, cóme púre ún' áltra dónna ch' éra occupáta
braffa, comme auffi une autre dame qui étoit occupée
ad ún lavóro símile a quéllo délla Pallas.
à un travail femblable à celui de la Pallas.

Súbito che il Cacíque compárve in quélla cáméra,
Auffi-tôt que le Cacique parut dans cette chambre,
úna zitélla quáfi délla mía età vi accórfe; quéfla
une jeune fille prefque de mon âge y accourut; elle
lo feguíva con úna premúra tímida e fácile da
le fuivoit avec un empreffement timide & facile à
fcórgere; l' allegrézza fpiccáva nel fúo vólto,
remarquer; l' allégreffe étinceloit dans le fien vifage,
fénza fcacciárne ún non sò che di manincónico e
fans bannir en un ne je fçais quoi de mélancolique &
d' intereffánte. Deterville l' abbracciò l' última, ma cor
d' intéreffant. Déterville l' embraffa la derniere, mais avec
úna tenerézza così fincéra, che il mío cuóre ne fù
une tendreffe fi fincere, que le mien cœur en fut
commóffo. Ahi! quál farébbe, Aza mío cáro, la
ému. Hélas! quel feroit, Aza mien cher, le
nóflra contentézza, fe, dópo tánte procélle, la fórte
nôtre contentement, fi, après tant d'orages, le fort
ci riunifle pariménte!
nous réuniffoit pareillement!

Duránte quéfto témpo io éra rimáfa appréffo délla Pallas
Durant ce temps j' étois reftée auprès de la Pallas

per conveniénza; non ardíva allontanármene, nè mirárla
par convenance; ne j' ofois éloigner m'en, ni regarder la
in fáccia.
en face.

Cérti fguárdi fevéri ch' éffa mi lanciáva di quándo
Certains regards féveres qu' elle me lançoit de temps
in quándo, m' intimorívano talménte, ed in tánta fogge-
en temps, m' intimidoient tellement, & en telle fujé-
zióne mi tenévano, che la mía ménte fléffa ne
tion me tenoient, que le mien efprit même en
rimanéva, per così díre, oppréffa e priva délla
reftoit, pour ainfi dire, oppreffé & privé de la
facoltà di penfáre.
faculté de penfer.

Finalménte la zitélla, cóme fe avéffe indovináto
Enfin la jeune fille, comme fi elle eût deviné
la mía nója, dópo avèr lafciáto Detervílle, vénne a
le mien ennui, après avoir laiffé Déterville, vint à
pigliármi per la máno, e mi condúffe vicíno ad úna
prendre me par la main, & me conduifit près d' une
finéftra, óve ci méttemmo a fedére. Benchè
fenêtre, où nous nous mîmes à nous affeoir. Bien que
non capíffi núlla di quéllo ch' éffa mi dicéva, i
ne je compriffe rien de ce qu' elle me difoit, les
fuói ócchi amorévoli mi tenévano il linguággio déi
fiens yeux bienveuillants me tenoient le langage des
cuóri affettuófi, e m' infpirávano fidúcia ed amicízia;
cœurs affectueux, & m' infpiroient confiance & amitié;
ónde mi farébbe ftáto cáro di fpiegárle i miéi
d'où m' auroit été cher de expliquer lui les miens
fentiménti; ma non poténdomi efprímer fecóndo i
fentiments; mais ne pouvant m' exprimer fuivant les
miéi defidérj, pronunziái quánto io fapéva délla
miens defirs, je prononçai tout ce que je fçavois de la
fúa língua.
fienne langue.

Ella ne forrife più d' úna vólta,   *guardándo Deter-*
Elle en fourit plus d' une fois, en regardant Déter-
ville con ún' ária fcáltra e piacévole.
ville avec un air fin & agréable.
Io mi dilettáva in quéfta fpécie di converfazióne,
Je me déléctois dans cette efpece de converfation,
quándo la Pallas pronunziò alcúne paróle ad álta
quand la Pallas prononça quelques paroles à haute
vóce, fiffándo la zitélla, che abbaffò fúbito gli
voix, en fixant la jeune fille, qui baiffa fubitement les
ócchi, rifpínfe la mía máno, che tenéva nélle
yeux, repouffa la mienne main, qu'elle tenoit dans les
fúe, e non mi guardò più,
fiennes, & ne me regarda plus.
Un moménto dópo entrò úna dónna attempáta, e
Un moment après entra une dame âgée, &
di fifonomía rúvida; fi accoftò álla Pallas,
de phyfionomie rude; fe elle accofta de la Pallas, elle
vénne pófcia a prendérmi per il bráccio, mi
vint après à prendre me par le bras, me elle
condúffe quáfi mío malgrádo in úna caméra nel
conduifit prefque moi malgré en une chambre dans le
più álto délla cáfa, e mi lafciò colà folétta.
plus haut de la maifon, & me elle laiffa là feulette.
Ancorchè quéfto moménto non fóffe in sè ftéffo il più
Encore que ce moment ne fût en lui-même le plus
infelíce délla mía víta, non è ftáto, Aza cáro,
malheureux de la mienne vie, ne il a été, Aza cher,
úno déi méno faftidiófi. Io fperáva, finíto il mío
un des moins faftidieux. J' efpérois, achevé le mien
viággio, di trovàr quálche folliévo álle míe
voyage, de trouver quelque foulagement aux miennes
inquietúdini, e che la famíglia del Cacíque mi avrébbe
inquiétudes, & que la famille du Cacique m' auroit
continuáto i buóni trattaménti ch' ío avéva da lúi ricevúti.
continué les bons traitements que j' avois de lui reçus.
La

La frédd' accogliénza délla Pallas ; il cangiámento subitáneo
Le froid accueil de la Pallas ; le changement subit
délle maniére délla zitélla ; l' asprézza di quélla dónna
des manieres de la jeune fille ; l' âprété de cette dame
che mi avéva svélta da un luógo óve m' importáva
qui m' avoit arrachée d' un lieu où il m' importoit
di stáre ; l' inattenzióne di Deterville, che non si éra
de rester ; l' inattention de Déterville, qui ne s' étoit
oppósto álla spécie di violénza che mi éra státa fátta ;
opposé à l' espece de violence qui m' avoit été faite ;
in sómma tútte le circostánze di cúi ún' ánima
en somme toutes les circonstances de qui une âme
sventuráta s' ingégna di esacerbàr le súe péne,
malheureuse s' imagine d' aigrir les siennes peines,
si offerírono ad ún trátto sótto i più funésti aspétti ;
s' offrirent en un coup sous les plus funestes aspects ;
io mi stimáva abbandonáta da ognúno ; deploráva
je me croyois abandonnée de chacun ; je déplorois
la mía sórte infelíce, quándo víddi entràr la mía
le mien sort malheureux, quand je vis entrer la mienne
China.
China.

In tal disposizióne, la súa vísta mi rallegrò ;
Dans telle disposition, la sienne vue me ragaillardit ;
córsi al súo incóntro ; l' abbracciái cólle
je courus à la sienne rencontre ; la j' embrassai avec les
lágrime ágli ócchi : éssa ne fù commóssa, ed a me fù
larmes aux yeux : elle en fut émue, & à moi fut
cáro di vedérla inteneríre. Quándo ci crediàm
agréable de voir la s' attendrir. Quand nous nous croyons
ridótti álla pietà di nói stéssi, quélla dégli áltri
réduits à la pitié de nous-mêmes, celle des autres
ci è mólto preziósa.
nous est beaucoup précieuse.
Le dimostrazióni affettuóse di quésta giovinétta
Les démonstrations affectueuses de cette jeune fille

alleggerírono il mío cordóglio;   le raccontáva le   míe
allégerent le mien chagrin; je lui racontois les miennes
péne,   cóme   fi   avéffe potúto rifpóndervi : le   fúe
peines, comme fi elle avoit pu répondre y : les fiennes
lágrime mi penetrávano il cuóre, ma   diventávano
larmes me pénétroient le cœur, mais elles devenoient
infenfibilménte méno amáre.
infenfiblement moins amères.

Io fperáva ancòr di vedèr Deterville all' óra délla
J' efpérois encore de voir Déterville à l' heure du
céna; ma mi fù portáto a mangiáre, e non lo
dîner; mais me il fut apporté à manger, & ne le
víddi.
je vis.

Dachè   t' ho pérfo, ídolo mío cáro, quéfto
Depuis que te j'ai perdu, idole mienne chère, ce
Cacíque è ftáta l' única perfóna dálla quále ío àbbia
Cacique a été l' unique perfonne de la quelle j' aie
ricevúto confolazióni nélle míe péne; l' abitúdine
reçu confolations dans les miennes peines; l' habitude
di vedérlo fi è cangiáta in neceffità : la fúa
de voir le s' eft changée en néceffité : la fienne
affénza raddoppió la mía afflizióne.
abfence redoubla la mienne affliction.

Dópo avérlo afpettáto in vanò, mi coricái; ma
Après avoir le attendu en vain, me je couchai; mais
il fónno non avéva ancòr fátto ceffàr le míe
le fommeil n' avoit encore fait ceffer les miennes
lágrime, quándo lo víddi entràr nélla mía cámera,
larmes, quand le je vis entrer dans la mienne chambre,
feguíto dálla zitélla il di cúi precipitófo difdégno
fuivi de la jeune fille le de qui précipité dédain
mi éra ftáto cosí fenfíbile. Éffa fi gettò ful mío
m' avoit été fi fenfible. Elle fe jetta fur le mien
létto, e con mílle carézze, paréva che voléffe
lit, & avec mille careffes, il paroiffoit qu' elle voulût

riparàr il cattívo trattaménto ch' io avéva da éſſa
réparer le mauvais traitement que j' avois de même-
lei ricevúto.
elle reçu.
Il Cacique ſi póſe a ſedèr a cánto del mío
Le Cacique ſe poſa à s' aſſeoir à côté du mien
lètto; égli dimoſtráva altrettánto piacére nel rivedér-
lit; il démontroit autant de plaiſir dans le revoir
mi, che io ne prováva di non éſſerne abbandonáta;
moi, que j' en éprouvois de n' être en abandonnée;
ſi parlávano guardándomi, e mi colmávano délle
ſe ils parloient regardant me, & me ils combloient des
più ténere dimoſtrazióni d' affétto.
plus tendres démonſtrations d' affection.
A póco a póco la lóro converſazióne divénne più
A peu à peu la leur converſation devint plus
ſéria. Benché io non potéſſi capírla, mi
ſérieuſe. Bien que je ne puſſe comprendre la, me il
éra fácile di giudicáre ch' éra inſpiráta dálla
étoit facile de juger qu'elle étoit inſpirée par la
fidúcia e dáll' amicízia: io teméva d' interrómperli;
confiance & par l' amitié: je craignois d' interrompre les;
ma vólti che ſi fúrono vérſo di me,
mais tournés dès qu' ils ſe furent vers moi, je
pregái il Cacíque di ſpiegármi quéllo che mi avéva
priai le Cacique d' expliquer me cela qui m' avoit
párſo più ſtraordinário dópo il mío arrívo.
paru plus extraordinaire depuis la mienne arrivée.
Quéllo che compréſi dálle ſúe riſpóſte, fù che la
Ce que je compris de ſes réponſes, fut que la
zitélla ch' io vedéva, ſi chiamáva Celína, ed éra
jeune fille que je voyois, s' appelloit Céline, & étoit
ſúa ſorélla; che l' uómo d' álta ſtatúra ch' io avéva
ſa ſœur; que l' homme de haute ſtature que j' avois
vedúto nélla cámera délla Pallas, éra ſúo fratéllo
vu dans la chambre de la Pallas, étoit ſon frere

primogénito, e l' áltra dónna giovíne, móglie di quéſto
premier né, & l' autre dame jeune, femme de ce
ſúo fratéllo.
ſien frere.

 Celína mi fù più cára, allorchè ſéppi ch' éra
 Céline me fut plus chère, alors que je ſçus qu' elle étoit
ſorélla del Cacíque; la compagnía déll' úno e déll' áltra
ſœur du Cacique; la compagnie de l' un & de l' autre
mi gradíva tánto, che non mi accórſi che ſpuntáva
m' agréoit tant, que ne m' apperçus que pointoit
il giórno príma che sén' andáſſero.
le jour avant que s'en ils allaſſent.

 Dópo la lor parténza, ho paſſáto il rimanénte del
 Après le leur départ, j' ai paſſé le reſtant du
témpo deſtináto al ripóſo, a trattenérmi téco; quéſto è
temps deſtiné au repos, à entretenir me toi avec; ceci eſt
l' único mío riſtóro e tútta la mía
l' unique mien reſtaurant & toute la mienne
giója: tu ſéi il ſólo, ánima mía cára, a cúi
joie: tu es le ſeul, âme mienne chère, à qui j'
ſvélo il mío cuóre; tu ſarái per ſémpre il ſólo
révele le mien cœur; tu ſeras pour toujours le ſeul
depoſitário de' miéi ſegréti, del mío ténero
dépoſitaire des miens ſecrets, du mien tendre
 affétto e de' miéi ſentiménti.
attachement & des miens ſentiments.

LÉTTERA DÉCIMA-QUÁRTA.
LETTRE DIXIEME-QUATRIEME.

S' IO *non continuáffi, Aza mío cáro, a privármi*
Si je ne continuois, Aza mien cher, à priver me
del fónno per fcríverti, non goderéi più quéfti
du fommeil pour écrire t', ne je goûterois plus ces
moménti, néi quáli io vívo per te fólo. Mi
moments, dans les quels je vis pour toi feul. Me ils
han fátto ripigliàr i miéi ábiti di Vérgine; e
ont fait reprendre les miens habits de Vierge; &
véngo coftrétta di ftàr tútto il giórno in úna
je fuis contrainte d' être tout le jour dans une
cámera piéna di génte che fi cángia e fi
chambre pleine de gens qui fe changent & fe
rinnóva ad ógni moménto, fénza quáfi diminuíre.
renouvellent à chaque moment, fans prefque diminuer.

Quéfta diftrazióne involontária mi fvélle fpéffo da' miéi
Cette diftraction involontaire m' arrache fouvent à mes
deliziófi penfiéri; ma fe vièn fopíta quálche vólta
délicieufes penfées; mais fi eft affoupie quelque fois
l' attenziòn víva che unífce di contínuo l' ánima mía
l' attention vive qui unit continuellement l' âme mienne
álla túa, non tárda ad éffer rifvegliáta dal con-
à la tienne, ne elle tarde à être reveillée par le con-
tráfto che vi è fra le túe perfezzióni ed i
trafte qui y eft entre les tiennes perfections & les
difétti di tútti quélli che mi circóndano.
défauts de touts ceux qui m' environnent.

Néi divérfi paéfi che fcórfi, non ho vedúto
Dans les divers pays que je parcourus, ne j' ai vu
Selvággj d' úna famigliarità così orgogliófa cóme
des Sauvages d' une familiarité auffi orgueilleufe comme

C c

quéſti.   Oſſérvo principalménte nélle dónne úna
ceux-ci.   J' obſerve   principalement   dans les femmes   une
bontà ſprezzánte che ripúgna all' umanità, e che
bonté   mépriſante qui   répugne   à l' humanité,   & qui
m' inſpirerébbe förſe altréttanto diſprégio per lóro,
m' inſpireroit   peut-être   autant   de mépris   pour elles,
quánto ne dimóſtráno per gli áltri, ſe mi
que   en elles   montrent   pour les   autres,   ſi me elles
fóſſero più cógnite.
fuſſent   plus   connues.

Una d' éſſe mi cagionò jéri un' affrónto che mi affligge
Une   d' elles   me   cauſa hier   un affront   qui m' afflige
ancòr attualménte.   Nel témpo che l' adunánza éra
encore   actuellement.   Dans le   temps   que l' aſſemblée étoit
più numeróſa, élla avéva già parláto a mólte
plus   nombreuſe,   elle   avoit   déjà   parlé   à   beaucoup de
perſóne ſénza ſcórgermi :   ſia che il cáſo o
perſonnes   ſans   appercevoir m':   ſoit   que le   haſard   ou
qualchedúno mi avéſſe fátta da léi oſſerváre, éſſa ſcoppiò
quelqu'   un m'   eût fait   d' elle   obſerver,   elle éclata
di ríſa nel mirármi ;   abbandonò precipitoſaménte
de rire   dans le   regarder moi; elle abandonna   précipitamment
il ſúo luógo, vénne vérſo di me, mi féce rizzáre,
la ſienne   place, elle vint   près   de moi,   me fit   lever,
e dópo avérmi voltáta e rivoltáta quánte fiáte
&   après   avoir m'   tournée   &   retournée autant de   fois
la ſúa vivacità glielò ſúggeri ; dópo avérmi
que la   ſienne   vivacité   lui le   ſuggéra;   après   avoir m'
toccáto túttí i pézzi del mío ábito con ún' attenzióne
touché   touts les morceaux du mien   habit avec une   attention
ſcrupulóſa, féce cénno ad un giováne di ac-
ſcrupuleuſe, elle fit   ſigne   à   un   jeune-homme   d' ap-
coſtárſi, e ricominciò con éſſo lúi l' eſáme délla
procher ſe, & elle recommença avec même lui- l' examen de la
mía figúra.
mienne   figure.

Cóme io vedéva la dónna magnificaménte veſtíta,
Comme je voyois la dame magnifiquement vétue,
ed il giováne tútto copérto di lámine d' óro,
& le jeune-homme tout couvert de lames d' or,
l' úna paréndomi úna Pallas, e l' áltro ún' Anqui (1);
l' une paroiſſant me une Pallas, & l' autre un Anqui;
non ardíi oppórmi álla lor vóglia: ma quéſtó
ne j' oſai oppoſer m' à la leur volonté: mais ce
Selvággio fáttoſi ardíto per la famigliarità délla Pallas,
Sauvage étant fait s' hardi par la familiarité de la Pallas,
e fórſe ánche per la mía moderazióne, avéndo
& peut-être auſſi par la mienne modération, ayant
avúto l' audácia di toccármi il ſéno, lo riſpínſi
eu l' audace de toucher me le ſein, le je repouſſai
tútta attónita e ſdegnáta; il che gli féce conóſcere
toute étonnée & indignée; ce qui lui fit connoître
ch' io ſapéva méglio di lúi le léggi dell' onéſta.
que je ſçavois mieux que lui les loix de l' honnêteté.
Al grído ch' io féci, Detervílle accórſe; égli ébbe
Au cri que je fis, Déterville accourut; il eut
appéna parláto al giovíne Selvággio, che quéſto appoggiándoſi
à peine parlé au jeune Sauvage, que celui-ci appuyant s'
fóvra la di lúi ſpálla, comminció a rider coſì ſmiſu-
fur la de lui épaule, commença à rire ſi démeſu-
rataménte, che la fúa figúra ne fù contrafátta.
rément, que la ſienne figure en fut contrefaite.
Il Cacíque ſenè ſtrigó, e gli díſſe, tútto in-
Le Cacique s'en débarraſſa, & lui dit, tout en-
fiammáto nel vólto, alcúne paróle con úna vóce
flammé dans le viſage, quelques paroles avec un ton
coſì féria, che le immoderáte ríſa di quéll' inſolénte
ſi férieux, que les immodérés ris de cet inſolent
giováne ceſſárono; e non avéndo égli probabilménte
jeune-homme ceſſerent; & n' ayant lui probablement

____

(1) *Anqui*, ſignifie Prince du ſang.

núlla da rifpóndere, fi fcoftò fénza replicáre, e non
rien à répondre, fe il éloigna fans répliquer, & ne
tornò più.
revint plus.

 Oh! Aza cáro, che differénza fra i coftúmi
 Oh! Aza cher, quelle différence entre les coutumes
di quéfto paéfe e quélli déi fíglj del fóle! Che
de ce pays & celles des fils du foleil! Quelle
differénza gloriófa per te, fe compáro álla teme-
différence glorieufe pour toi, fi je compare à la témé-
rità del giováne Anqui il túo affettuófo offéquio, la
rité du jeune Anqui le tien affectueux refpect, la
túa prudénte moderazióne e l' oneftà che regnáva
tienne prudente modération & l' honnêteté qui régnoit
nélle nóftre converfazióni! Lo fperimentái del primo
dans les nôtres converfations! Le j' éprouvai du premier
moménto che ti víddi; e lo penferò finchè avrò
moment que te je vis, & le je penferai tant que j' aurai
víta; tu fólo, delízie cáre dell' ánima mía,
la vie; toi feul, délices chères de l' âme mienne,
riunífci tútte le perfezzióni che la natúra ha fpárfe
réunis toutes les perfections que la nature a répandues
fóvra i mortáli, com' éffa ha adunáto nel mío
fur les mortels, comme elle a réuni dans le mien
cuóre tútti i fentiménti d' amóre e di ammirazióne,
cœur touts les fentiments d' amour & d' admiration,
che la mórte fóla potrà eftínguere.
que la mort feule pourra éteindre.

LÉTTERA

LÉTTERA DÉCIMA-QUINTA.

LETTRE DIXIEME-CINQUIEME.

Più vádo conoscéndo il Cacíque e súa sorélla, Aza
Plus je vais connoiſſant le Cacique & ſa ſœur, Aza
cáro, mèn póſſo perſuadérmi che síeno di quéſta
cher, moins je puis perſuader me que ils ſoient de cette
nazióne: églino sóli conóscono e rispéttano la virtù.
nation: eux ſeuls connoiſſent & reſpectent la vertu.
Nel vedèr le maniére schiétte, la bontà ſincéra
Dans le voir les manieres ſimples, la bonté ſincère
e modéſta giocondità di Celína, ſi crederìa quáſi
& modeſte joyeuſeté de Celina, on croiroit preſque
che sía educáta fra le nóſtre Vérgini. Cóme
qu'elle ſoit éduquée parmi les nôtres Vierges. Comme
la piacevolézza onéſta, la dólce ſerietà di ſúo fratéllo,
l'affabilité honnête, le doux ſérieux de ſon frere,
perſuaderébbero facilménte ch' égli sía náto dal ſángue dégl' Incas.
perſuaderoient facilement qu' il ſoit né du ſang des Incas.
Mi tráttano l' úno e l' áltro con quéll' umanità
Me ils traitent l' un & l' autre avec cette humanité
che praticherémmo vérſo di lóro, ſe quálche diſ-
que nous pratiquerions à l'égard d' eux, ſi quelque diſ-
grázia li aveſſe condótti tra nói; ánche non ho
grâce les eût conduits entre nous; auſſi ne j' ai
più verùn dúbbio che il Cacíque sía il túo tri-
plus aucun doute que le Cacique ſoit le tien tri-
butário.
butaire.
Égli non éntra mái nélla mía cámera ſénza
Il n' entre jamais dans la mienne chambre ſans

D d

offerírmi in dóno   alcúne   délle cóſe   maravigliófe dì
offrir m' en don quelques-unes des chofes merveilleufes des
cúi   abbónda quéſto paéſe :   óra   ſóno   pézzi
quelles abonde   ce   pays :   tantôt ce font   morceaux
déll' ordégno che   dóppia gli   oggétti,   rinchiúſi   in
de la machine   qui   double   les   objets,   renfermés dans
caſſettíne   di úna matéria mirábile ;   óra
de petites caſſettes d' une matiere admirable ; tantôt des
piétre   leggiére   e   di úno ſplendóre abbagliánte,   délle
pierres légeres   &   d' un   éclat   éblouïſſant,   des
quáli   ornáno in quéſto paéſe quáſi   túite   le párti del
quelles ils ornent dans ce   pays preſque toutes les parties du
córpo, ne   portáno álle orécchia, ſul   pétto, ſóvra la
corps, en ils portent aux oreilles, ſur la poitrine, ſur la
calzatúra,   e   cío · è   gratíſſimo   álla víſta.
chauſſure,   & cela eſt très-agréable à la vue.
Ma quéllo che mi ſémbra più   dilettévole, e   che
Mais   ce   qui   me ſemble plus   aimable,   & qui
ſérve a trattanérſi grataménte, ſóno   cérti   ſtruménti
ſert à amuſer s' agréablement, font certains inſtruments
di ún metállo duríſſimo e di   ún   cómodo   ſingoláre ;
d' un métal très-dur & d' une commodité ſinguliere ;
gli úni ſi adóprano   per   compòr   cérti   lavóri
les uns s' emploient pour compoſer certains travaux
che Celína m' inſégna a fáre ; gli áltri d' úna fórma
que Celina m' enſeigne à faire ; les autres d' une forme
tagliánte,   per dividèr ógni ſórta · di dráppi, de' quáli
tranchante, pour diviſer toute forte de draps, des quels
facciàm tánti   pézzi   che   ne   vogliámo,
nous faiſons tant de morceaux que en nous voulons,
ſénza sfórzo ed in ún módo guſtófo.
ſans effort & d' une maniere plaiſante.
Ho mílle áltre rarità ánche più ſtraordinárie ;
J' ai mille autres raretés même plus extraordinaires ;
ma nòn eſſéndo al nóſtro úſo, non   tróvo   nel
mais n' étant à notre uſage, ne je trouve dans la

nòstra lìngua términi próprj per potèr dártene
nôtre langue termes propres pour pouvoir donner t' en
ún' idéa.
une idée.

Ti fèrbo, Aza cáro, con gràn cúra tútti
Te je conferve, Aza cher, avec grand foin touts
quéfti dóni; poichè, óltre il piacére che avrò del
ces dons; puifque, outre le plaifir que j' aurai de
túo ftupóre, è indubitáto ch' effi ti apparténgono.
ta furprife, il eft indubitable qu' ils t' appartiennent.
Se il Cacíque non fóffe il túo vaffállo, mi pagherébb' égli
Si le Cacique ne fût le tien vaffal, me paieroit- il
ún tribúto, che fa éffer foltánto dovúto al túo
un tribut, qu' il fçait être feulement dû au tien
fuprémo grádo? Dálla fúa offervánza vérfo di me,
fuprême rang? Par la fienne attention à l'égard de moi,
ho fémpre conghietturáto che la mía condizióne
j' ai toujours conjecturé que la mienne condition
gli fóffe nóta. I dóni ch' éffo mi fà m' in-
lui fût connue. Les dons qu' il me fait m' in-
ducóno a crédere ch' égli fáppia ch' io fon deftináta ad
duifent à croire qu' il fçait que je fuis deftinée à
éffer túa confórte, giacchè mi trátta anticipataménte
être ton époufe, puifque me il traite par anticipation
da Mama-Oella.
en Mama-Oella (1).

Quéfta certézza mi rafficúra, e cálma úna párte
Cette certitude me raffûre, & calme une partie
délle míe inquietúdini; capífco che non mi
des miennes inquiétudes; je comprends que ne me il
mánca áltro che il potèr efprímermi, per
manque autre que le pouvoir d' exprimer me, pour
fapèr dal Cacíque quáli síeno i motívi che lo muóvono
fçavoir du Cacique quels font les motifs qui l' engagent

_____

(1) Nom que prenoient les Reines du Pérou en montant fur le trône.

a ritinérmi in cáſa ſúa, e per determinárlo
à retenir me en maiſon ſienne, & pour déterminer le
a riméttermi in túo potére; ma fin allóra ávro
à remettre me en tien pouvoir; mais juſqu' alors j'aurai
ancòr mólto a ſoffríre.
encore beaucoup à ſouffrir.

Ci mánca mólto che l' índole di Madama
Y manque beaucoup que le caractère de Madame
(quéſto è il nóme délla mádre di Deterville) ſía
(c' eſt le nom de la mere de Déterville) ſoit
coſì generóſa cóme quélla de' ſuói figliuóli. In véce
auſſi généreux comme celui des ſiens enfants. Au - lieu
di trattármi cólla ſtéſſa benignità, mi dimóſtra
de traiter me avec la même bénignité, me elle montre
in ógni occaſióne un' auſterità ed un diſdégno, i
en toute occaſion une auſtérité & un dédain, les
quáli non sò dónde procedáno; e per úna ſpécie
quels ne ſçais d'où procédent; & par une eſpece
di contradizióne con ſi ſtéſſa, ancorché non
de contradiction avec ſoi - même, encore que ne elle
póſſa ſoffrírmi, preténde ch' ío ſtía di contínuo
puiſſe ſouffrir me, elle prétend que je ſois continuellement
con léi.
avec elle.

Quéſto è per me un véro torménto, perchè
Cela eſt pour moi un véritable tourment, parce que
dóve ſi tróva quéſta ſevéra dónna, vi régna ſémpre
où ſe trouve cette ſévère dame, y regne toujours
la ſoggezióne. Celína e ſúo fratéllo non mi fánno cénni
la ſujétion. Céline & ſon frere ne me font ſignes
d' amicízia, ſe non furtivaménte; églino ſtéſſi non ardíſcono
d' amitié, ſi non furtivement; eux - mêmes n' ôſent
converſàr liberaménte inſiéme nélla di léi preſénza :
converſer librement enſemble dans la d' elle préſence :
ónde contínuano a paſsàr inſiéme úna párte délle
d'où ils continuent à paſſer enſemble une partie des

nóttì

nòtti nélla mìa càmera : quéſto è l' único témpo
nuits dans la mienne chambre : c' eſt l' unique temps
in cúi godiàmo tranquillaménte il piacére di
dans le quel nous goûtons tranquillement le plaiſir de
vedérci; e, bench' io partécipi póco álle loro con-
voir nous; &, bien que je participe peu à les leurs con-
verſazióni, la lor preſénza mi è ſémpre aggradévole.
verſations, la leur préſence m' eſt toujours agréable.
fánno quánto póſſono, affinchè io ſìi felíce.
Ils font autant qu' ils peuvent, afin que je fois heureuſe.
Ah! mìo cáro Aza, ignórano che non póſſo éſſerla
Ah! mon cher Aza, ils ignorent que ne je puis être l'
lúngi da te, e che non crédo vívere, ſe non a
loin de toi, & que ne je crois vivre, ſi non à
proporzióne che la túa memória ed il mìo ténero
proportion que la tienne mémoire & le mien tendre
affétto mi occúpano interaménte.
attachement m' occupent entièrement.

<hr>

LÉTTERA DÉCIMA-SÉSTA.

LETTRE DIXIEME-SIXIEME.

MI *rimángono, Aza cáro, coſì póchi quìpos, che*
Me reſtent, Aza cher, ſi peu de quipos, que
ardíſco appéna valérmene. Li nódo con úna máno
j' ôſe à peine ſervir m'en. Les je noue avec une main
tímida, e, per coſì díre, avára, cóme s' io potéſſi
timide, &, pour ainſi dire, avare, comme ſi je pouvois
multiplicárne il numéro, riſparmiándoli. Finíti éſſi, ſon
multiplier en le nombre, épargnant les. Finis eux, font
finíte le delízie délla mìa ánima, mi è tólto il
finies les délices de la mienne âme, m' eſt ôté le
E e

foftégno délla mía vita; non vi farà cos' alcúna
foutien de la mienne vie; n' y aura chofe aucune
che póffa alleggerìr il péfo délla túa affénza, ne
qui puiffe alléger le poids de la tienne abfence, en
farò oppréffa.
je ferai oppreffée.

Oh cári miéi quipos! ío confervàva per il lor
O chers miens quipos! je confervois par le leur
mézzo la memória déi più fecréti móti del
moyen la mémoire des plus fecrets mouvements du
mío cuóre, fperándo offerírtene ún giórno la dólce
mien cœur, efpérant offrir t'en un jour la douce
pittúra: voléva ritràr pariménte i principáli
peinture: je voulois tracer pareillement les principales
coftúmi di quéfta fingolàr nazióne, per ricreàrti
coutumes de cette finguliere nation, pour récréer te
nel túo ózio, in ún témpo più felíce.
dans le tien loifir, en un temps plus heureux.
Ahi! mi rimáne pochíffima fperánza di potèr
Hélas! me refte très-petite efpérance de pouvoir
efeguír i miéi progétti.
exécuter les miens projets.

Se tróvo óra tánte difficoltà per ordinàr
Si je trouve à cette heure tant de difficultés pour arranger
le mie idée, cóme potrò nel procéffo
les miennes idées, comment pourrai-je dans la fuite
del témpo rammentármele, fénza ún' ajúto ftraniéro?
du temps rappeller me les, fans un fecours étranger?
Véro è che menè vièn offérto úno; ma l' efecuzióne
Vrai il eft que m'en eft offert un; mais l' exécution
menè par tánto difficile, che la crédo impoffíbile.
m'en paroît tant difficile, que la je crois impoffible.

Un Selvággio del quéfto paéfe viéne ógni giórno, per
Un Sauvage de ce pays vient chaque jour, par
ordíne del Cacíque, a dármi lezióni délla fúa
ordre du Cacique, à donner me leçons de la fienne

lìngua   e   del   método   che   adóprano   quì   per
langue   &   de la   méthode   qu'ils   emploient   ici   pour
dàr   ùna   spécie   di   esiſténza   ài   penſiéri.
donner   une   eſpece   d'exiſtence   aux   penſées.
Quéſto   ſi   fà   delineándo   con   ùna   pénna   cérte
Cela   ſe   fait   en   traçant   avec   une   plume   certaines
figurìne   che ſi chiámano léttere, ſópra ùna matéria biánca
petites   figures   qui s'appellent   lettres,   ſur une matiere blanche
e   ſottíle   nomináta   cárta;   quéſte   figúre   hánno   nómi
&   ſubtile   nommée   papier;   ces   figures   ont   des noms
che, meſcoláti inſiéme, rappreſéntano   i   ſuóni délle paróle;
qui,   mêlés   enſemble,   repréſentent   les   ſons   des paroles;
ma   quéſti   nómi   e   ſuóni   mi   pájono   coſì   póco
mais   ces   noms   &   ſons   me   paroiſſent   ſi   peu
diſtínti   gli   úni   dágli   áltri,   che,   ſe   potrò   riuſcír
diſtincts   les   uns   des   autres,   que,   ſi je puis   réuſſir
a   capìrli   ún giórno,   non ſarà   certaménte   ſénza
à   connoître les un   jour,   ce ne   ſera certainement pas ſans
mólta   difficoltà.   Non   è   credíbile   quánto   il
beaucoup de   difficulté.   Ne il eſt   croyable   combien   le
povéro   Selvággio   ſi   affatíchi   per   iſtruírmi,   ed   ío
pauvre   Sauvage   ſe   fatigue   pour   inſtruire m',   &   je
fo   úno   sfórzo   maggióre   per   imparáre;   nientediméno
fais   un   effort   plus grand   pour   apprendre;   néanmoins
approſitto coſì póco,   che   rinunzieréi   àll' impréſa,   ſe
je   profite   ſi peu,   que je renoncerois   à l'entrepriſe,   ſi
ſapéſſi   ún' áltro   mézzo   che potéſſe chiarírmi délla nóſtra
je ſçuſſe   un autre   moyen   qui pût éclairer m' de le nôtre
commúne   sórte;   ma   per   diſgrázia   quéſto   è   il
commun   ſort;   mais   par   malheur   celui-là   eſt   le
ſólo,   mío   cáro   Aza.   Quéſto   nuóvo   e   ſingoláre
ſeul,   mon   cher   Aza.   Cette   nouvelle   &   ſinguliere
ſtúdio ſarà dúnque   ormái   l'único   mío   piacére:
étude   fera donc   déſormais   l'unique   mien   plaiſir: je
vorréi   éſſer   tútto   il giórno   ſóla,   per   atténdervi
voudrois   être   tout   le jour   ſeule,   pour   m'attacher y

di contínuo ;   *e*   *la*   *neceſſità*   *che*   *mi*   *viéne*   *impóſta*
continuellement;   &   la   néceſſité   qui   m'   eſt   impoſée
di ſtàr   *ſémpre*   *nélla*   *cámera*   *di*   *Madama,*   *ſi*
d'   être   toujours   dans la   chambre   de   Madame,   ſe
convérte   *per*   *me*   *in*   *ún*   *ſupplício.*
convertit   pour   moi   en   un   ſupplice.

Al   *princípio,*   *méntre*   *eccitáva*   *l'*   *altrúi*
Au   commencement,   tant que   j'excitois   la   d'autrui
curioſità,   *appagáva*   *la*   *mía ;*   *ma*   *quándo*   *non*   *ſi*
curioſité,   je ſatisfaiſois   la   mienne;   mais   quand   ne   ſe
può   *métter*   *in*   *úſo*   *áltro*   *ſénſo,*   *fuorchè*   *quéllo*   *délla*
peut   mettre   en   uſage   autre   ſens,   hors que   celui   de la
víſta,   *égli*   *è*   *in*   *bréve*   *sàzio.*
vue,   il   eſt   en   bref   raſſaſié.

Tútte   *le*   *dónne*   *ſi*   *dipíngono*   *il*   *vólto*   *di*   *ún' iſtéſſo*
Toutes   les   dames   ſe   peignent   le   viſage   d'   une même
colóre ;   *hánno*   *ſémpre*   *le*   *medéſime*   *maniére,*   *e*
couleur;   elles   ont   toujours   les   mêmes   manieres,   & je
crédo   *che*   *dícano*   *ſémpre*   *le*   *ſtéſſe*   *cóſe.*
crois   qu' elles   diſent   toujours   les   mêmes   choſes.

Le   *apparénze*   *ſóno*   *più*   *variáte*   *négli*   *uómini.*
Les   apparences   ſont   plus   variées   dans les   hommes.
Sémbra   *che*   *alcúni*   *pénſino*   *ſodaménte ;*   *ma*   *dúbito*
Il ſemble   qu' aucuns   penſent   ſolidement;   mais je doute
che   *quéſta naziòne, generalménte parlándo, ſia*   *quále*
que   cette   nation,   généralement   parlant,   ſoit telle   qu' elle
ſi   *maniféſta :*   *l' affettazióne*   *par*   *il*   *ſúo*   *caráttere*
ſe   manifeſte :   l' affectation   paroît   le   ſien   caractère
dominánte.
dominant.

Se   *fóſſero*   *naturáli*   *le*   *dimoſtrazióni*   *di*   *zélo*   *e*
Si   fuſſent   naturelles   les   démonſtrations   de   zèle   &
d' affétto,   *di*   *cúi*   *s' órnano*   *qui*   *i*   *mínimi*
d' affection,   des quelles   s' ornent   ici   les   plus petits
óbblighi   *délla*   *ſocietà,*   *quéſti*   *pópoli*   *ſarébbero*   *dúnque,*
devoirs   de la   ſociété,   ces   peuples   ſeroient   donc,

Aza

Aza caro, più generófi e più umáni de' nóftri?
Aza cher, plus généreux & plus humains que les nôtres?
è quéfto credíbile?
eft-il cela croyable?

Se avéffero veraménte l' ánimo così feréno cóme
Si ils euffent vraiment l' efprit auffi ferein comme
il vólto; fe l' inclinazióne áll' allegrézza che offérvo
le vifage; fi l' inclination à l' allégreffe que j' obferve
in tútte le lóro azióni, fóffe fincéra, potrébbero
en toutes les leurs actions, fût fincere, pourroient
éffi ricreárfi l' ánimo con fpettácoli, quáli ne ho
ils récréer fe l' efprit avec fpectacles, tels que en j' ai
vedúti in quéfto paéfe?
vus en ce pays?

Sóno ftáta condótta in un luógo óve fi rappréféntano;
J' ai été conduite en un lieu où fe repréfentent,
quáfi cóme nel túo palázzo, le azióni dégli
prefque comme dans le tien palais, lès actions des
uómini eftínti; con quéfta differénza, che nói
hommes éteints; avec cette différence, que nous
rammentiámo ágli fpettatóri i fátti déi più fávi
rappellons aux fpectateurs les faits des plus fages
e déi più virtuófi; in véce che quéfta nazióne non
& des plus vertueux; au-lieu que cette nation ne
célebra quáfi mái áltro che la memória de' pázzi
célebre prefque jamais autre que la mémoire des fous
e de' malvági.
& des méchants.

Quélli che li rappréféntano grídano e s' ágitano cóme
Ceux qui les repréfentent crient & s' agitent comme
fe fóffero furiófi; ne ho vedúto úno forfenáto a tal
s' ils fuffent furieux; en j' ai vu un forcené à tel
fégno, che fi è uccífo da fe ftéffo. Alcúne
point, que il s' eft occis par lui-même. Quelques
bélle dónne che, fecóndo le apparénze, véngono dái
belles dames qui, fuivant les apparences, font par les

F f

tiránni perfeguitáte, piángono di continuo, e
tyrans perfécutées, pleurent continuellement, & elles
fánno cérti géfti di difperazióne, che báftano per
font certains geftes de défefpoir, qui fuffifent pour
éfprimer il lor eccefsívo cordóglio, fénza l' ajúto délle
exprimer la leur exceffive douleur, fans l' aide des
paróle.
paroles.

Si potrébb' égli crédere, mío cáro Aza, che tútto
Se pourroit - il croire, mon cher Aza, que tout
un pópolo, le di cúi apparénze fóno umáne,
un peuple, les du quel apparences font humaines;
fi dilétti a rapprefentàr fciagúre o fceleratézze che hánno
fe délecte à repréfenter les malheurs ou crimes qui ont
áltre vólte avvilíto, ovvéro oppréffo i lóro símili?
autres fois avili, ou bien opprimé les leurs femblables?
Ma fórfe in quéfto paéfe l' orròr del vízio farà
Mais peut-être en ce pays l' horreur du vice fera
neceffário per inclinàr al béne. Quéfto penfiére mi
néceffaire pour incliner au bien. Cette penfée me
viéne in ménte fénza cercárlo; fe fóffe véro,
vient en efprit fans chercher la; fi elle fût vraie,
quánto compiangeréi quéfta nazióne! La nóftra, più
combien je plaindrois cette nation! La notre, plus
favorità dálla natúra, è allettáta dálla virtù ftéffa;
favorifée de la nature, eft allaitée par la vertu même;
ci báfta avérne modélli per diventàr virtuófi,
nous fuffit avoir en des modeles pour devenir vertueux,
cóme báfta l' amárti per diventàr amábile.
comme il fuffit l' aimer toi pour devenir aimable.

LÉTTERA DÉCIMA-SÉTTIMA.
LETTRE DIXIEME-SEPTIEME.

Non sò più che penſáre, Aza mio cáro, di
Ne je ſçais plus que penſer, Aza mien cher, de
queſta naziône; éſſa va da un' eſtrémo áll' áltro con
cette nation ; elle va d' un extrême à l' autre avec
tánta rapidità, che biſognerébb' éſſer più eſpérta che
ſi grande rapidité, qu'il faudroit être plus experte que
non ſóno, per determinár il ſúo caráttere.
ne je ſuis, pour déterminer le ſien caractère.

Mi han fátto vedèr un' áltro ſpettácolo totalménte
Me ils ont fait voir un autre ſpectacle totalement
oppóſto al primo. Quéllo, per éſſer crudéle e
oppoſé au premier. Celui-là, pour être cruel &
ſpaventévole, ripúgna álla ragiône ed umília l' Umanità.
épouvantable, répugne à la raiſon & humilie l' Humanité.
Quéſto eſſéndo ricreatívo ed aggradevóle, imíta la natúra,
Celui-ci étant récréatif & agréable, imite la nature,
e l' invenziône menè par veraménte gloriófa áll' umáno
& l' invention m'en paroît vraiment glorieuſe à l' humain
intendiménto; égli è mólto più numeróſo del
entendement ; il eſt beaucoup plus nombreux que le
primo in Attóri. Si rappreſentáno pariménte in
premier en Acteurs. Se repréſentent pareillement dans
éſſo alcúne aziôni délla víta; ma sía che ſi eſ-
lui quelques actions de la vie ; mais ſoit que s' ex-
príma il cordóglio oppúre il piacére, l' allegrézza o
prime la douleur ou bien le plaiſir, l' allégreſſe ou
la maninconía, ciò ſi fà ſémpre con cánti e
la mélancolie, cela ſe fait toujours avec chants &
bálli.
danſes.

Bifógna, Aza cáro, che l' intelligénza de' fuóni sía
Il faut, Aza cher, que l' intelligence des fons foit
univerfále; conciofiacofachè non mi è ſtáto più
univerfelle ; avec ce foit chofe que ne m' a été plus
difficile d' éſſer commóſſa dálle divérſe paſſióni in quéſto
difficile d' être émue par les diverfes paſſions en cette
módo rappreſentáte, che ſe foſſéro ſtáte eſpréſſe
maniere repréfentées, que fi elles euſſent été exprimées
nélla nóſtra língua : il che mi par mólto
dans la notre langue : ce qui me paroît beaucoup
naturále.
naturel.

La favélla umána è ſénza dúbbio ſtáta inventáta
La langue humaine a fans doute été inventée
dágli uómini, poichè vária in ógni nazióne.
par les hommes, puifqu' elle varie dans chaque nation.
La natúra, più potente ed atténta ái biſógni ed
La nature, plus puiſſante & attentive aux befoins &
ái piacéri nélle ſúe creatúre, ha dáto lóro,
aux plaifirs dans les fiennes créatures, a donné leur,
per eſprímer il ſentiménto, mézzi generáli aſſái
pour exprimer le fentiment, des moyens généraux aſſez
ben imitáti cói cánti che, ho udíti.
bien imités par les chants que, j' ai entendus.
Égli è cérto che in úno ſpavénto o in ún
Il eſt certain que dans un effroi ou dans une
violénto dolóre, le grída ſóno più enérgiche per
violente douleur, les cris font plus énergiques pour
eſprímer il biſógno d' ajúto ; e, nel languóre, i
exprimer le befoin d' aide ; &, dans la langueur, les
gémiti più efficáci, per muóver a compaſſióne ;
gémiſſements plus efficaces, pour mouvoir à compaſſion ;
delle paróle che intéſe in úna párte del
que les paroles qui entendues en une partie du
móndo néll' áltra, ſon príve d' ógni ſignificáto, o
monde dans l' autre, font privées de toute fignification, ou
che

che   per lo   più   mal   ordináte   prodúcono   ún' effétto
qui   pour le   plus   mal   arrangées   produifent   un effet
del   tútto   contrário   álla   paffióne.
du   tout   contraire   à la   paffion.

   I   fuóni vivúci   e   leggiéri   non   c' infpírano ánch' éffi
   Les   fons   vifs   &   légers   ne   nous infpirent auffi eux
l' allegrézza   più   infallibilménte,   che   non farébbe   qualfifia
l' allégreffe   plus   infailliblement,   que   ne   feroit   quelque foit
narrázione piacévole   o   facézia   fagáce.
narration   agréable   ou   plaifanterie   intelligente.

   In   che   língua   fi   tróvano   efpreffióni   che   póffano
   En   quelle   langue   fe   trouvent   expreffions   qui   puiffent
communicàr   ún' ingénuo piacére   con   tánto   fuccéffo,
communiquer   un ingénu   plaifir   avec   fi   grand   fuccès,
   cóme   fánno gli   fchérfi   dégli   animáli?   Páre   che
comme   font   les   petits jeux   des   animaux? Il paroît   que
le   dánze   vógliano   imitárli,   o   alméno   producóno
les   danfes   veulent   imiter les,   ou   au moins   produifent
   quáfi   il medéfimo   fentiménto.
prefque   le   même   fentiment.

   In   fómma,   Aza   cáro,   in quéfto fpettacólo   tútto   è
   En   fomme,   Aza   cher,   en   ce   fpectacle   tout   eft
confórme   álla natúra ed áll' umanità. Deh! qual   maggiòr
conforme   à la nature & à l' humanité. Hé! quel plus grand
béne   può   fárfi   ágli   uómini,   che   d' infpiràr   lóro
bien   peut   faire fe   aux   hommes,   que   d' infpirer   leur
l' allegrézza? Éffa   fi   éra   infinuáta   nel   mío   cuóre
l' allégreffe? Elle   s' étoit   infinuée   dans le   mien   cœur
ftéffo,   benchè   oppréffo   da   tánte   fciagúre; di   ma-
même,   bien qu'   oppreffé   de   tant de   douleurs;   de   ma-
niéra   ch' io   tornáva dállo fpettácolo   allégra   quáfi
niere   que je   retournois   du   fpectacle   allègre   prefque
mío   malgrádo,   quándo   fúi   turbáta   da   ún' accidénte
moi   malgré,   quand   je   fus   troublée   par   un   accident
che   avvénne a   Celína.
qui   arriva   à   Céline.

G g

Ci   eravámo,   néll' uscíre,   ún póco   allontanáte
Nous nous   étions,   par le fortir,   un peu   éloignées
dálla   cálca,   e   caminavámo   foftenéndoci   l' úna
de la   foule,   & nous   marchions   foutenant nous   l' une
cóll' áltra,   per   timòr   di   cadére;   Deterville   ci
par l' autre,   par   crainte   de   tomber;   Déterville   nous
precedéva   d' alcúni   páffi   con   fúa   cognáta,   a   cúi
précédant   de quelques   pas   avec   fa   parente,   à la quelle
dáva   il bráccio, allorchè   ún gióvine Selvággio di
il donnoit   le bras,   alors qu'   un jeune Sauvage d' une
bel   gárbo fi   accoftò   a   Celína,   le diffe alcúne
belle   grâce s'   accofta   de   Céline,   lui   dit   quelques
paróle fótto vóce,   e   dópo   avérle   pórto   ún   pézzo
paroles fous voix,   &   après   avoir lui   porté   un   morceau
di   cárta   ch' éffa non ébbe   quáfi   la fórza di recé-
de   papier   qu' elle   n'   eut   prefque   la   force   de   rece-
vere, égli fi   fcoftò.
voir,   il   fe   détourna.

Celína, che al di lúi avvicinaménto fi   éra   talménte
Celine,   qui a de lui l' approche   s' étoit tellement
fbigottíta,   che   rifentíi   ío   ftéffa   il   tremóre
étonnée,   que je reffentis   moi - même   le   tremblement
che   l' agitò,   vólfe   languidaménte   il cápo vérfo di
qui   l' agita,   tourna   languiffamment   la   tête   vers
lúi, quándo éffo fen' andò. Élla   mi párve cosí débole che;
lui,   quand   il s'en alla. Elle   me   parut   fi   débile   que,
credéndola affalíta   da   quálche   mále   improvífo, ío   éra
croyant la   affaillie   de   quelque   mal   imprévu,   j'   étois
per   chiamàr   Detervílle   per   pórgerle   ajúto: ma
pour   appeller   Déterville   pour   prêter lui   fecours :   mais
éffa mi fermò,   e   m' impófe   filénzio   col   méttermi
elle   m' arrêta,   &   m' impofa   filence   par   mettre me
la máno fúlla bócca;   ónde, non voléndo   difobligárla
la   main   fur la   bouche;   d'où,   ne   voulant   défobliger la
per tróppo zélo,   rifólfi di ftàr cólla   mía   inquietúdine.
par   trop de zèle,   je réfolus de refter avec la mienne inquiétude.

La séra, quándo il fratéllo e la Jorélla fúrono entráti
Le soir, quand le frere & la sœur furent entrés

nélla mía caméra, Celína communicò al Ca-
dans la mienne chambre, Céline communiqua au Ca-

cíque la cárta ch' éssa avéva ricevúta; dal póco che
cique le papier qu' elle avoit reçu; par le peu que

potéi arguíre délla lóro converfazióne, avréi
je pus comprendre de la leur converfation, j' aurois

conghietturáto ch' élla avéffe amáto il giovinétto che
conjecturé qu' elle auroit aimé le jeune homme qui

gliel' avéva dáta, fe fóffe poffíbile che la prefénza
lui le avoit donné, s' il fût poffible que la préfence

dèll' oggétto amáto potéffe cagionáre fpavénto.
de l' objet aimé pût caufer effroi.

Potréi, Aza cáro, fárti partécipe di mólte
Je pourrois, Aza cher, faire te participant de beaucoup

áltre offervazióni da me fátte; ma áhi laffa!
d' autres obfervations par moi faites; mais hélas ! je

véggio il fíne de' miéi cordoncíni; éccomi álle últime
vois la fin des miens cordons; voilà me aux dernieres

fíla: fórmo gli últimi nódi: quéfti nódi che pa-
fils; je forme les derniers nœuds : ces nœuds qui pa-

révan úna caténa di communicazióne dal mío cuóre
roiffoient une chaîne de communication du mien cœur

al túo, óra non fon áltro che l' oggétto do-
au tien, à préfent ne font autre que l' objet dou-

lorófo de' miéi increfciménti.
loureux des miens regrets.

L' illufióne m' abbandóna; la fpaventévole verità le
L' illufion m' abandonne; l' épouventable vérité luî

fuccéde; i miéi penfiéri erránti nel vácuo
fuccède; les miennes penfées errantes dans le vuide

imménfo dèll' affénza fi annichileránno per l' avveníre cólla
immenfe de l' abfence s' anéantiront par l' avenir avec la

fléffa rapidità con cúi s' invóla il témpo. Oh
même rapidité avec la quelle s' envôle le temps. Ah

fedéli miéi intérpreti! oh miéi quipos! oh mío
fideles miens interprètes! ah miens quipos! ah mien
Cáro Aza! finíscono! Céſſa, cáde tremándo la
cher Aza! ils finiſſent! Ceſſe, tombe en tremblant la
mía lánguida máno. Mi sémbra, Aza cáro,
mienne languiſſante main. Me il semble, Aza cher,
che il crúdo deſtin ci sepári ún' áltra vólta, e ch' io
que le cruel deſtin nous sépare une autre fois, & que je
vénga di bel nuóvo rapíta al túo amóre. Ti pérdo,
suis de beau nouveau ravie au tien amour. Te je perds,
ti láſcio, non ti vedrò più. Aza! ſperánza mía
te je laiſſe, ne te je verrai plus. Aza! eſpérance mienne
cára; oh quánta lontanánza vi sarà frà nói!
chere; ô quel éloignement y sera entre nous!

LÉTTERA DÉCIMA-OTTÁVA.

LETTRE DIXIEME-HUITIEME.

QUANTO témpo tólto dálla mía víta, Aza cáro!
Quel temps ôté de la mienne vie, Aza cher!
Il sóle ha finíto la metà del súo córſo dáll' última
Le soleil a fini la moitié du sien cours depuis la dernière
vólta che ho godúto il conténto artifiziále di converſàr
fois que j' ai goûté le contentement artificiel de converſer
téco. Oh! quánto ha duráto quéſta dóppia aſſénza!
toi avec. Oh! combien a duré cette double abſence!
Che sfórzo non ho dovúto io fáre per ſoſtenérla! Io
Quel effort n' ai dû je faire pour ſoutenir la! Je
vivéva ſoltánto nell' avveníre; il preſénte non mi pa-
vivois ſeulement dans l' avenir; le préſent ne me pa-
réva più dégno d'eſſer conſideráto; tútti i miei
roiſſoit plus digne d'être conſidéré; touts les miens
penſieri

penſiéri érano deſidérj; tútte le míe rifleſſióni,
penſers étoient des deſirs; toutes les miennes réflexions,
progétti; e tútti i miéi ſentiménti, ſperánze.
projets; & touts les miens ſentiments, eſpérances.
   Benchè ío ſía ancòr mólto novízia néll' arte
   Bien que je ſois encore beaucoup novice dans l' art
di formàr quéſte figúre, mi affrétto di fárne gl' intér-
de former ces figures, me je dépêche de faire en les inter-
preti del mío cuòre, mi ſénto rinvigorìr da
pretes du mien cœur, me je ſens prendre vigueur par
quéſta dólce occupazióne: reſtituíta a me ſtéſſa, crédo
cette douce occupation: rendue à moi-même, je crois
ricomminciàr a vívere. Aza, quánto mi ſéi cáro! che
recommencer à vivre. Aza, combien tu m' es cher! quel
   conténto ío próvo nel dírtelo, nel dàr
contentement j' éprouve dans le dire te le, dans le donner
a quéſto ſentiménto tútte le fórme che può ricévere!
à ce ſentiment toutes les formes qu' il peut recevoir!
   Vorréi potérlo delineàr ſul più dúro metállo,
Je voudrois pouvoir le tracer ſur le plus dur métal,
ſúlle paréti délla mía caméra, che mi circóndano,
ſur les murs de la mienne chambre, qui m' environnent,
ed eſprímerlo in tútte le língue.
& exprimer le dans toutes les langues.
   Ahi! quánto mi è ſtáta funéſta l' intelligénza di quélla
   Ah! combien m' a été funeſte l' intelligence de celle
che párlo óra; quánto éra falláce la ſpéranza
que je parle à cette heure; combien étoit trompeuſe l' eſpérance
che mi ha móſſa ad imparárla! A proporzióne ch' ío vi
qui m' a mue à apprendre la! A proportion que j' y
facéva progréſſi, vedéva ſórgere, per coſì díre, un' áltro
faiſois progrès, je voyois naître, pour ainſi dire, un autre
Univérſo; áltri mi parévan gli oggétti: ógni
Univers; autres me paroiſſoient les objets: chaque
ſcopérta mi reveláva úna diſgrázia.
découverte me révéloit une diſgrace.

H h

Il mìo intellétto, il mìo cuóre, i miéi ócchi,
Le mien intellect, le mien cœur, les miens yeux,
tútto mi ha fedótta; il sóle medéfimo mi ha ingannáta :
tout m' a féduite; le foleil même m' a trompée :
égli illúmina tútto l' Univérfo, di cúi il túo Império
il illumine tout l' Univers, du quel le tien Empire
óccupa foltánto úna porzióne, cóme parécchi áltri
occupe feulement une portion, comme plufieurs autres
Régni che lo compóngono. Non credèr già, Aza
Royaumes qui le compofent. Ne crois déjà, Aza
cáro, che' ìo sìa ftáta delúfa círca quéfti fátti incredíbili :
cher, que j' aie été trompée fur ces faits incroyables :
mi fóno ftáti pur tróppo prováti.
m' ils ont été bien trop prouvés.

In véce d'abitàr fra popóli fotoméffi álla túa
Au-lieu d'habiter entre des peuples foumis à la tienne
ubbidiénza, fóno fótto un domínio non fólo
obéiffance, je fuis fous une domination non-feulement
ftraniéro, ma talménte difcófto dal túo Império, che
étrangère, mais tellement diftante du tien Empire, que
la nóftra nazióne farébbe in quéfto paéfe ancóra fconofciúta,
la notre nation feroit en ce pays encore inconnue,
fe la cupidígia dégli Spagnuóli non avéffe fátto lóro fu-
fi la cupidité des Efpagnols ne eût fait leur fur-
peràr pericoli fpaventévoli, per penetràr nélla
monter des dangers épouvantables, pour pénétrer dans la
nóftra pátria.
notre patrie.

L' amor non farà égli quéllo che ha fátto l' avidità délle
L' amour ne fera-t-il ce qu' a fait l' avidité des
ricchézze? Se mi ámi, fè mi brámi, fè pénfi
richeffes? Si me tu aimes, fi me tu defires, fi tu penfes
tuttavía all' infelice Zilia, io débbo tútto fperàr
toutefois à la malheureufe Zilia, je dois tout efpérer
dal túo affétto e dálla túa generofità. Mi
de la tienne affection & de la tienne générofité. Me

sia   pur   insegnáto   il camino   che   può   con-
qu'il soit seulement enseigné le chemin qui peut con-
dúrmi   síno   a   te ;   i   perícoli da   superáre ,   le
duire me jufqu' à toi ; les périls à furmonter , les
fatíche da   foftenére , faránno piacéri per   il   mío   cuóre.
fatigues à fupporter , feront plaifirs pour le mien cœur.

LÉTTERA DÉCIMA- NÓNA.

LETTRE DIXIEME-NEUVIEME.

Sono   ancòr, Aza   mío   cáro ,   così   póco   períta
Je fuis   encore, Aza mien cher, auffi peu inftruite
nell' arte   di fcrívere, che   vi fténto affái,   ed   ho
dans l' art d' écrire, que j' y peine affez, & j' ai
bifógno di   un témpo infiníto per formàr pochíffime linée.
befoin d' un temps infini pour former très-peu de lignes.

Accáde fpéffo che   dópo   avèr   mólto fchiccheráto ,
Il arrive fouvent qu' après avoir beaucoup griffonné,
non   póffo indovinàr io ftéffa quéllo che   ho credúto efprí-
ne je puis deviner moi-même ce que j'ai cru exprí-
mere ; quéfto confónde le   míe   idée,   e   mi   fa
mer ; cela confond les miennes idées, & me fait
dimenticàr tútto quéllo di   cúi mi   éra   propófta d' in-
oublier tout ce de quoi me il étoit propofé d' in-
formárti ; mi póngo di   nuóvo áll' ópera ,   quéfta
former te ; me je mets de nouveau à la befogne, elle
non riéfce méglio ;   eppúre non   traláfcio di fcrívere.
ne réuffit pas mieux ; & cependant ne je déceffe d' écrire.

Vi   troveréi maggiòr facilità , fe   dovéffi fola-
Y je trouverois plus grande facilité, fi je devois feule-
ménte rapprefentárti il   mío   affétto ;   la vivacità
ment repréfenter te le mien attachement; la vivacité

de' miéi senſi appianerébbe tútte le difficoltà; ma
des miens fens applaniroit toutes les difficultés; mais

vorréi ragguagliárti di quánto mi è occórſo
je voudrois entretenir te de tout ce qui m' eſt arrivé

duránte l' intervállo del mío ſilénzio: vorréi che neſſúna
durant l' intervalle du mien ſilence: je voudrois qu' aucune

délle míe azióni ti fóſſe ignóta; nondiméno éſſe
des miennes actions ne te fût inconnue; néanmoins elles

ſóno da gràn témpo di coſì póco moménto e
font depuis grand temps d' auſſi peu d'importance &

tánto unifórmi, che mi ſarébbe impoſsíbile di diſtín-
tant uniformes, que me il ſeroit impoſſible de diſtin-

guer le úne dálle áltre.
guer les unes des autres.

Il principál evénto délla mía víta è ſtáta la
Le principal évènement de la mienne vie a été le

parténza di Detervílle.
départ de Déterville.

Da úno ſpázio di témpo che quì chiámano
Depuis un eſpace de temps qu' ici ils appellent

ſéi méſi, è andáto guerreggiár per gl' interéſſi del ſúo
ſix mois, il eſt allé guerroyer pour les intérêts du ſien

Sovráno. Quándo partì, ío ignoráva ancòr l' úſo
Souverain. Quand il partit, j' ignorois encore l' uſage

délla ſúa favélla; nientediméno dal ſómmo cordóglio
de la ſienne langue; néanmoins par le ſouverain chagrin

ch' égli féce apparìr nel licenziárſi da ſúa forélla
qu' il fit apparoître dans le congédier ſoi de ſæ ſœur

è di me, compréſi che ci laſciáva per mólto
& de moi, je compris que nous il laiſſoit pour beaucoup

témpo.
de temps.

Ne ſpárſi mólte lágrime, nácquero nel
En je répandis beaucoup de larmes, nacquirent dans le

mío cuóre mílle inquietúdini che le amorevolézze
mien cœur mille inquiétudes que les bienveuillances

di

di Celína non potérono acquetáre: io perdéva, cólla
de Celine ne purent effacer : je perdois, par le
di lúi parténza, la più sóda speránza di rivedérti.
de lui départ, la plus ferme espérance de revoir te.
A chi avréi io potúto ricórrere, se mi fóssero succésse
A qui aurois-je pu recourir, si me fussent arrivées
nuóve disgrázie? Non éra intésa d' alcúno.
nouvelles disgraces? Ne j' étois entendue d' aucun.
Non tardái a risentìr gli effétti di quést' assénza.
Ne je tardai à ressentir les effets de cette absence.
Madáma, di cúi io avéva pur tróppo prováto il disdégno,
Madame, de qui j' avois bien trop éprouvé le dédain,
e che mi avéva tánto ritenúta nélla súa cámera
& qui m' avoit tant retenue dans la sienne chambre
per la sóla vanità che caváva; per quánto si
par la seule vanité qu' elle tiroit, par tout ce qu' on
díce, dálla mía condizióne e dálla padronánza che
disoit, de la mienne condition & par l' empire que
si éra arrogáta sóvra di me, mi féce rin-
s' elle étoit arrogé au-dessus de moi, me fit ren-
chiúder con Celína in úna cása di Vérgini, óve
fermer avec Céline dans une maison de Vierges, où
siámo ancóra.
nous sommes encore.
Quést' asílo non mi dispiacerébbe, se óra che
Cet asyle ne me déplairoit, si maintenant que
pósso capìr il tútto, non mi privásse délle
je puis comprendre le tout, ne me il privoit des
notízie necessárie al diségno che fórmo d' andàr
connoissances nécessaires au dessein que je forme d' aller
a trovárti. Le vérgini che quì abítano sóno tal-
à trouver te. Les vierges qui ici habitent sont telle-
ménte ignóranti, che non póssono soddisfàr la
ment ignorantes, que ne elles peuvent satisfaire la
mínima mía curiosità.
plus petite mienne curiosité.

I i

Il lor cúlto vérſo di la divinità del paéſe,
Le leur culte à l'égard de la divinité du pays,
richiéde che rinúnzino ái di léi favóri
requiert qu' elles renoncent aux d' elle faveurs les
più prezióſi : cioè, ái lúmi dell' intellétto,
plus précieuſes : ſçavoir, aux lumières de l' entendement,
ái ſentiménti del cuóre; e, crédo eziandio, al ſáno
aux ſentiments du cœur; &, je crois auſſi, au ſain
intendiménto : alméno i lóro diſcórſi indúcono a
entendement : au moins les leurs diſcours induiſent à
penſárlo.
penſer le.

Rinchiúſe, cóme le nóſtre, hánno ún avantággio
Renfermées, comme les nôtres, elles ont un avantage
di cúi ſiàm príve néi Témpi del
du quel nous ſommes privées dans les Temples du
Sóle : quì le múra apérte in alcúni luóghi, e
Soleil : ici les murs ouverts en quelques endroits, &
chiúſe ſolaménte con pézzi di férro crociáti
clos ſeulement avec des morceaux de fer croiſés
vicíni l' úno áll' áltro, affinchè non ſi póſſa uſcíre,
voiſins l' un de l' autre, afin que ne on puiſſe ſortir,
láſciano la libertà di vedére e di converſàr con
laiſſent la liberté de voir & de converſer avec
quélli del di fuóri; quéſti luóghi ſi chiámano parlatórj.
ceux du dehors ; ces lieux s' appellent parloirs.
Per mézzo di quéſto cómodo, ío contínuo a
Au moyen de cette commodité, je continue à
pigliàr lezióni di ſcrittúra : non párlo ad áltri,
prendre leçons d' écriture : ne je parle à autre,
fuorchè al Maéſtro che m' inſégna; e com' égli non
hors que au Maître qui m' enſeigne; & comme il ne
ſa abſolutaménte áltro che la ſúa árte, non può
ſçait abſolument autre que le ſien art, ne il peut
cavármi dálla mía ignoránza. Celína non mi par
tirer me de la mienne ignorance. Céline ne me paroît

méglio addottrináta ;   offèrvo   nélle   fúe   rifpófte
mieux inftruite ; j' obferve dans les fiennes réponfes
un non   fò   che   di   vágo   e   d' incérto ,   che
un ne je fçais quoi de vague & d' incertain , qui
non può procédere fe non   di úna diffimulazióne mal
ne peut procéder fi non d' une diffimulation mal-
accórta o   da úna vergognófa ignoránza. Sía   cóme
adroite ou d' une honteufe ignorance. Soit comme
fi vóglia, la fúa converfazióne è fémpre limitáta
on veut, la fienne converfation eft toujours limitée
ágl' interéffi del fúo cuóre ed a quélli délla fúa famíglia.
aux intérêts du fien cœur & à ceux de la fienne famille.

Il gióvine Francéze che le parlò un giórno néll' ufcir
Le jeune François qui lui parla un jour dans le fortir
dállo fpettácolo in   cúi   fi   cánta, è   il fúo
du fpectacle dans le quel on chante, eft le fien
innamoráto, cóme io me l' éra immagináto ; ma la
amoureux, comme je me l' étois imaginé ; mais la
fignóra Deterville, che non vuól congiúngerli, le proibífce
dame Déterville, qui ne veut unir les, lui défend
di vedérlo ; e per imperdírglielo con maggiòr
de voir le ; & pour empêcher le lui avec plus grande
ficurézza,   ha   dáto   órdine ch' éffa non párli a
fûreté, elle a donné ordre qu' elle ne parle à
chifisía.
qui que ce foit.

Non è già che la fúa fcélta sía indégna
Ne eft déjà que le fien choix foit indigne
di léi ; ma quélla mádre vanagloriófa ed inu-
d' elle ; mais cette mère vaine - glorieufe & inhu-
mána, fi prevále d' un úfo bárbaro, ftabilíto tra
maine, fe prévaut d' un ufage barbare, établi entre
i gran Signóri del paéfe, per coftrínger Celína
les grands Seigneurs du pays, pour contraindre Céline
a pigliàr l' ábito di Vérgine, affíne d' arrichír il fúo
à prendre l' habit de Vierge, afin d' enrichir le fien

fíglio primogénito. Per il medéfimo motívo　ha diggià
fils　premier né.　Par　le　même　motif　elle a　déjà
obligáto Detervílle ad intràr in un cérto ordíne
obligé　Déterville　à　entrer　dans　un　certain　ordre
religiófo,　dal quále non potrà più ufcíre, pronunziáto
religieux,　du　quel　ne　il pourra　plus　fortir,　prononcé
　che avrà cérte paróle che fi chiámano vóti.
dès qu' il aura certaines paroles qui s' appellent vœux.
　Celína fa ógni refiſténza pofsíbile al facríficio che
　Céline fait toute réfiſtance poffible au facrifice qui
le vièn chiéſto; il fúo corággio è foſtenúto da alcúne
lui eſt demandé; le fien courage eſt foutenu par quelques
léttere del fúo amánte, ch' io ricévo dal Maéſtro
lettres　du　fien　amant,　que je　reçois　du　Maître
di fcrittúra, e che le rimétto; nulladiméno il fúo
d' écriture, & que je lui remets; néanmoins　le fien
affánno cángia in módo tále la fúa índole,
chagrin change en manière telle la fienne humeur,
che in cámbio di trattármi cólla ſtéſſa benignità che
qu' en change de traiter me avec la même benignité que
mi dimoſtráva príma che parláſſi la fúa língua,
me elle démontroit avant que je parlaffe la fienne langue,
éſſa fpárge nel nóſtro commércio un' amarézza che
elle　répand dans le　notre　commerce une amertume qui
ináfprice le míe péne.
aigrit　les miennes peines.
　Confidénte perpétua délle fúe; l' afcólto fenz' an-
　Confidente perpétuelle des fiennes je l'écoute fans en-
noiarmi, la compiángo fénza sfórzo, la confólo
nuyer moy, la je plains fans effort, la je confole
amicalménte; ma, fe il mío amóre rifvegliáto cólla
amicalement; mais, fi le mien amour reveillé par la
defcrizióne del fúo ardífce efalárfi dal mío oppréſſo
peinture du fien ofe exhaler fe du mien oppreffé
cuóre, appéna ho pronunziáto il túo nóme, che
cœur, à peine j'ai prononcé le tien nom, que
l' impaziénza

l' impaziénza ed il difprézzo fóno aipínti ful fúo vólto,
l'impatience & le mépris font dépeints fur le fien vifage,
élla mi niéga che tu ábbi ingégno, virtù, ánzi amóre
elle me nie que tu ayes efprit, vertu, même amour
per me.
pour moi.
La mia China ftéffa (non fo dárle áltro nóme,
La mienne China même (ne je fais donner lui autre nom,
perchè quéfto avéndo párfo lépido, quelli di cáfa
parce que celui-ci ayant paru agréable, ceux-là de la cafe
gliélo han continuato) la mía China che paréva
le lui ont continué) la mienne China qui paroiffoit
amármi, che mi obbedífce in ógni áltra occorrénza, ardífce
aimer me, qui m' obéiffoit en toute autre occurrence, ôfe
eortármi tàl voltà a bandírti dálla mía memória;
exhorter me quel quefois à chaffer toy de la mienne mémoire;
e fe le impóngo filénzio, fenè va : éffa partíta,
& fi lui j'impofe filence, s'en elle va: elle partie,
fopprágiunge Celína, ed allóra fóno coftrétta di rinchiúder
furvient Celine, & alors je fuis forcée de renfermer
il mío cordóglio; quéfta fuggeziòne tiránnica è il cólmo
le mien chagrin; cette fujétion tyrannique eft le comble
de' miéi máli. Non mi rimáne dúnque áltra confolaziòne,
des miens maux. Ne me il refte donc autre confolation,
che quélla di vergàr coll' efpreffióni del mío ténero
que celle de rayer par les expreffions du mien tendre
affétto quéfta cárta, l' único teftimonío dócile déi fen-
attachement ce papier, l'unique témoin docile des fen-
timénti del mío cuóre.
timents du mien cœur.
Ahi ! fórfe mi affatíco indárno; fórfe igno-
Hélas ! peut-être me fatigué-je en vain, peut-être tu igno-
rerái per fémpre ch' io vívo per te fólo. Queft' órrido
reras pour toujours que je vis pour toi feul. Cette horrible
penfiére abbátte il mío ánimo, ma non cángia però
penfée abbat le mien efprit, mais ne change pourtant

K k

la risoluzióne che ho formáta di continuàr a scríverti ;
la résolution que j'ai formée de continuer à écrire à toi;
consérvo la mía illusióne per conservárti la mía
je conserve la mienne illusion pour conserver te la mienne
víta, ed allontáno la ragión bárbara che vorrébbe rischia
vie, & j'éloigne la raison barbare qui voudroit éclai
ràr la mía mente : se non speràssi di rivedérti , Aza
rer le mien esprit : si ne j'espérois de revoir te , Aza
cáro, perderéi indubitaménte la víta, poichè mi è
cher, je perdrois indubitablement la vie , puisque me elle est
penósa ed intollerábile sénza te.
pénible & intolérable sans toi.

⚬⚬⚬⚬⚬⚬⚬⚬⚬⚬⚬⚬⚬⚬⚬

LÉTTERA VENTÉSIMA.
LETTRE VINGTIEME.

IMMÉRSA finóra nélle péne del cuóre , Aza cáro,
Plongée jusqu'à l'heure dans les peines du cœur, Aza cher,
non ti ho parláto di quélle délla mía ménte ; eppúre
ne te j'ai parlé de celles de mon esprit ; en vérité
sóno póco men tormentóse. Ne próvo úna di
elles sont peu moins tourmentantes. En j'éprouve une d'
un génere sconosciúto fra noi , la quál è cagionáta
un genre inconnu chez nous , la quelle est causée
dágli úsi generáli di quésta nazióne , tánto divérsi
par les usages généraux de cette nation , tant différents
da' nóstri, che se non tenè déssi quálche idéa
des nôtres, que si ne te en je donnois quelque idée
non pótresti compatir la mía inquietúdine.
ne pourrois tu compatir à la mienne inquiétude.
Il govérno di quésto Império del tútto oppósto a
Le gouvernement de cet Empire de tout opposé à

quéllo del túo, non púo éſſer ſe non diffettuóſo. In vece
celui du tien, ne peut être ſi non défectueux. Au-lieu
che il Capa Inca è in óbbligo dì provedèr álla ſuſ-
que le Capa Inca eſt dans l'obligation de pourvoir à la ſub-
ſiſténza de ſuói pópoli, in Európa i ſovráni cávano
ſiſtance de ſes peuples, en Europe les ſouverains tirent
la lóro dálle fatíche de' lóro ſúdditi. Perció i delítti
la leur des fatigues des leurs ſujets. Pour cela les délits
e le ſciagúre procédono quáſi tútti dálla miſéria.
& les malheurs procédent preſque touts de la miſére.

Tal è la ſórte déi nóbili, generalménte parlándo,
Tel eſt le ſort des nobles, généralement parlant,
ch' eſſi ſóno di contínuo intrigáti per conciliár la lóro
qu' ils ſont continuellement intrigués pour concilier la leur
magnificénza apparénte cólla lóro miſéria effettíva.
magnificence apparente avec la leur miſére effective.

La génte del comúne ſuſsíſte ſolaménte col commércio
Le peuple du commun ſubſiſte ſeulement par le commerce
(cóme ſi eſprímono) e cóll' indúſtria ; la mála féde
(comme ils s'expriment) & par l' induſtrie ; la mauvaiſe foi
è il mínimo delítto che ne riſúlti.
eſt le plus petit délit qui en réſulte.

Una párte del pópolo è coſtrétta per vívere, dì ri-
Une partie du peuple eſt forcée pour vivre, de re-
córrer all' altrúi umanità ; ma gli effétti ne ſóno coſì
courir à la d'autrui humanité; mais les effets en ſont ſi
ſcárſi, che quéſti infelíci hánno appéna il biſognévole
bornés, que ces malheureux ont à peine le néceſſaire
per non morír di fáme.
pour ne mourir de faim.

Non è poſsíbile, ſénza avèr óro, di acquiſtár la
Ne il eſt poſſible, ſans avoir or, d' acquérir la
mínima porzióne dì quélla térra che la natúra ha
plus petite portion de la terre que la nature a
ugualménte concéſſa a tútti i mortáli, nè dì avèr óro,
également accordée à touts les mortels, ni d' avoir or,

sénza possedèr quéllo che chiámano béni ; e per un' in-
fans posséder ce qu' ils appellent biens; & par une in-
conseguénza che offénde la ragióne , quésta nazióne su-
conféquence qui offenfe la raifon , cette nation fu-
pérba secóndo le léggi di un fals' onóre da léi inventáto ,
perbe felon les loix d' un faux honneur par elle inventé ,
réputa a difonóre il ricéver da qualsisía áltro
tient à déshonneur le recevoir de qui que ce foit autre
che dal sovráno , ciò ch' è necessário al fofentaménto
que du fouverain , ce qui eft néceffaire au foutien
délla víta e délla súa condizióne. Quéfo sovráno com-
de la vie & de la fienne condition. Ce fouverain ré-
partísce le súe magnificénze a così póchi de' súoi súddíti,
partit les fiennes magnificences à fi peu des fiens fujets ,
attéfa la quantità de' bifognófi , che vi farébbe
attendu la quantité des néceffiteux , que y il feroit
attretánta pazzía di afpirárvi , quánta vi farébbe igno-
autant de folie d' afpirer y , que y il feroit d'igno-
mínia di liberárf dáll' impoffibilità di vivèr sénza
minie de délivrer fe de l' impoffibilité de vivre fans
obbróbrio.
opprobre.

Quándo mi fúrono nóte quéfe verità tánto funéfe ,
Quand me furent connues ces vérités fi funeftes ,
fúi commóffa dì pietà per gl' indigénti , ed infiéme
je fus touchée de pitié pour les indigents , & enfemble
indignáta cóntro le léggi. Ma , Aza cáro , quál fú
indignée contre les loix. Mais , Aza cher , quelle fut
la mía confufióne, e quánto dolorófe le míe
la mienne confufion, & combien douloureufes les miennes
riflefsióni, nel vedèr il difprézzo col quále fi párla
réflexions, dans le voir le mépris avec le quel on parle
univerfalménte di quélli che non fon rícchi! non ho nè
univerfellement de ceux qui ne font riches! ne j'ai ni
óro , nè térre , nè indúftria ; sóno necessariaménte por-
or , ni terres , ni induftrie ; je fuis néceffairement por-
zióne

zióne dégli abitánti di quéfta città. O Dío! in che
tion des habitants de cette cité. Oh Dieu! en quelle
cláffe dévo io éffèr annoveráta.
claffe dois je être annumérée.

Quantúnque la vergógnà che non procéde da un fállo
  Quoique la vergogne qui ne procède d' une faute
comméffo, mi sia totalménte ignóta; quantúnque io fáppia
commife, me foit totalement inconnue; quoique je fçache
quánto póco ragionévole sia di rifentírne per cáufe
combien peu raifonnable il foit de reffentir en pour caufes
independénti dal mio potére o dálla mia volontà,
indépendantes du mien pouvoir ou de la mienne volonté,
non póffo fár a méno di attriftármi per l' idéa che
ne je puis faire à moins d' attrifter moi pour l'idée que
gli áltri hánno di me. Quéfta péna mi faría intollerá-
les autres ont de moi. Cette peine me feroit intoléra-
bile, fe non fperáffi che la túa generofitá mi metterà
ble, fi ne j'efpérois que la tienne générofité me mettra
un giórno in iftáto di prémiàr quélli che mi umí-
un jour en état de récompenfer ceux qui m' humi-
liano con dóni, cói quáli io mi credéva onoráta.
lient avec des dons, avec les quels je me croyois honorée.

Véro è che Celína procúra con ógni bontà di calmár
  Vrai eft que Céline tâche avec toute bonté de calmer
le mie inquietúdini círca quéfto particoláre; ma quéllo
les miennes inquiétudes fur cet article; mais ce
ch' io védo, ció che inténdo délla génte di quéfto paéfe,
que je vois, ce que j'entends de la nation de ce pays,
mi fà, in generále, diffidàr délle lóro paróle: le lor
me fait, en général, défier des leurs paroles: les leur
virtù, Aza cáro, non fóno più fincére ed effettíve délla
vertus, Aza cher, ne font plus finceres & effectives que la
lor opulénza. Le fuppelléttili ch' io credéva d' oro, ne
leur opulence. Les meubles que je croyois d'or, en
hánno fol la fuperfície; la lóro véra foftánza è di
ont feulement la fuperficie; la leur vraie fubftance eft de

L l

légno ; nélla ftéffa guífa , quéllo che chiamáno cor-
bois ;   de la même maniere ,   ce   qu' ils appellent cour-
téfia , nafcónde leggierménte   i   lor difétti fótto la máf-
toifie,   cache   légèrement   les leurs défauts fous le maf-
chera délla virtù ; ma per póca attenzióne che fi
que   de la vertu ; mais pour petite   attention   qu'   on
fáccia , fi fcópre cofi facilménte l' artifício de' lóro
faffe , on découvre auffi facilement   l'artifice   des leurs
coflúmi , cóme quéllo délle lóro fálfe richézze.
coutumes, comme celui des leurs fauffes richeffes.

La maggiòr párte di quéfle fcopérte mi vièn communi-
La majeure partie de ces découvertes m' a été communi-
cáta da úna fórta di fcrittúra , che fi chiáma libri ;
quée par une forte d' écriture , qu' on nomme livres ;
febbèn io flénto ancòr mólto a capirli , mi
quoique je peine encore beaucoup à comprendre les , me
fóno tuttavía affái útili ; ne ricávo nozióni : Celína
ils font toutefois affez utiles ; en je retire notions : Céline
mi fpiéga ciò che ne fa , e ne compóngo idée
m' explique ce que en elle fçait , & en je compofe des idées
che crédo giúfte.
que je crois juftes.

Alcúni di quéfti libri , infegnáno quéllo che gli
Quelques-uns de ces livres , enfeignent ce que les
uómini han fátto ; ed áltri , quéllo che han penfáto. Non
hommes ont fait , & autres, ce qu' ils ont penfé. Ne
póffo efprimerti , Aza mío cáro, qual farébbe il mío
je puis exprimer te, Aza mien cher, quel feroit le mien
piacére , leggéndoli , fe li capíffi méglio , nè il
plaifir, en lifant les , fi les je comprenois mieux, ni le
defidério eftrémo che hó di conófcer alcúni di quégli
defir extrême que j'ai de connoître aucuns de ces
uómini divíni che li compóngono. Sénto ch' éffi fóno
hommes divins qui les compofent. Je fens qu' ils font
all' ánima quéllo che il fóle è álla terra , e fóno
à l'âme ce que le foleil eft à la terrre , & je fuis

perfuáfa che troveréi nel lor commércio tútti i
perfuadée que je trouverois dans le leur commerce toutes les
lúmi che mi fon neceffárj ; ma non véggo alcún'
lumieres qui me font nécefiaires ; mais ne je vois aucune
apparénza di potèr mái avér quéflo conténto. An-
apparence de pouvoir jamais avoir ce contentement. En-
corchè Célina légga fpéffo , non è addottrináta a baf-
core que Céline life fouvent, ne elle eft endoctrinée à fuf-
tánza , per appagármi ; appéna éffa avéva penfáto
fifance , pour fatisfaire me ; à peine elle avoit penfé
che i líbri fóffero compófli dágli úomini ; non ne
que les livres fuffent compofés par les hommes ; ne en
fa i nómi, e nemméno fe síano ancòr in víta.
elle fçait les noms, & même s' ils font encore en vie.
Ti portéro , Aza cáro , quánto potrò raccóglir
Te je porterai, Aza cher , autant que je pourrai recueillir
di quéfte mirábili ópere , letè fpiegherò nélla nóftra
de ces admirables œuvres, les te j' expliquerai dans la notre
língua : qual fará il mío giúbilo di procurár un
langue : quel fera le mien contentement de procurer un
nuóvo piacére all' oggétto del mío amóre! fómmi Dei!
nouveau plaifir à l' objet du mien amour ! fouverains Dieux !
potrò ío effettuárlo ?
pourrai je effectuer le ?

LÉTTERA VENTÉS-PRIMA.

LETTRE VINGT-UNIEME.

Non mi mancherà più matéria per trattenérti , Aza
Ne me manquera plus matiere pour entretenir te , Aza
mío cáro ; hò avúto occasióne di parlár ad un Cusípata,
mien cher ; j' ai eu occasion de parler à un Cusipata ,
che quì chiámano Religiófo ; perìto in ógni fciénza ,
que ici ils appellent Religieux ; inftruit dans toute fcience,
égli mi ha proméſſo di non lafciármi ignoràr cós' alcúna.
il m' a promis de ne laiſſer me ignorer chofe aucune.
Civíle cóme un gran Signóre , dótto cóme un Amauta ,
Civil comme un grand Seigneur , docte comme un Amauta ,
ſa ugualménte gli úſi délla focietà civíle , cóme
il fçait également les ufages de la fociété civile , comme
i dógmi délla fúa Religióne. La fúa converfa-
les dogmes de la fienne Religion. La fienne converfa-
zióne , più útile d' un líbro , mi ha fátto un piacèr
tion , plus utile qu'un livre , m' a fait un plaifir
tále ch' io non ne avéva ancòr prováto un símile dachè
tel que je ne en avois encor éprouvé un femblable depuis que
le míe fciagúre mi hánno da te allontanáta.
les miens malheurs m' ont de toi éloignée.

Veníva per iftruírmi nélla Religióne di Francia ,
Il venoit pour inftruire moi dans la Religion de France ,
ed efortármi ad abbracciárla.
& exhorter me à embraſſer la.

Le virtù ch' éſſa prefcríve , nel módo ch' égli mi ha
Les vertus qu' elle prefcrit , de la maniere qu' il m' a
parláto , fon caváte dálla légge naturále ; ed , a dir il
parlé , font tirées de la loi naturelle ; & , à dire le
véro ,

véro , così púre cóme le nóftre ; ma non ifcórgo (e
vrai , auffi pures comme les nôtres; mais je ne découvre (&
quéfto fórfe per mancánza di perfpicacità) che vi
cela peut-être par manquement de perfpicacité) que il y
fìa la mínima relazióne fra le máffime di quéfta
ait la plus petite relation entre les maximes de cette
Religióne , ed i coftúmi délla nazióne che la proféffa ;
Religion , & les coutumes de la nation qui la profeffe ;
ánzi vi tróvo tánta oppofizióne , che quéfto mi par
auffi j'y trouve fi grande oppofition , que cela me paroît
affolutaménte incomprenfíbile.
abfolument incompréhenfible.

In quánto all' orígine ed ái fondaménti di quéfta
Quant à l' origine & aux fondements de cette
Religióne , non mi han párfo più incredibíli della
Religion , ils ne me ont paru plus incroyables que l'
ftória di Mancocapac e délla palúde Tifícaca. La
hiftoire de Mancocapac & du marais Trificaca. La
moróle n' è così perfétta , che avrei afcoltáto il Cufipáta
morale en eft auffi parfaite , que j'aurois écouté le Cufipata
con ógni maggiòr compiacénza , fe non avéffe parláto
avec toute plus grande complaifance , s' il n' avoit parlé
con irreverénza e difprégio del nóftro cúlto fácro vérfo
avec irrévérence & mépris du notre culte facré envers
il fóle. La parzialità eftìngue la fidúcia.
le foleil. La partialité éteint la confiance.

Avréi potúto applicàr a' fuói ragionaménti quello che
J'aurois pu appliquer aux fiens raifonnements ce que
opponéva a' miéi ; ma fe le léggi dell' umanità vié-
il oppofoit aux miens; mais fi les loix de l' humanité def-
tano di percuóter il fúo símile , perchè gli verrébbe
fendent de frapper le fien femblable , parce que lui feroit
cagionáto un mále , con maggiòr fondaménto non fi
caufé un mal , avec plus grande raifon ne on
déve offénder l' ánimo fúo col difprézzo délle fúe opi-
doit offenfer l' efprit fien par le mépris des fiennes opi-

M m

nióni ;   mi contentái   di   dírgli   il   mío   paráre fénza
nion ;   je me contentai   de dire à lui le mien   entrevoir fans
contrariàr il fúo.
contrarier le fien.

Da un' áltra párte ,   un interéffe   che mi fláva più   a
D' une autre part ,   un intérêt   qui m' étoit plus à
cuóre ,   mi flimolávà   a cangiàr   la nóftra   converfazióne :
cœur ,   m' engageoit à changer   la   notre   converfation :
l' interrúpi   dúnque   fúbito   che mi   fù   possíbile ,
je l'interrompis donc fubitement que me   il fut   poffible ,
per   interrogárlo   círca la   lontanánza   dálla Cittá di Porígi
pour interroger le   fur   l' éloignement de la   ville de   Paris
a quélla   di   Cuzco ,   e   círca   la poffibilità di fárne il
à celle   de Cuzco ,   &   fur   la poffibilité de faire en le
trajétto. Il Cufipata foddisféce con particolàr bontà álle
trajet. Le Cufipata fatisfit   avec particuliere bonté   aux
míe dománde ;   ed   ancorchè   mi rapprefentáffe cóme
miennes demandes;   &   encore qu'il me repréfentât comme
infiníta   la diftánza di quéfte dúe Cittá ,   e mi facéffe
infinie   la diftance de ces deux villes, &   me fit
confideràr cóme infuperábili   le difficoltà di fárne il
confidérer comme infurmontables les difficultés de faire en le
viággio,   mi baftò   fapére   che   ciò   fóffe   possíbile per
voyage, il me fuffit de fçavoir que cela   fût   poffible pour
affodàr   il mío coràggio ,   e determinármi a   communicàr
enhardir le mien courage ,   &   déterminer me à communiquer
il mío difégno al buòn Religiófo.
le mien deffein au bon Religieux.

Ne párve attónito ,   e   procuró   di rimuóvermi da
Il en parut étonné ,   & il s'efforça de détourner me d'
úna tal impréfa   con paróle cosí amorévoli ;   mi féce
une telle entreprife avec paroles fi   aimables ;   me il fit
déi perícoli ai quáli io voléva efpórmi úna pittúra
des périls   aux quels je voulois expofer me une peinture
cosí patética ,   che   non potéi far   a méno di éfferne
fi pathétique, que je ne   pus faire   moins   d' être en

commóſſa ; nulladiméno non cangiái parére ; ánzi pregái
touchée ; néanmoins je ne changeai de penſer , auſſi je priai
il Cuſipata cólle piú férvide iſtànʒe d' inſegnármi i
le Cuſipata avec les plus ferventes inſtances d'enſeigner me les
méʒʒi di tornàr nélla mia pátria. Non vólle en-
moyens de retourner dans la mienne patrie. Ne il voulut en-
tràr in alcúna circoſtánʒa ; mi diſſe ſólo che De-
trer dans aucune circonſtance ; il me dit ſeulement que De-
tervílle , per la ſúa inclita náſcita e per il ſúo
terville , par la ſienne diſtinguée naiſſance & par le ſien
mérito perſonále , eſſéndo mólto ſtimáto , potrébbe círca
mérite perſonnel , étant beaucoup eſtimé , il pourroit ſur
quéſto particoláre , quánto vorébbe ; e che cóme
cet article , tout ce que il voudroit ; & que comme
avéva nélla Córte di Spágna un ʒío potentíſſimo ,
il avoit dans la Cour d'Eſpagne un oncle très - puiſſant ,
gli éra piú fácilé che a verùn áltro , di procurármi
lui étoit plus facile qu' à aucun autre , de procurer me
nuóve del nóſtro ſventuráto paéſe.
nouvelles du nôtre malheureux pays.
Per determinármi interaménte ad aſpettàr il ſúo arrivo ;
Pour déterminer me entiérement à attendre la ſienne arrivée,
che mi aſſicurò éſſer vicíno , ſoggiúnſe , che attéſi i
qu' il m' aſſura être proche , il ajouta , qu' attendu les
miéi obblìghi vérſo quel generóſo amíco , io non
miennes obligations envers ce généreux ami , je ne
potéva con decénʒa diſpór di me ſénʒa il di lúi
pouvois avec décence diſpoſer de moi ſans le de lui
conſénſo. Approvái il ſúo díre , ed aſcoltái volentiéri
conſentement. J'approuvai le ſien dire , & j'écoutai volontiers
l' elogío che mi féce dell' egrégie dóti che diſtin-
l' éloge qu'il me fit des excellentes qualités qui diſtin-
guono Detervílle fra le perſóne délla ſúa condiʒióne.
guent Deterville entre les perſonnes de la ſienne condition.
Il péſo délla gratitúdine è mólto liéve , Aʒa cáro ,
Le poids de la gratitude eſt beaucoup léger , Aʒa cher ,

quándo viéne impósto dallé máni délla virtù.
quand il eſt impoſé par les mains de la vertu.

Quéſt' uómo erudíto m' informó parímente cóme il
Cet homme érudit m' informa pareillement comment le

cáſo avéva condótto gli Spagnuóli ſin al túo
hazard avoit conduit les Eſpagnols juſqu' au tien

ſciaguráto Império , e che l' avidítá dell' óro éra ſtáta
malheureux Empire , & que l' avidité de l' or avoit été

la ſóla cagióne delle lóro crudeltà. Mi ſpiegò póſcia
la ſeule cauſe des leurs cruautés. Il m' expliqua enſuite

in che módo le léggi délla guerra mi avéſſero fátta
en quelle maniere les loix de la guerre m' avoient fait

cadèr nélle máni di Deterville per mézzo d' un
tomber dans les mains de Deterville au moyen d' un

combattiménto , del quále éra rimáſo vittorióſo , dópo
combat , du quel il étoit reſté victorieux , après

avér préſo parécchie návi ágli Spagnuóli , fra le quáli
avoir pris pluſieurs navires aux Eſpagnols , entre les quels

trovávaſi quélla che mí portáva.
trouvoit ſe celui qui me portoit.

In ſómma , Aza cáro , s' égli ha confirmáto le míe
En fin , Aza cher , s' il a confirmé les miens

ſciagúre , mi ha alméno liberáta dálla pénoſa oſ-
chagrins , m' il a au moins délivrée de la pénible obſ-

curità in cui ío vivéva circa tánti evénti fu-
curité dans laquelle je vivois ſur tant d' événemens fu-

néſti , e quéſto non è un picciól folliévo álle míe
neſtes , & cela n' eſt un très-petit ſoulagement aux miennes

péne ; ſpéro che Detervílle fára il rimanénte : égli è
peines ; j'eſpère que Deterville fera le reſte : il eſt

nóbile , umáno , virtuóſo ; dévo confídar nélla ſúa gene-
noble , humain, vertueux ; je dois compter ſur la ſienne géné-

roſità. Se mí reſtituirà a te , ben mío , che favóre!
roſité. S' il me rendra à toi, bien mien, quelle faveur !

che giúbilo ! che felicitá.
quel plaiſir ! quelle félicité.

LÉTTERA

LÉTTERA VÉNTES-SÉCONDA.

LETTRE VINGT-DEUXIEME.

Io avéva spérato, mio cáro Aza, di fármi amíco
J' avois efpéré, mon cher Aza, de faire me ami
il dótto Cusípata; ma la fúa fecónda vífita ha total-
le docte Cufipata; mais la fienne feconde vifite a totale-
ménte cancelláto la buóna opinióne che mi éra di lúi
ment changé la bonne opinion que me j'étois de lui
formáta nélla príma.
formée dans la premiere.

Se mi párve da princípio affábile é fincéro, non
Si me il parut du commencement affable & fincere, ne
ho trováto quéfta vólta áltro che afprézza e falfità in
j'ai trouvé cette fois autre qu' afpérité & fauffeté en
tútto quéllo che mi ha détto.
tout ce que me il a dit.

Avéndo l'ánimo tranquíllo círca quéllo che concérne
Ayant l'efprit tranquille fur ce qui concerne
i miéi affétti, io voléva appagàr la mía curio-
les miens attachements, je voulois fatisfaire la mienne curio-
fità intórno ágli uómini mirábili che compóngo líbri;
fité fur les hommes admirables qui compofent des livres;
commenciái ad informármi del grádo che occúpano
je commençai à informer me du grade qu' ils occupent
nel móndo, délla venerazióne che fi ha per éffi;
dans le monde, de la vénération qu' on a pour eux;
in fómma dégli onóri e déi triónfi che vengono lóro
en fomme des honneurs & des triomphes qui font leur
conferíti per tánti benemériti vérfo la focietà
conférés pour tant de bienfaits envers la fociété
umána.
humaine.

N n

Non   sò quéllo che il Cusipata trovò di partico-
Ne je fçais ce   que le Cufipata trouva de   particu-
láre   nélle   míe   dománde; ma forrífe a ciafcúna,
culier dans les miennes demandes; mais il fourit à chacune,
e vi rifpófe con difcórfi così póco moderáti, che non
& y il répondit par difcours fi peu modérés, que ne
mi fù difficile di fcórgere ch' égli m' ingannáva.
me fut difficile de découvrir qu' il   me trompoit.

Infátti , fe debbo preftárgli féde, quéfti uómini,
En effet, fi je dois   prêter à lui foi, ces hommes,
fénza verùn dùbbio fuperióri ágli áltri per la nobiltà
fans aucun doute fupérieurs aux autres par la nobleffe
ed utilità délle lóro ópere,   rimángono fpéffo fénza
& utilité de leurs œuvres,   reftent fouvent fans
mercéde,   e fóno coftrétti, per il foftentaménto délla
récompenfe,   & font contraints, pour l' entretien   de la
lor víta, di vénder i lóro penfiéri, cóme la plebe
leur vie, de vendre les leurs penfées, comme le peuple
vénde per fusfiftere le piú víli produzióni délla térra.
vend pour fubfifter les plus viles productions de la terre.
E quéfto possíbile ?
Eft-il cela poffible ?

L' ingánno, Aza cáro ; non mi difpiáce méno
La tromperie, Aza cher, ne   me déplaît moins
fótto la máfchera tranfparénte del motteggiaménto, che
fous le mafque tranfparent de la plaifanterie, que
fótto il vélo dénfo délla feduzióne; onde quéllo del Reli-
fous le voile épais de la féduction; d'où celle du Reli-
giófo m' irritò, e non degnái rifpóndervi.
gieux m' irrite, & ne je daignai répondre y.

Difperándo dúnque di foddisfàr in quéfto la mía cu-
Défefpérant donc de fatisfaire en cela la mienne cu-
riofità, ricominciái a parlàr del mío viággio ; ma
riofité, je recommençai à parler du mien voyage; mais
in cámbio di diffuadérmene cólla príftina fúa affabilità,
en change de diffuader m'en avec l' ancienne fienne affabilité,

mi oppóse ragionaménti così gagliárdi e così evidénti,
me il oppofa raifonnements fi preffants & fi évidents,
ch' io éra per éfferne convínta, fe non avéffe militáto
que je étois pour être en convaincue, fi ne il avoit combattu
a fávor túo il mío amóre, il quále gli, confeffái
à faveur tienne le mien amour, le quel lui, avouai
ingenuaménte.
ingénuement.

Sorridéndo égli allóra, e paréndo dubitáre ch' ío
Souriant lui alors, & paroiffant douter que je
parláffi finceraménte, non mi rifpófe fe non con mot-
parlâffe fincèrement, ne me il répondit fi non avec plai-
teggiaménti, i quáli, benchè insípidi, mi furóno
fànteries, les quels, bien qu' infipides, me furent
nondiméno fensíbili; ma sforzái di convíncerlo délla
néanmoins fenfibles; mais je m' efforçai de convaincre le de la
verità de' miéi détti; ma a proporzióne che le expref-
vérité des miens dits; mais à proportion que les expref-
fióni del mío cuóre ne provávano i fentiménti, il fúo
fions du mien cœur en prouvoient les fentiments, le fien
vólto e le fúe paróle s' inafprírono; ánzi ébbe la
vifage & les fiennes paroles s' aigrirent ; même il eut la
baldánza di dírmi che il mío affétto vérfo di te
hardieffe de dire me que la mienne affection à l'égard de toi
éra incompátibile cólla virtù, ch' ío dovéva rinunziàr
étoit incompatible avec la vertu, que je devois renoncer
all' úno o all' áltra, ed in fómma che non potéva
à l' une ou à l' autre, & en fomme que ne je pouvois
amárti fénza delítto.
aimer te fans délit.

A táli insenfáte paróle, l' ánimo mío s' accéfe d'
A telles infenfées paroles, l' efprit mien s' enflamma de
íra; trafportáta fuòr délla moderazióne ch' ío mi éra
colere; tranfportée hors de la modération que je m' étois
prefcritta, prorúppi cóntro lúi in impróveri; gli
prefcrite, j' éclatai contre lui en reproches; lui

diédi da conóscere quánto mi parévano stravagánti i
donné à connoître combien me paroissoient extravagants les

suói détti ; gli protestái mille vólte di amárti sémpre ;
siens discours ; lui je protestai mille fois de aimer toy toujours ;

e sénz' aspettàr le súe scúse , lo lasciái, e córsi
& sans attendre les siennes excuses, le je laissai, & je courus

a rinchiúdermi nélla mía cámera , óve io éra sicúra
à renfermer me dans la mienne chambre, où j' étois assurée

ch' égli non potrébbe seguírmi.
que lui ne pourroit suivre me.

Oh mío cáro Aza ! quánto è bizzárra la ragióne
O mon cher Aza ! combien est bizarre la raison

in quésto paése ! Essa conviéne da úna párte , che
dans ce pays ! Elle convient d' une part , que

la príma délle virtù consíste nel beneficáre ,
la premiere des vertus consiste dans le bien faire ,

nell' ésser fedéle a' suói impégni ; dall' áltra , pói
dans l' être fidele à ses engagements ; de l' autre , après

proibísce di mantenèr quélli che il sentiménto il più
elle prohibe de maintenir ceux que le sentiment le plus

púro ha formáti. Essa impóne la gratitúdine, e páre
pur a formés. Elle impose la gratitude , & elle paroît

prescríver l' ingratitúdine.
prescrire l' ingratitude.

Saréi lodévole, se ti ristabilíssi sul tróno de'
Je serois louable , si te je rétablissois sur le trône des

tuói antenáti ; sóno colpévole nel conservárti un béne
tiens ancêtres ; je suis coupable dans le conserver à toy un bien

più prezióso di tútti gl' Impérj del móndo. Saréi
plus précieux que touts les Empires du monde. Je serois

approváta, s' io rimunerássi i tuói benefízj cói
approuvée, si je récompensois les tiens bienfaits avec les

tesóri del Perù. Sprovísta di tútto , espósta a tútti
trésors du Pérou. Dépourvue de tout , exposée à touts

i capriccj délla sórte , non ho áltro tesóro che il
les caprices du sort , ne j'ai autre trésor que le

mío

mío cuóre, e ſi preténde ch' ío tenè prívi ;   è d' uópo
mien cœur, & on prétend que je t' en prive ; il eſt de beſoin d'
éſſer ingráta per avèr virtù. Ah, mío cáro Aza! le
être ingrate pour avoir vertu. Ah, mon cher Aza ! les
violeréi tútte , ſe ceſſáſſi un moménto di amárti ;
je violerois toutes, ſi je ceſſerois un moment d' aimer toi;
fedéle álle lóro léggi , la ſáro al mío amóre , per
fidele aux leurs loix , la je ſerai au mien amour, pour
te ſólo.
toi ſeul.

LÉTTERA VÉNTESIMA-TÉRZA.
LETTRE VINGT-TROISIEME.

Non crédo , Aza mío cáro , che vi ſía nel móndo
Ne je crois, Aza mon cher, que y il ſoit dans le monde
cóſa , tóltane la túa tánto ſoſpiráta préſenza , che
choſe, ôtée en la tienne tant ſoupirée préſence, qui
póſſa éſſermi piú gráta di quéllo che mi è ſláto
puiſſe être à moi plus agréable que ce que m' a été
il ritórno di Detervílle; ma quéſto piacére (come s'
le retour de Déterville; mais ce plaiſir (comme ſi
ío fóſſi dal deſtíno condennáta a non riſſentírne mái,
je fuſſe par le deſtin condamnée à ne reſſentir en jamais,
ſe non avvelenáto da quálche amarézza) è ſláto póco
ſi - non empoiſonné par quelque amertume) a été peu
dópo ſeguíto da úna maninconía che non è ancór
après ſuivi d' une mélancolie qui n' eſt encore
ceſſáta.
ceſſée.

Celína éra jer matténa nélla mía cámera, quándo
Céline étoit hier matin dans la mienne chambre, quand

O o

vénnero à chiamárla secretaménte; mi lasciò dúnque;
ils vinrent à appeller la fecrettement; me elle laiffa donc;
ma un momento dópo mi féce dire che andáſſi al
mais un moment après me elle fit dire que j'allaffe au
parlatório; vi córſi, e la trovái, (quál fù il mío
parloir; y je courus, & la je trouvai, (quel fut le mien
ſtupóre !) la trovái in compagnía di ſúo fratello.
étonnement !) la je trouvai en compagnie de fon frere.

Non diſſimulái l' allegrézza che m' inſpiráva la ſúa
Je ne diffimulai l' allégreffe que m' infpiroit la fienne
viſta; gli dévo ſtíma per le ſúe egrégie dóti,
vûe; lui je dois eftime pour les fiennes excellentes qualités,
ed amicízia per tútti i ſúoi benefízj; quéſti ſentiménti
& amitié pour touts les fiens bienfaits; ces fentiments
ſon quáſi virtù; li expréſſi ſinceraménte, cóme ío
font prefque vertus; les j'exprimai fincerement, comme je
li prováva.
les éprouvois.

Vedéva il mío liberatóre, l' único ſoſtégno délle
Je voyois le mien libérateur, l' unique foutien des
míe ſperánze; éra finalménte giúnto il moménto di
miennes efpérances; il étoit finalement arrivé le moment de
parlàr con libertà di te, del mío amóre, de' miéi
parler avec liberté de toi, du mien amour, des miens
progétti; il mío cuóre non potéva in ſómma contenèr
projets; le mien cœur ne pouvoit en fomme contenir
la mía giója.
la mienne joie.

Io non parláva ancòr francéſe, quándo Detervílle ſenè
Je ne parlois encore françois, quand Déterville s'en-
partì; quánte cóſe non avéva ío da raccontárgli al
alla; combien de chofes n' avois - je à raconter à lui à la
ſúo arrivo! Quante dimánde da fárgli ! Quánte
fienne arrivée! combien de demandes à faire à lui ! combien de
grázie da rénder a quel generóſo amíco! Io voléva eſprimèr
grâces à rendre à ce généreux ami ! Je voulois exprimer

tútto in úna vólta ;   mi ſpiegáva mále : eppúre non
tout en une fois ; je m' expliquois mal : cependant ne
ceſſáva di parláre.
je ceſſois de parler.

Mi accórſi, duránte quéſto témpo, che la maninconía
Je m' apperçus, durant ce temps, que la mélancolie
che néll' entráre avéva oſſerváta ſúl vólto di Deter-
que dans l' entrer j'avois obſervée ſur le viſage de Déter-
vílle, ſparíva a póco a póco, e cedéva all' allegrézza ;
ville, diſparoiſſoit à peu à peu, & cédoit à l' allégreſſe ;
mené applaudii, e procurái d' eccitár di più in più
je m'en applaudis, & tâchai d' exciter de plus en plus
il ſúo conténto. Ahi! dovéva ío temèr di cagionár-
le ſien contentement. Hélas ! devois-je craindre de cauſer
ne tróppo ad un amíco, a cúi ho tánti óbblighi , e dal
en trop à un ami , à qui j'ai tant d'obligations, & du-
quále ſpéro tánto ancóra? Nientediméno la mía ſincerità
quel j'eſpere tant encore? Néanmoins la mienne ſincérité
gli féce pigliàr úno ſbáglio che mi cóſta óra mólte
lui fit prendre une erreur qui me coûte à l'heure beaucoup
lagríme.
de larmes.

Celína éra uſcíta dal parlatório nel témpo medéſimo
Céline étoit ſortie du parloir dans le temps même
ch' ío v' éra entráta. Piacéſſe al ciélo ch' élla vi fóſſe
que j' y étois entrée. Plût au ciel qu' elle y fût
rimáſa! La ſúa preſénza avrébbe fórſe impedíto la
reſtée ! La ſienne préſence auroit peut-être empêché l'
ſpiegazióne funeſta che ſuccéſſe fra Deterville e me.
explication funeſte qui ſuccéda entre Déterville & moi.

Atténto a' miéi détti, paréva ch' égli ſi compiacéſſe
Attentif aux miens dits , il paroiſſoit qu' il ſe complaiſoit
néll' aſcoltárli, ſénza penſár ad interrómperne il córſo :
dans l' écouter les, ſans penſer à interrompre en le cours:
non ſò perchè ſentii turbárſi l' ánima mía ,
ne je ſçais pourquoi je ſentis troubler ſe l' âme mienne,

quándo vólli interrogárlo círca il mío viággio, e fpie-
quand je voulus interroger le fur le mien voyage, & expli-
gargliene il motívo : ma le efpreffióni mi mancárono ;
quer lui en le motif : mais les expreffions me manquerent ;
le andáva cercando ; égli fi preválfe d'un moménto di
je les allois cherchant : il fe prévalut d'un moment de
filénzio ; e , metténdofi ginocchióne innánzi la gráta álla
filence ; & , mettant fe à genou devant la grille à la
quále sì tenéva appéfo cólle máni , mi diffe con
quelle fe il tenoit attaché avec les mains, il me dit avec
úna vóce commóffa.
une voix émue.

A che fentiménto , divína Zília , débbo io attribuír il
A quel fentiment , divine Zilia , dois - je attribuer le
piacére che véggo così naturalménte efpréffo ne' vóftri
plaifir que je vois auffi naturellement exprimé dans les votres
bégli òcchi , cóme púre ne' vóftri difcórfi? Són io il
beaux yeux , comme auffi dans les votres difcours ? Suis je le
più fortunáto de' mortáli ; io , díco , a cúi mía
plus fortuné des mortels ; moi, dis-je , à qui ma
forélla ha fátto inténder , póco fá , ch' io éra il più
fœur a fait entendre , depuis peu, que j'étois le plus
infelíce ? Non fò , gli rifpófi , che difgúfto ábbia
malheureux ? Je ne fçais , lui répondis , quel dégoût ait
potúto caufárvi Celína ; ma fóno certíffima che da
pu caufer à vous Céline ; mais je fuis très-certaine que de
me non ne ricevérete mái alcúno. Eppúre , replicò
moi n'en recevrez jamais aucun. Cependant, répliqua-
égli , éffa mi ha détto ch' io non dovéva fperár di éffer
t-il , elle m'a dit que je ne devois efpérer d'être
da vói amáto. Io ! efclamái , interropéndolo ; io , non
de vous aimé. Moi ! je m'écriai , interrompant le ; moi, je ne
vi ámo !
vous aime !

Ah, Deterville ! cóme può vóftra forélla accufármi
Ah, Déterville ! comment peut votre fœur accufer me
di

di quéſto? L' ingratitúdine m' inoridíſce; odieréi me
de cela ?   L' ingratitude   me fait horreur ; je haïrois moi-
ſtéſſa, ſe credéſſi che mi fóſſe poſſíbile di non amárvi
même, ſi je croyois qu' il me fût poſſible de n' aimer vous
per tútto il córſo délla mía víta.
pendant tout le cours de la mienne vie.

Méntre io pronunziáva quéſte póche paróle,
Pendant que je prononçois ces peu de paroles,
paréva, tant' éra l' avidità de' ſuói ſguárdi, che
il paroiſſoit, ſi grande étoit l' avidité des ſiens regards, que
voléſſe légger nel mío ánimo.
il voulût lire dans le mien cœur.
Mí amáte, Zília, mi diſs' égli, e melò díte!
Me vous aimez, Zilia, me dit – il, & me le vous dites !
avréi dáto, ſe fóſſe ſtáto d' uópo, la mía
j'aurois donné, s' il eût été de beſoin, la mienne
víta per udír quéſta luſinghiéra dichiarazióne: ma
vie pour entendre cette flatteuſe déclaration : mais
non póſſo créderlo nel témpo medéſimo ch' io
ne je puis croire le dans le temps même que je
l' ódo. Zília, dilétta Zília, è dúnqu' égli véro
l' entends. Zilia, chérie Zilia, eſt donc il vrai
che mi amáte? Non v' ingannáte voi ſtéſſa?
que me vous aimez ?   Ne vous trompez-vous pas vous-même ?
Il ſuóno délla vóſtra vóce, la tenerézza de' vóſtri
Le ſon de la votre voix, la tendreſſe des votres
ſguárdi, il mío cuóre, tútto mi ſedúce. Non ſarébb' égli
regards, le mien cœur, tout me ſéduit. Ne ſeroit – il
fórſe per immérgermi più crudelménte nélla diſperazióne
peut-être pour plonger me plus cruellement dans le déſeſpoir
dálla quále io riſórgo?
du quel je ſors ?
Mi fáte ſtupíre, riſpóſi; dónde náſce la
Me vous faites étonner, répondis-je ; d'où naît la
vóſtra diffidénza? Daché vi conóſco, ſe non ho
votre défiance ? Depuis que vous je connois, ſi ne j'ai

P p

potúto fármi   capir   con   paróle , tútte le   míe
pu   faire me comprendre avec des paroles , toutes les miennes
azióni non han éſſe dovúto provárvi   che   vi   ámo ?
actions n' ont - elles pas dû prouver à vous que vous j'aime ?
Nò,   replicò égli, non póſſo ancòr luſingármi di   tánta
Non , répliqua - il , ne je puis encore flatter me de ſi grande
felicità ,   non   parláte il Francéſe aſſái béne per
félicité , ne vous parlez   le François aſſez bien pour
liberármi   da' miéi giúſti timóri ;   sò   che la vóſtra
délivrer me des miennes juſtes craintes ; je ſçais que la votre
intenzióne non è d' ingannármi ;   ma   ſpiegátemi ,   di
intention   n' eſt de tromper me ; mais expliquez-moi , de
grázia , quál ſia il ſénſo che vói   dáte à quéſte adorábili
grâce , quel ſoit le ſens que vous donnez à ces adorables
paróle ,   vi ámo. Che la mía ſòrte ſía decíſa, ch' io.
paroles , vous j'aime. Que le mien ſort ſoit décidé , que je
muója a' piédi vóſtri di cordóglio o di piacere.
meure aux pieds vôtres de douleur ou de plaiſir.

   Quéſte paróle, gli diſs' io, un póco intimoríta dálla
   Ces   paroles, lui dis - je , un peu   intimidée de la
vivacità cólla quàle éſſo pronunziò quéſti últimi accénti ,
vivacité avec la quelle il prononça ces derniers accents ,
quéſte paróle débbono, cred' io,   fárvi   conóſcere che
ces   paroles doivent, crois - je , faire vous connoître que
mi ſiéte cáro, che la vóſtra ſòrte m' interéſſa, che
vous m' êtes cher , que la votre deſtinée m' intéreſſe , que
l' amicízia e la gratitúdine mi affezziónano a vói ; quéſti
l' amitié & la gratitude m' affectionnent à vous ; ces
ſentiménti piácciono al mío cuóre , e devóno appagàr
ſentiments plaiſent au mien cœur , & doivent ſatisfaire
il vóſtro.
le vótre.
   Ah! Zília, mi riſpós' égli, quánto s' indebolíſcono i
   Ah ! Zilia , me répondit - il , combien s' affoibliſſent les
vóſtri términi ! quánto va cadéndo l' ardóre délla vóſtra
votres termes ! combien va tombant la chaleur de la votre

vóce! Celína mì avrèbb' éſſa détto il véro? Aza non ſaría
voix! Céline m' auroit-elle dit le vrai? Aza ne ſeroit
egli fórſe l' oggétto déi ſentiménti che mi dichiaráte?
il peut-être l' objet des ſentiments que me déclarez?
Nò, gli riſpóſi, il ſentiménto che ho per Aza, è
Non, lui répondis-je le ſentiment que j' ai pour Aza, eſt
affátto divérſo da quélli che próvo per vói; quéllo
tout-à-fait différent de ceux que j' éprouve pour vous; celui
che infiámma per lúi il mío cuòre, è lo ſtéſſo che
qui enflamme pour lui le mien cœur, eſt le même que
vói chiamáte amóre.
vous appellez amour.

Che pena può fárvi quéſto, ſoggiúnſi ío, vedéndolo
Quelle peine peut faire vous cela, ajoutai-je, voyant le
impallidíre, abbandonàr la gráta, e lanciàr al ciélo
pâlir, abandonner la grille, & lancer au ciel
ſguárdi piéni d' affánno? Ho conſacráto il mío affétto
regards pleins de peine? J' ai conſacré la mienne affection
ad Aza, perchè éſſo mi ha conſacráto il ſúo, e
à Aza, parce que lui m' a conſacré la ſienne, &
ch' erávamo deſtináti (oh tróppo fálſa ſperánza!) ad
que nous étions deſtinés (ô trop fauſſe eſpérance!) à
éſſer uníti inſieme. V' è égli in tútto quéſto quálche
être unis enſemble. Y a-t-il en tout cela quelque
relazióne con vói? La medéſima, replicò égli, che
relation avec vous? La même, répliqua-t-il, que
trováte fra vói ed éſſo, poichè ſóno mílle vólte
vous trouvez entre vous & lui, puiſque je ſuis mille fois
piu innamoráto di lúi.
plus amoureux que lui.

Cóme può quéſto éſſere, gli díſſi di nuóvo? vói
Comment peut cela être, lui dis-je de nouveau? vous
non ſiéte délla mía nazióne: in véce di avérmi ſcélta
n' êtes de la mienne nation: en place d' avoir moi choiſie
per iſpóſa, il cáſo ſólo ci ha fátti conóſcere, e
pour épouſe, le haſard ſeul nous a faits connoître, &

possiàm communicárci soltánto d' óggi le
nous pouvons communiquer nous seulement d'aujourd'hui les
nóstre idée. Per quàl ragióne avréste per me i
notres idées. Par quelle raison auriez-vous pour moi les
sentiménti di cúi mi parláte?
sentiments dont vous me parlez?

E quàl áltra vi vuóle, se non i vóstri vézzi ed
Et quelle autre y veut-on, si non les votres charmes &
il mío caráttere, mi replicò égli, per affezionármi a
le mien caractère, me répliqua-t-il, pour affectionner moy à
vói sino álla mórte? Naturalménte ténero, indolénte,
vous jusqu' à la mort? Naturellement tendre, indolent,
nemíco dell' artifício, la difficoltà di penetràr il cuòr
ennemi de l' artifice, la difficulté de pénétrer le cœur
délle Dónne, ed il timóre di non trovárvi la sincerità
délle Donne, & la crainte de ne trouver y la sincerité
che vi vorréi, mi han solaménte lasciáto per ésse un
que y je voudrois m' ont seulement laissé pour elles un
gústo vágo e transitório; ho vifsúto sénza pasiòn
goût vague & passager; j' ai vécu sans passion
amorófa fin al moménto in cúi vi ho vedúta:
amoureuse jusqu' au moment dans lequel vous j' ai vue:

fúi invaghíto àlla príma vífta délla vóstra bellézza;
je fus séduit à la premiere vue de la votre beauté;
ma la súa impressióne sarébbe fórse státa cosí
mais la sienne impression auroit peut-être été aussi
leggiéra, cóme quélla di mólte áltre, se la piacevolézza
legère, comme celle de plufieurs autres, si l' agréabilité
e l' ingenuità délla vóstra índole, non mi avéssero fátto
& l' ingénuité de votre caractère, ne m' eussent fait
riconófcer l' oggétto, che la mía immaginazióne si éra
reconnoître l' objet, que la mienne imagination s' étoit
cosí spéffo formáto. Vói sapéte, Zília, se l' ho
aussi souvent formé. Vous sçavez, Zilia, si le j' ai
rispettáto quéft' oggétto della mía adorazióne. Quánto non
respecté cet objet de la mienne adoration. Combien ne

mi ha coſtáto per resíſter álle occaſióni ſedutríci che mi
m' a couté pour réſiſter aux occaſions ſéduiſantes que me
offeríva la famigliaritá di úna lúnga navigazióne !
préſentoit la familiarité d' une longue navigation !

Quánte vólte la vóſtra innocénza vi avrébb' éſſa
Combien de fois la votre innocence vous auroit - elle
dáta in préda a' miéi ímpeti, ſe li avéſſi aſcoltáti !
donnée en proie aux miens tranſports ſi les j' euſſe écoutés !
Ma in cámbio di offéndervi, ho contenúto ſémpre il
Mais au - lieu d' offenſer vous, j' ai contenu toujours le
mío amóre néi límiti del più riſpettóſo ſilénzio;
mien amour dans les bornes du plus reſpectueux ſilence ;
ánzi ho pretéſo dá mia ſorélla che non venè parláſſe
même j' ai exigé de la mienne ſœur que ne vous en elle parlât
mái: non ho volúto avér óbbligo ad áltri che a vói
jamais: ne j' ai voulu avoir obligation à autres qu' à vous
ſtéſſa. Ah, Zília! ſe non ſiéte inteneríta da un' oſſé-
même. Ah, Zilia ! ſi ne vous êtes attendrie par un reſ-
quio coſí affettuóſo, vi fuggiró; ma, già lo prevéggo,
pect auſſi affectueux, vous je fuirai; mais, déjà le je prévois,
la mórte mía ſarà il prézzo del mío ſacrifício.
la mort mienne ſera le prix du mien ſacrifice.

La mórte vóſtra! eſclamái, penetráta del cordóglio
La mort votre ! m' écriai - je, pénétrée du chagrin
ſincéro dal quále io lo vedéva oppréſſo ; ahimè ! che
ſincere par le quel je le voyois accablé ; hélas ! quel
ſacrifício ! Non ſò ſe quéllo délla mía víta non mi
ſacrifice ! Ne je ſçais ſi celui de la mienne vie ne me
fóſſe men orrido.
fût moins horrible.

Or dúnque, Zília, mi diſs' égli, ſe la mía víta vi
Or donc, Zilia, me dit - il, ſi la mienne vie vous
è cára, comandáte ch' io víva. Che biſógna fáre, gli
eſt chere, commandez que je vive. Que faut-il faire, lui
diſs' ío? Amármi, riſpós' éſſo, cóme amaváte Aza.
dis - je ? Aimer moi, répondit il, comme vous aimiez Aza.

Q q

L' amo fempre néll' iftéjjo módo, replicái, e
Le j'aime toujours de la même manière, répliquai-je; & je

l' ameró fin álla mórte; non só, foggiúnfi, fe le
l' aimerai jufqu' à la mort; ne je fçais, ajoutai-je, fi les

vóftre léggi vi perméttano d' amàr due oggétti nélla
votres loix vous permettent d' aimer deux objets de la

medéfima guífa; ma i nóftri coftúmi ed il mío cuóre
même manière; mais les notres coutumes & le mien cœur

melò viétano. Contentátevi déi fentiménti che vi
me le défendent. Contentez-vous des fentiments qu'à vous

prométto, non póffo avérne áltri; la verità mi ftà a
je promets, ne je puis avoir en autres; la vérité m' eft à

cuóre, velà dico con ógni fincerità.
cœur, vous la je dis avec toute fincerité.

Con che flémma mi affaffináte, efclamò égli!
Avec quelle flegme vous m' affaffinez, s' écria-t- il !

Ah Zília! Quánto vi ámo, poichè adóro eziandío
'Ah Zilia! combien je vous aime, puifque j'adore même

la vóftra crudél ingenuità; la felicità vóftra mi è più
la votre cruelle ingénuité; la félicité votre m' eft plus

cára délla mía. Continuáte a parlármi cólla fteffa
chere que la mienne. Continuez à parler me avec la même

fincerità, benchè mi fia tánto crudéle, Ditemi quál è
fincerité, bien qu'elle me foit tant cruelle. Dites-moi quelle eft

la vóftra fperánza intórno all' amóre che ferbáte per
la votre efpérance fur l' amour que vous confervez pour

Aza?
Aza ?

Ahi! gli diffi, non ne hò fe non in vói fólo.
Hélas ! lui dis-je, ne en ai fi non en vous feul.

Gli fpiegái pófcia cóme io avéva intéfo che la com-
Lui j' expliquai après comment j'avois appris que la com-

municazióne cólle Indie non éra impossibile, ch' io
munication avec les Indes n' étoit impoffible, que j'

fperáva dálla fúa generofità, che mi procurerébbe i
efpérois de la fienne générofité, qu'il me procureroit les

mézzi di ritornárvi, o alméno che si compiacerébbe
moyens de retourner y, ou au moins qu'il se plairoit
di fárti capitàr i miéi nódi, ed a me le túe
de faire à toi recevoir les miens nœuds, & à moi les tiennes
rispóste, affinchè, consapévole del túo destíno, ésso sérva
réponses, afin que, instruite du tien destin, il serve
di nórma al mío.
de regle au mien.

Piglierò, mi diss' égli con un cérto sério affettáto,
Je prendrai, me dit - il avec un certain sérieux affecté,
le misúre necessárie per iscoprìr la sórte del vóstro
les mesures nécessaires pour découvrir le sort du votre
Amánte : sárete servíta in quésto ; ma presúmete
Amant : vous serez servie en cela ; mais vous présumez
indárno di rivedèr il fortunáto Aza, attéso che gl' im-
en vain de revoir le fortuné Aza, attendu que les em-
pediménti che vi divídono, sóno insuperábili.
pêchements qui vous séparent, sont insurmontables.

Quéste paróle mi trafíssero il cuóre, Aza cáro ; le
Ces paroles me percerent le cœur, Aza cher ; les
míe lágrime scórsero in gran cópia, e m'im-
miennes larmes coulerent en grande abondance, & elles m'em-
pedírono per mólto témpo di rispónder a De-
pêcherent pendant beaucoup de temps de répondre à Dé-
tervílle, che dal cánto súo stáva tútto pensieróso. Vìa
terville, qui du côté sien étoit tout pensif. Allons
dúnque, gli díssi finalménte, non lo vedrò più ; ma
donc, lui dis-je finalement, ne le je verrai plus ; mais
quésto non m' impedirà di víver per lúi sólo. Se la
cela ne m'empêchera pas de vivre pour lui seul. Si la
vóstr' amicízia si esténde síno álla generosità di procu-
votre amitié s'étend jusqu' à la générosité de procu-
rárci quálche corrispondénza, la víta mía sarà méno
rer à nous quelque correspondance, la vie mienne sera moins
intollerábile, e morrò conténta, purchè mi
intolérable, & je mourrai contente, pourvu que me

promettiáte di fárgli fapére che fóno mórta fúa fída
vous promettiez de faire à lui fçavoir que je fuis morte fa fidele
Amánte.
Amante.

Ah! quéfto è tróppo, efclámo égli, levándofi preci-
Ah! cela eft trop, s' écria-t-il, levant fe préci-
pitofaménte : sì, farò (fe quéfto è possíbile) il fólo
pitamment : oui, je ferai (fi cela eft poffible) le feul
infélíce. Conofcérete quéfto cuóre che fdegnate;
malheureux. Vous connoîtrez ce cœur que vous dédaignez;
védrete di che sfórzi è capáce un' amòr símile
vous verrez de quels efforts eft capable un amour femblable
al mío, e faréte alméno coftrétta di compiángermi.
au mien, & vous ferez au moins contrainte de plaindre moi.
Ufcì, pronunziáto ch' ébbe quéfte paróle, lafciándomi
Il fortit, prononcé dès qu' il eut ces paroles, laiffant me
in úno ftáto che non póffo ancòr compréndere. Io éra
en un état que ne je puis encore comprendre. J' étois
ftáta in piédi cógli òcchi fíffi vérfo la pórta per
reftée fur pieds avec les yeux fixés vers la porte par
la quále Detervílle éra póco innánzi ufcíto, immerfa in
la quelle Déterville étoit peu avant forti, plongée dans
úna confufióne di penfiéri, ch' io non cercáva neppùr a
une confufion de penfées, que je ne cherchois même à
fviluppáre; e vi faréi rimáfa mólto témpo, fe Ce
développer; & y je ferois reftée beaucoup de temps, fi Cé-
lina non fóffe entráta nel parlatório.
line ne fût entrée dans le parloir.
Ella mi domandò con úna cérta vivacità per quál
Elle me demanda avec une certaine vivacité pour quelle
cagióne Detervílle fóffe ufcíto così préfto. Non le celái il
raifon Déterville étoit forti fi vîte. Ne lui je cachai le
contenúto délla nóftra converfazióne. Da princípio éffa fi
contenu de la notre converfation. D' abord elle s'
afflíffe di quéllo che chiamáva la fventúra di fúo
affligea de ce qu' elle appelloit le malheur du fien
fratéllo;

fratéllo ; cangiándo pói la fúa afflizióne in cólera,
frere ; changeant après la fienne affliction en colere,
mí féce i piú dúri rimpróveri , fénza che ardíffi
me elle fit les plus durs reproches , fans que j'ofaffe
allegàr la mínima fcúfa. Che avréi io potúto dírle ?
alléguer la moindre excufe. Qu' aurois-je pu dire à elle ?
La mía agitazióne mi lafciáva appéna la libertà di
La mienne agitation me laiffoit à peine la liberté de
penfáre ; menè ufcíi , élla non mi feguì. Riti-
penfer ; je m'en éloignai, elle ne me fuivit. Reti-
rátami nélla mía cámera , ci fon rimáfa
rée moi dans la mienne chambre , j'y fuis reftée
un giórno fénza che ardíffi lafciármi vedére , fénza
un jour fans que j'ofaffe laiffer moi voir , fans
avèr ricevúto nuóve da chifisía , ed in un di-
avoir reçu nouvelles de qui que ce foit, & en un dé-
fórdine di ménté , che non mi permettéva neppùr di
fordre d' efprit , qui ne me permettoit pas même d'
fcríverti.
écrire à toi.
La cólera di Celína , la difperazióne di fúo fratéllo,
La colere de Céline, le défefpoir de fon frere,
le últime fúe paróle , álle quáli vorréi , e
les dernieres fiennes paroles, aux quelles je voudrois, &
non ardífco dar un fénfo favorévole , tútto quéfto
je n' ôfe donner un fens favorable , tout cela
riuníto crucciáva l' ánimo mío fluttuánte nélle piú
réuni tourmentoit l' efprit mien flottant dans les plus
crúdeli inquietúdini.
cruelles inquiétudes.
Ho credúto finalménte che l' único mézzo di acque-
J'ai cru finalement que l' unique moyen de cal-
tárle fóffe di fártene confapévole , e d' imploràr dal
mer les fût de faire t'en inftruit , & d' implorer du
túo amóre i confígli che mi fóno in quéfta occor-
tien amour les confeils qui me font en cette occur-

R r

rénza tánto neceſſárj : quéſt' illuſióne mi ha luſingáta
rence tant néceſſaires: cette illuſion m' a flattée
méntre io ſcrivéva; ma quánto póco ha duráto! La
pendant que j' écrivois ; mais combien peu elle a duré ! La
mía léttera è finíta, ed i carattéri ne ſon vergáti
mienne lettre eſt finie, & les caracteres en ſont tracés
ſol per me.
ſeulement pour moi.

Ignóri le míe péne ; non ſái neppúre s' ío
Tu ignores les miennes peines ; tu ne ſçais même ſi je
viva, ſe ti ámi Aza! mío cáro Aza! non mi
vis, ſi je t' aime. Aza! mien cher Aza ! ne me
riuſcirà égli úna vólta di fártelo ſapére?
réuſſira - t - il une fois de faire te le ſçavoir ?

LÉTTERA VÉNTESIMA-QUARTA.

LETTRE VINGT.-QUATRIEME.

Il témpo che è ſcórſo, Aza cáro, dáll' última
Le temps qui eſt paſſé, Aza cher, depuis la derniere
mía léttera, può altresì chiamárſi úna nuóva
mienne lettre, peut autrement appeller ſe une nouvelle
aſſénza.
abſence.

Alcúni giórni dópo la mía converſazióne con De-
Quelques jours après la mienne converſation avec Dé-
tervílle, fúi aſſalíta da úna malattía che ſi chiáma
terville, je fus aſſaillie par une maladie qu' on appelle
la fébbre. Se, cóme lo crédo, nácque dálle paſſióni
la fievre. Si, comme le je crois, elle naquit des paſſions
doloróſe che mi agitárono allóra, non dúbito púnto
douloureuſes qui m' agiterent alors, je ne doute point

ch' eſſa sía ſláta prolungáta dálle méſte rifleſſióni che
qu' elle ait été prolongée par les triſtes réflexions qui

occúpano la mía ménte , e dal diſpiacére di avèr
occupent la mienne âme , & par le déplaiſir d' avoir

pérſo l' amicízia di Celína.
perdu l' amitié de Céline.

Véro è che non mi ha ricuſáto verúno déi ſervi-
Vrai il eſt que ne me elle a refuſé aucun des ſervi-

gj che dipendévano da léi ; ma con tutto ció mi
ces qui dépendoient d' elle ; mais avec tout cela me

dimoſtráva tánta freddùr , ed ha avúto coſì
elle démontroit tant de froideur , & elle a eu ſi

póco riſguárdo per le péne del mío ánimo, che non
peu d' égard pour les peines du mien eſprit , que ne

póſſo dubitàr dell' alterazióne de ſuói ſentiménti. Il
je puis douter de l' altération des ſiens ſentiments. La

ſingolàr affétto ch' éſſa ha per ſúo fratéllo , aliéna
ſinguliere affection qu' elle a pour ſon frere , aliene

da me la ſúa amicízia ; mi rimpróvera tútto il
de moi la ſienne amitié ; me elle reproche tout le

giórno ch' égli è infelíce per cáuſa mía. La
jour qu' il eſt malheureux par faute mienne. La

vergógna di parèr ingráta m' intimidíſce , le finézze
honte de paroître ingrate m' intimide , les fineſſes

affettáte di Celína mi péſano , il mío imbarazzo le
affectées de Céline me fatiguent , le mien embarras lui

da ſuggezione ; in ſómma la piacevolézza ed il con-
donne contrainte ; en ſomme la douceur & le con-

ténto ſóno bandíti dal nóſtro commércio.
tentement ſont bannis de notre commerce.

Benchè l' amóre del fratéllo mi fáccia provàr dállá
Bien que l' amour du frere me faſſe éprouver de la

ſorélla tánta contrarietà e tánte péne , non ſóno
ſœur ſi grande contrariété & ſi grandes peines , ne je ſuis

peró inſenſíbile ágli evénti che cángiano il lor deſtíno.
pourtant inſenſible aux évènements qui changent le leur deſtin.

La màdre di Deterville è mòrta- *Quélla màdre inu-*
La mere de Deterville eſt morte. Cette mere inhu-
màna non ha ſmentìto il ſùo caràttere, ed ha legàto
maine n' a pas démenti le ſien caractere, & elle a légué
i ſuòi béni al ſùo fíglio primogénito. Si ſpéra che
les ſiens biens au ſien fils premier né. On eſpere que
quéſt' ingiuſtízia ſarà riparàta dài Giùdici. Detervílle
cette injuſtice ſera réparée par les Juges. Déterville
naturalménte diſintereſſàto, ſì dà incòmodi infiníti per
naturellement déſintéreſſé, ſe donne peines infinies pour
liberàr Celína dàll' oppreſſióne. Pàre che la di léi ſven-
délivrer Céline de l' oppreſſion. Il paroît que la d' elle infor-
tùra radòppi la ſùa amicízia per éſſa : non conténto
tune redouble la ſienne amitié pour elle : non content
di venìr a vedérla ògni giórno, le ſcríve ſéra e
de venir à voir la chaque jour, à elle il écrit ſoir &
mattína; le ſùe léttere ſóno riempíte di dogliénze coſì
matin ; les ſiennes lettres ſont remplies de doléances ſi
affettuóſe vérſo di me, d' inquietùdini coſì ténere
affectueuſes envers moi, d' inquiétudes ſi tendres
intórno àlla mìa ſalùte, che, ancorchè Celína fínga,
ſur la mienne ſanté, que, encore que Céline feigne,
leggendómele, di volèr méttermi ſolaménte al fàtto
en liſant me les, de vouloir mettre moi ſeulement au fait
de' lor intéreſſi, ſcórgo beníſſimo quàl n' è il
de leurs intérêts, je découvre très-bien quel en eſt le
motívo.
motif.

Non dùbito che Detervílle le ſcríva, acciocchè le
Ne je doute que Déterville les écrive, afin que les
léttere mi sìeno communicàte ; nientediméno ſóno per-
lettres me ſoient communiquées ; néanmoins je ſuis per-
ſuàſa ch' égli ſén' aſterrébbe, ſe ſapéſſe i rimpróveri
ſuadée qu' il s'en abſtiendroit, s' il ſçavoit les reproches
che ſuccédono a quéſta lettùra ; éſſi s' imprímono talménte
qui ſuccedent à cette lecture ; ils s' impriment tellemen

nel mio ánimo, che la maninconía mi ſtrúgge.
dans le mien eſprit, que la mélancolie me dévore.
Quantúnque agitáta finóra da tánte procélle, godéva
Quoique agitée juſqu'ici par de ſi grandes tempêtes, je goûtois
alméno il liéve conténto di víver in páce con
au moins le léger contentement de vivre en paix avec
me ſtéſſa ; il candóre délla mía ánima éra ſénza
moi-même ; la candeur de la mienne âme étoit ſans
mácchia, e la ſúa quiéte non éra turbáta d' alcùn
tâche, & la ſienne tranquillité n' étoit troublée par aucun
rimórſo : óra non póſſo penſáre, ſénza úna ſpécie di
remords : à cette heure ne je puis penſer, ſans une eſpece de
diſprézzo per me ſtéſſa, che ſóno la cagióne déll' in-
mépris pour moi-même, que je ſuis la cauſe de l' in-
fortúnio di dúe perſóne, álle quáli ſóno debitríce
fortune de deux perſonnes, aux quelles je ſuis débitrice
délla víta ; che non céſſo di priválre délla quiéte che
de la vie ; que ne je ceſſe de priver les du repos que
goderébbero ſénza me, e di cagionàr lóro finalménte
elles goûteroient ſans moi, & de cauſer leur finalement
tútto il mále ch' è in mío potére ; tuttavía non póſſo
tout le mal qui eſt en mon pouvoir ; toutefois ne je puis
nè vóglio non éſſer colpévole. L' afſétto che ho per te
ni veux n' être coupable. L' amour que j' ai pour toi
triónfa de' miéi rimórſi. Aza, oh quánto ti ámo !
triomphe des miens remords. Aza, oh combien te j' aime !

LÉTTERA VENTÉSIMA-QUINTA.

LETTRE VINGT.-CINQUIEME.

QUANTO è fálfa talóra e nocévole la prudénza,
Combien eft faulfe quelquefois & nuifible la prudence,
Aza mío cáro ! Ho fátto úna lúnga refifténza álle
Aza mon cher ! J'ai fait une longue réfiftence aux
premuróſe iftánze fáttemi per párte di Dervílle
preffantes inftances faites à moi de la part de Deterville
d' aſcoltárlo per alcúni moménti. Meſchína me !
d' écouter le pendant quelques moments. Malheureufe moi !
ío fuggíva la mía fortúna. Finalménte piú per ftan-
je fuyois la mienne fortune. Finalement plus par laf-
chézza di resífter a Celína , che per defidério di com-
fitude de réfifter à Celine , que par defir de com-
piacérle , mi fon laſciáta condúr al parlatório. Là
plaire à lui , me je fuis laiffée conduire au parloir. Là
mi è appárſo Dervílle quáſi femimórto, e talménte
m' eft apparu Déterville prefqu'à demi-mort , & tellement
cangiáto che non è piú , per coſì díre, égli ſtéſſo. A
changée que ne il eft plus, pour ainfi dire, lui-même. A
quéſto ſpettácolo fon rimáſa ſtupefátta ; mi pentíva
ce ſpectacle je fuis reftée ſtupéfaite ; me je repentois
già di avèr fátto quéſto páſſo ; ſtáva mútola, ed aſ-
déjà d' avoir fait ce pas ; j'étois muette, & j' at-
pettáva, treméndo, i rimpróveri ch' ío credéva avèr
tendois, en tremblant, les reproches que je croyois avoir
meritáti. Mà (chi l' avrébbe indovináto ?) égli veníva a
mérités. Mais (qui l' auroit déviné?) il venoit pour
colmàr l' ánima mía di piacére.
combler l' âme mienne de plaifir.

Perdonátemi , Zília , mi diss' égli , di quéfta violénza;
Pardonnez-moi , Zilia , me dit- il , de cette violence;
non vi avréi coftrétta a vedérmi , fe non vi recáffi
ne vous j'aurois forcée à voir moi , fi ne vous j'apportois
altrettánta giója quánto mi cagionáre di cordóglio. Defi-
autant de joie que me vous caufez de douleur. Defi-
derár un moménto délla vóftra prefénza , è fórs' égli
rer un moment de la votre préfence , eft peut-être il
domandárvi tróppo per mercéde del crudèl facrifício
demander vous trop pour récompenfe du cruel facrifice
che vi fà il mífero mío cuóre ? E fénza dármi
que vous fait le malheureux mien cœur ? Et fans donner me
il témpo di rifpóndere : écco , continuó égli , úna
le temps de répondre : voilà , continua-t- il , une
léttera di quèl párénte del quále vi è ftáto parláto ; il
lettre de ce parent du quel vous il a été parlé ; le
fárvi confapévole délla fórte d'Aza , vi proverà
faire vous inftruite du fort d'Aza , vous il prouvera
méglio che non farébbero tútti i miéi giuraménti , quàl
mieux que ne feroient touts les miens jurements , quel
sía l'eccéffo del mío amóre , ed immédiataménte mi fece
eft l'excès du mien amour , & immédiatement me il fit
la lettúra di quélla lettera. Ah ! mío cáro Aza , ho
la lecture de cette lettre. Ah ! mon cher Aza , ai
potúto io udírla fénza morír di allegrezza ? Effa mi
pu je entendre la fans mourir d'allégreffe ? Elle m'
afficúra che féi ancòr in vita , e che ftái fénza
affûre que tu es encore en vie , & que tu es fans
verún rífchio nélla Córte di Spágna. Che fortúna
aucun rifque dans la Cour d'Efpagne. Quelle fortune
inafpettáta !
inattendue !

Quéfta mirábil léttera è fcrítta da un' uómo che
Cette admirable lettre eft écrite par un homme qui
ti conófce , che ti véde , che ti párla: fórfe i tuói
te connoît , qui te voit , qui te parle: peut-être les tiens

ſguárdi ſaràn églino ſtáti un moménto fíſſi ſópra quéſta
regards auront- ils été un moment fixés ſur ce
prezióſa cárta. Io non potéva rimuóverne i miei ; ho
précieux papier. Je ne pouvois arracher en les miens ; j'ai
ritenúto con iſténto eſclamazióni di giùbilo ch' érano
retenu avec effort les exclamations de joie qui étoient
quáſi quàſi ſúlle míe lábbra, e di lágrime amoróſe
preſque ſur les miennes levres, & de larmes amoureuſes
éra tútto bagnáto il mío vólto.
étoit tout baigné le mien viſage.

Se avéſſi ſeguíto i móti del mío cuóre, avréi
Si j'avois ſuivi les mouvements du mien cœur, j'aurois
cénto vólte interrótto Detervílle per eſprímerli la mía
cent fois interrompu Deterville pour exprimer lui la mienne
gratitúdine ; ma io non dimenticáva che la mía con-
gratitude ; mais je n' oubliois pas que le mien con-
tentézza avrébbe aggraváto le ſúe péne : gli celái
tentement auroit aggravé les ſiennes peines : lui je celai
la mía ſovérchia allegrézza, vide ſoltánto le míe
la mienne ſuperflue allégreſſe, il vit ſeulement les miennes
lágrime.
larmes.

Eh coſì, Zília, mi diſs' égli, éccovi informáta
Eh bien, Zilia, me dit- il , voilà vous informée
délla ſórte d'Aza ; ſe quéſto non báſta, che biſógna fàr
du ſort d'Aza ; ſi cela ne ſuffit, que faut-il faire
di più ? Comandáte ſénza riſérva ; non v' è cóſ' al-
de plus ? Commandez ſans réſerve ; ne y eſt choſe au-
cúna che non poſſiáte preténder dal mío amóre,
cune que ne vous puiſſiez prétendre du mien amour,
purchè contribuíſca álla vóſtra felicità.
pourvu que il contribue à la votre félicité.

Quantúnque dovéſſi éſſer preparáta a quéſt' eccéſſo di
Quoique je duſſe être préparée à cet excès de
bontà, non potéi far a méno di éſſerne attónita ed
bonté, ne je pus faire à moins d' être en étonnée &
inſiéme

insiéme penetráta. Non *séppi che rispónder per al-*
enfemble pénétrée. Ne je fçus que répondre pendant quel-
cúni moménti. Teméva di *affliger maggiorménte un'*
ques moments. Je craignois d' affliger plus grandement un
uómo così generófo. Io cercáva términi ch' espriméffero
homme auffi généreux. Je cherchois termes qui exprimaffent
la verità del mío cuóre , fénza offénder la fenfibilità
la vérité du mien cœur, fans offenfer la fenfibilité
del fúo ; non li trováva , eppúre bifognáva parláre.
du fien ; ne je les trouvois , cependant il falloit parler.
La mía felicità, gli díssi ío, non farà mái púra ,
La mienne félicité, lui dis-je , ne fera jamais pure ,
poichè non póffo conciliàr i débiti dell' amóre con
puifque ne je puis concilier les dettes de l' amour avec
quélli déll' amicízia ; vorréi ricuperàr la vóftra e quélla
celles de l' amitié ; je voudrois recouvrer la vôtre & celle
di Celína ; vorréi ftàr fémpre con ambedúe , am-
de Céline ; je voudrois être toujours avec touts deux , ad-
miràr di contínuo le vóftre virtù , e pagàr ógni
mirer continuellement les votres vertus, & payer chaque
giórno délla mía víta il tribúto di gratitúdine che
jour de la mienne vie le tribut de reconnoiffance que
dévo a vóftri favóri. Sénto che néll' allontanármi
je dois à vos faveurs. Je fens que dans l' éloigner moi
da dúe perfóne tánto cáre , porteró méco rin-
de deux perfonnes fi cheres, j'emporterai moi avec des re-
crefciménti etérni. Mà . . . . Cóme ! Zília,
grets éternels. Mais . . . . Comment! Zilia ,
efclamò égli, voléte abbandonárci? Ah! non éra
s'écria-t-il , vous voulez abandonner nous? Ah ! ne j'étois
preparáto a quéfta funéfta rifoluziöne. Mi mánca l' ánimo
préparé à cette funefte réfolution. Me manque le courage
per foftenérla ; ne avéva fufficienteménte per vedérvi
pour foutenir la ; en j'avois fuffifamment pour voir vous
quì nélle bráccia del mío rivále. Lo sfórzo délla mía
ici dans les bras du mien rival. L' effort de la mienne

T t

ragióne, la delicatézza del mío amóre mi avévan dif-
raison , la délicateffe du mien amour m' avoient dif-
pófto a quéfto cólpo mortále; l' avréi preparáto io ftéffo,
pofé à ce coup mortel ; je l' aurois préparé moi-même,
ma non póffo fcoftármi da vói , non póffo rinun-
mais ne je puis féparer me de vous , ne je puis renon-
ziàr al piacére di vedérvi : no ; non partiréte ,
cer au plaifir de voir vous : non ; ne vous partirez ,
foggiúns' égli con un cérto bollóre , non lo
ajouta-t- il avec un certain bouillonnement ; ne l'
fperáte ; vói abufáte del mío affétto , laceráte
efpérez; vous abufez du mien attachement, vous déchirez
fénza pietà un cuòr tirannizzáto dáll' amóre. Zília ,
fans pitié un cœur tyrannifé par l' amour. Zilia ,
barbára Zília ! vedéte la mia difperazióne, è ópera
barbare Zilia ! voyez le mien défefpoir , c'eft ouvrage
vóftra. Ahi ! in che módo contraccambiáte l'a-
vôtre. Hélas ! de quelle maniere vous contrechangez l'a-
móre il più púro !
mour le plus pur !

Son io , gli diffi ; fpaventáta da úna tal ri-
Je fuis moi , lui dis-je , épouvantée d' une telle ré-
foluzióne , fon io che potréi con fondaménto
folution , je fuis moi celle qui pourrois avec fondement
accufárvi vói ftéffo. Perchè affligéte il mío
accufer vous vous-même. Pourquoi affligez-vous le mien
cuóre con úna fenfibilità infruttuófa ? In nóme dell' a-
cœur avec une fenfibilité infructueufe ? Au nom de l' a-
micízia , non ofcuráte la glória d' úna generofità fénza
mitié , n' obfcurciffez la gloire d' une générofité fans
efémpio con úna difperazióne che farébbe l' amarezza
exemple avec un défefpoir qui feroit l' amertume
délla mía víta, fénza réndervi felíce. Deh ! non
de la mienne vie , fans rendre vous heureux. Hé ! ne
condennáte in me il medéfimo fentiménto che non
condamnez en moi le même fentiment que ne

potéte fuperáre ; non mi sforzáte a dolérmi di
vous pouvez furmonter ; ne me forcez à plaindre me de
vói : lafciátemi amàr il vóftro nóme , portárlo all' ef-
vous : laiffez-moi aimer le votre nom , porter le à l' ex-
tremità délla térra , e fárlo veneràr da pópoli ado-
trêmité de la terre , & faire le refpecter des peuples ado-
ratóri délla virtù.
rateurs de la vertu.

Non fò cóme pronunziái quéfte paróle ; mà
Ne je fçais comment je prononçai ces paroles; mais
Detervílle fiffáva gli ócchi fópra di me , fénza che paréffe
Déterville fixoit les yeux fur moi , fans qu' il parût
guardármi ; rinchiúfo in fe ftéffo , rimáfe quálche
regarder me ; renfermé en lui - même , il refta quelque
témpo cóme immérfo in úna meditazióne profónda : del
temps comme plongé en une méditation profonde : du
tánto mío , non ardíva interrómperlo , di módo ché
côté mien , ne j' ofois interrompre le , de maniere que
ftavámo l' úno e l' áltro in filénzio , quándo ri-
nous étions l' un & l' autre en filence , quand il re-
comminciò a parláre , e mi díffe : Sì , Zília , fénto
commença à parler , & me dit : Oui, Zilia , je fens
tútta la mía ingiuftízia ; mà cóme fi può ri-
toute la mienne injuftice ; mais comment on - peut re-
nunziàr tranquillaménte álla vífta di tánte vaghézze ?
noncer tranquillement à la vue de tant de grâces ?
Lo voléte , faréte ubbidíta. Che facrifício , oh
Le vous voulez, vous ferez obéie. Quel facrifice , ô
Dío ! I miéi giórni infelíci fcorreránno , finiránno
Dieu ! Les miens jours malheureux s'écouleront , finiront
fénza vedérvi. Alméno fe la mórte . . . . . . Non ne
fans voir vous. Au moins fi la mort . . . . . . N' en
parliámo più , foggiúns' égli interrompéndofi ; s' in-
parlons plus , ajouta -t - il en s'interrompant ; s' at-
tenerífce tróppo il mío cuóre : concedétemi dúe giórni
tendrit trop le mien cœur : accordez-moi deux jours

per affrancárlo ;   tornerò   a   vedérvi , acciocchè
pour affranchir le ; je reviendrai   pour voir vous , afin que
pigliámo insiéme le misúre necessárie per il
nous prenions ensemble les mesures nécessaires pour le
vóstro viággio. Addío , Zília. Póssa il fortunáto Aza
votre voyage. Adieu , Zilia. Puisse le fortuné Aza
sentír tútta la súa felicità. Ciò détto , uscì.
sentir toute la sienne félicité. Cela dit , il sortit.

Telò conféssso , Aza cáro , benchè Detervílle mi
Te le je confesse, Aza cher , bien que Déterville me
sía cáro , benchè il súo affánno mi stéssse a cuóre ,
soit cher , bien que le sien chagrin me fût à cœur ,
io éra tróppo impaziénte di godèr in libertà la
j' étois trop impatiente de goûter en liberté le
mía contentézza per non desideráre ch' égli
mien contentement , pour ne pas desirer qu' il
sén' andásse.
s' en allât.

Oh quánto è soáve , dópo tánte péne , di
Oh combien il est suave , après si grandes peines, d'
abbandonársi áll' allegrézza ! Passái il rimanénte del
abandonner se à l' allégresse ! Je passai le restant du
giórno nélla piú deliziósa éstasi. Non ti scríssi ;
jour dans la plus délicieuse extase. Ne te j'écrivis pas ;
úna lettéra avrébbe , per così díre , agghiacciáto il
une lettre auroit , pour ainsi dire , glacé le
mío cuóre inebbriáto di giója ; úna lettéra mi avrébbe
mien cœur enivré de joie ; une lettre m' auroit
ramméntáto la túa assénza , in véce ch' io ti ve-
rappelé la tienne absence , au - lieu que je te vo-
déva , ti parláva Quàl farébbe la mía felicità,
yois , te je parlois. Quelle feroit la mienne félicité ,
se tu avéssi annésso álla lettéra che ho ricevúta
si tu avois annexé à la lettre que j' ai reçue
quálche pégno del túo affétto ! Perchè non l' hái
quelque gage de la tienne affection ! Pourquoi ne l' as - tu
fátto ?

fàtto ? Ti è ſtàto parlàto di me , tu ſéi conſapévole
pas fait ? Il t' a été parlé de moi , tu es inſtruit
délla mìa ſórte , e non tróvo , in quéſta preⸯ
de la mienne deſtinée , & ne je trouve, dans cette pré-
cióza càrta , nùlla che mi pàrli del tùo amóre. Mà
cieuſe lettre , rien qui me parle, de ton amour. Mais
póſſo io dubitàr délla tùa coſtànza ? La mìa menè
puis - je douter de la tienne conſtance ? La mienne m'en
aſſicùra ; tu mi àmi ; il tùo giùbilo è uguàle
aſſûre ; tu m' aimes; le tien contentement eſt égal
al mìo ; la ſtéſſa fiàmma vìve nel tùo cuóre , la
au mien ; la même flamme vit dans le tien cœur , la
medéſima impaziénza ti divóra. Ite dùnque lùngi da
même impatience te dévore. Allez donc loin de
me , vàni timóri ; ſoſpétti ingiurióſi al mìo Amànte ,
moi , vaines frayeurs ; ſoupçons injurieux au mien Amant ,
ſgombràte l' ànima mìa , e vi régni ſénz' alⸯ
vous troublez l' âme mienne , & y regne ſans al-
terazióne l' allegrézza. Mà pùre , Aza càro , hài
teration l' allégreſſe. Mais cependant, Aza cher, tu as
abbracciàto la Religióne di quél pópolo feróce. Quàl è
embraſſé la Religion de ce peuple féroce. Quelle eſt-
déſſa ? Richièd' élla fórſe che tu rinùnzi àll' àmor
elle ? Requiert- elle peut-être que tu renonces à l'amour
mìo , cóme quélla di Frància pretenderébbe ch' ìo
mien , comme celle de France prétendroit que je
rinunziàſſi al tùo ? Nò , l' avréſti rigettàta.
renonçaſſe au tien ? Non, tu l' aurois rejettée.
Comùnque ſi ſìa ; il mìo cuóre ſoggiàce àlle tùe
Comme que ce ſoit , le mien cœur ſe ſoumet aux tiennes
léggi ; docìle a' tuói lùmi , mi abbandonerò cie-
loix ; docile aux tiennes lumieres , me j'abandonnerai aveu-
caménte a quànto potrà unírci per ſémpre. Che
glément à tout ce qui pourroit unir nous pour toujours. Que
póſſ' io temére ? Riunìta fra póco al mìo béne ,
puis - je craindre ? Réunie dans peu au mien bonheur ,

V v

al mío tútto, non avrò áltri penfiéri che i tuói,
au mien tout, ne j' aurai autres penfées que les tiennes,
nè áltri fentiménti fuorche quéllo d' amárti.
ni autres fentiments hors que celui d' aimer toi.

LÉTTERA VÉNTESIMA - SÉSTA.

LETTRE VINGT. - SIXIEME.

Quésto è il luógo in cúi ti rivedrò, Aza mío
C' eft le lieu dans lequel te je reverrai, Aza mon
cáro ; la mía felicitá va crefcéndo ógni giórno per
cher ; la mienne félicité va croiffant chaque jour par
le fúe próprie circoftánʒe. Éfco in quéft' inftánte
les fiennes propres circonftances. Je fors en cet inftant
dáll' abboccaménto che mi éra ftáto affegnáto da De-
de l' abouchement qui m' avoit été affigné par Dé-
tervílle. Qualúnque fóffe il piácere ch' io m' éra
terville. Quel que fût le plaifir que je m' étois
propófto nel fuperàr le difficoltà del viággio, nel
propofé dans le furmonter les difficultés du voyage, dans le
prevenírti, nel córrer al túo incóntro, lo facrífico
prévenir te, dans le courir à la tienne rencontre, le je facrifie
voléntieri al piacére di vedérti più préfto.
volontiers au plaifir de voir te plus promptement.
Detervílle avéndomi prováto che puói arrivàr a Pa-
Déterville ayant à moi prouvé que tu peux arriver à Parígi con maggiòr diligénʒa che faréi ío, fe andáffi in
ris avec plus grande diligence que ferois moi, fi j' allaffe en
Ifpágna, non ho efitáto ad afpettárti, ancórch' égli
Efpagne, ne j' ai pas héfité à attendre te, encore que lui
ábbia generofaménte lafciáto l' alternatíva al mío ar-
ait généreufement laiffé l' alternative au mien ar-

bìtrio ; il témpo è tróppo preziófo per prodigárlo
bitre ; le temps eft trop précieux pour prodiguer le
fénza neceffità.
fans néceffité.

Fórfe prima di rifólvermi , avréi pefáto quéfto
Peut-ètre avant de réfoudre me , j'aurois pefé cet
vantággio con mággior attenzióne , fe non avéffi
avantage avec la plus grande attention , fi ne j'euffe
préfo informazióni circa il mio viággio , le quáli
pris des informations fur le mien voyage , les quelles
mi hánno determináta in fecréto al partíto ch' io píglio ;
m' ont déterminée en fecret au parti que je prends ;
e quéfto fecréto póffo confidárlo a te fólo.
& ce fecret je puis confier le à toi feul.

Mi fóno ricordáta che , duránte il lúngo camíno
Me je fuis reffouvenue que , durant le long chemin
che ho fátto con Detervílle per venir à Parígi ,
que j'ai fait avec Déterville pour venir à Paris ,
égli dáva pézze d'argénto , e talvólta d'óro ,
il donnoit des pièces d'argent , & quelquefois d'or ,
in tútti i luóghi néi quáli ci fermaváno.
dans touts les lieux dans les quels nous nous arrêtions.

Ho volúto fapére fe ciò fóffe per óbbligo , o 'per
J'ai voulu fçavoir fi cela étoit par obligation , ou par
púra liberalità. Mi è ftáto détto che , in Fráncia , fi
pure libéralité. Il m'a été dit que , en France , on
fà pagàr ai viandánti , non fólo il vitto , mà
fait payer aux voyageurs , non feulement le vivre , mais
ancóra il ripófo. Mefchína me ! Non ho la míni-
encore le repos. Malheureufe moi ! Ne j'ai pas la moin-
ma párte di quéllo che vi vorrébbe per contentàr
dre partie de ce qu'il y faudroit pour contenter
l'avidità di quéfto popólo intéreffato ; farébbe di meftiére
l'avidité de ce peuple intéreffé ; il feroit de néceffité
ricéverlo dálle máni di Detervílle. Mà cóme
de recevoir le des mains de Déterville. Mais comment

potrèi io risòlvermi a contrattàr ùna spécie d' òbbli-
pourrois-je résoudre me à contracter une espèce d' obli-
go quáfi ignominiófo! Non lo póffo, mio cáro Aza.
gation presque ignominieuse! Ne le je puis, mon cher Aza.
Quéfto fòl motívo mi avrébbe determináta a ftàr qui :
Ce seul motif m' auroit déterminée à refter ici :
la fperánza di vedérti più préfto ha foltánto con-
l' efpérance de voir toi plus promptement a feulement con-
firmáto la mia rifoluziòne.
firmé la mienne réfolution.

Detervílle ha fcritto in prefénza mía al Miniftro di
Déterville a écrit en préfence mienne au Miniftre d'
Spágna ; lo follécita di fárti partìr, con ùna gene-
Efpagne; le il follicite de faire te partir, avec une géné-
rofità che mi pénetra di gratitúdine e d' ammirazióne.
rofité qui me pénètre de gratitude & d' admiration.

Che deliziófi moménti ho passáti, méntre Deter-
Quels délicieux moments j' ai paffés, pendant que Déter-
ville fcrivéva! Che conténto d' éffer occupáta délle
ville écrivoit ! Quel contentement d' être occupée des
mifúre relatíve al túo viággio, di veder i preparatívi
mefures relatives au tien voyage, de voir les préparatifs
délla mía felicità, di non più dubitárne!
de la mienne félicité, de ne plus douter en !

Se da princípio ho dovúto fármi violénza per resífter
Si d' abord j' ai dû faire me violence pour réfifter
al defidério che avéva di andàr trovárti, lo conféffo,
au defir que j' avois d' aller trouver te, le je confeffe,
Aza cáro, óra mi véngono in ménte mílle motívi
Aza cher, à préfent me viennent dans l' efprit mille motifs
di rallegrármene, che non avéva prevedúti.
de réjouïr m'en, que ne j' avois pas prévus.

Parécchie circoftánze che non mi parévano di verúna
Plufieurs circonftances qui ne me paroiffoient d' aucune
confeguénza per acceleràr o ritardàr la mía parténza,
conféquence pour accélérer ou retarder le mien départ ,
mi

mi divéntano óra intereſſánti e gráte. Quand' ío
me deviennent à préfent intéreſſantes & agréables. Quand j'
éra per andàr a trovárti , ſeguíva ciecaménte l' in-
étois pour aller à trouver toi, je ſuivois aveuglément l' in-
clinazióne del mío cuóre, ſénza ricordármi che andáva tra
clination du mien cœur , ſans reſſouvenir me que j'allois entre
quéi bárbari Spagnuóli , la di cúi ſóla idéa mi ſa fré-
ces barbares Eſpagnols , la des quels feule idée me fait fre-
mere. Mi congrátulo con me ſtéſſa , e réndo grázie al
mere. Me je congratule avec moi-même , & je rends grâces au
ciélo di non éſſermi eſpóſta áll' orróre di rivedérli. La
ciel de ne être moy pas expofée à l' horreur de revoir les. La
vóce déll' amóre eſtinguéva quélla déll' amicízia ; próvo
voix de l' amour éteignoit celle de l' amitié ; j' éprouve
ſénza rimórſo il conténto di riunírli. Da ùn' áltra
fans remords le contentement de réunir les. D' une autre
párte, ſóno ſtáta aſſicuráta da Deterville , che ci éra
part , j' ai été aſſurée par Déterville , qu'il nous étoit
per ſémpre impoſsíbile di rivedèr la città del Sóle.
pour toujours impoſſible de revoir la cité du Soleil.
Eccettuáto il ſoggiórno délla nóſtra pátria, non crédo
Excepté le féjour de la notre patrie , ne je crois pas
che venè ſía nel móndo úno più aggradévole di
qu'il y en foit dans le monde un plus agréable que
quéllo délla Fráncia. Ti piacerà, Aza cáro, benchè
celui de la France. A toy elle plaira , Aza cher , bien que
la ſincerità ne ſía bandíta ; ci ſóno piacéri che fánno
la fincérité en foit bannie ; ici font plaifirs qui font
dimenticàr i perícoli délla ſocietà.
oublier les dangers de la fociété.

Avéndoti parláto un moménto fa, délla neceſſità
Ayant à toi parlé un moment depuis, de la néceſſité
déll' óro , è inútile d' avviſárti di portàrne ; la mínima
de l' or , il eſt inutile d' avertir te de porter en ; la moindre
párte de' tuói teſóri báſta per fárti ammiráre , e con-
partie de tes tréfors fuffit pour faire toy admirer , & con-

X x

confónder   l' orgóglio déi   magnífici   bifógnofi di quéfto
confondre   l' orgueil des   magnifiques indigents de   ce
paéfe ; le   túe   virtú ed i   túoi fentiménti faràn fol-
pays ; les tiennes vertus & les tiens fentiments feront feu-
tánto ftimáti da Detervílle e   da   me. Egli m' a pro-
lement eftimés de Déterville & de moi.   Il   m' a pro-
méffo di   fárti rimétter i miéi   nódi e le míe
mis   de faire à toy remettre les miens nœuds & les miennes
léttere ; fóno pariménte ftáta da lúi afficuráta che tro-
lettres ; j' ai pareillement été   par lui affurée que tu trou-
veréfti interpreti per fpiegárti le últime.
verois des interpretes pour expliquer à toi les dernieres.

    Véngono a domandármi il piégo ; ahimè! ti láfcio :
Ils viennent à demander me le paquet ; hélas! te je laiffe :
addío, fperánza cára délla mía   víta ; continueró a
adieu, efpérance chere de la   mienne vie ; je continuerai à
fcríverti ; fe non potró fárti capitár le míe lét-
écrire à toy ; fi   ne je pourrai faire à toy recevoir les miennes let-
tere, telè   ferberó.
tres,   te les je conferverai.

    Cóme potréi io foftenèr la lunghézza del túo
Comment pourrois-je foutenir la   longueur du tien
viággio, fe non calmáffi la   mía impaziénza cóll' oc-
voyage, fi   ne je calmois la mienne impatience avec l'oc-
cupármi a fár la pittúra délla mía giója, del
cuper moi à faire la peinture de la mienne joie, du
mío conténto, délla mía felicità ?
mien contentement, de la mienne félicité ?

LÉTTERA VÉNTESIMA-SÉTTIMA.
LETTRE VINGT.-SEPTIEME.

ORA *che le míe léttere fon partíte, Aza cáro,*
A préfent que les miennes lettres font parties, Aza cher,
gódo úna tranquillità che mi éra fconofciúta. Mi
je goûte une tranquillité qui m' étoit inconnue. Me
dilétto nel rapprefentármi il moménto in cui
je déleĉte dans le repréfenter à moi le moment dans lequel
ti faránno recáte; védo l' excessívo túo giúbilo,
te elles feront rendues; je vois l' exceffif tien plaifir,
lo partecipo téco. L' ánimo mío non s' occúpa più,
le je partage toi avec. L' efprit mien ne s' occupe plus,
fe non d' idée gráte; e, per cólmo d' allegrézza, la
fi non d' idées agréables; &, pour comble d' allégreffe, la
páce è riftabilíta nélla nóstra riftrétta focietà.
paix eft rétablie dans la notre étroite fociété.

I Giúdici hánno reftitúito a Celína i béni déi quáli
Les Juges ont reftitué à Céline les biens des quels
la fúa bárbara mádre l' avéva priváta. Éffa véde
la fienne barbare mere l' avoit prifée. Elle voit
giornalménte il fúo Amánte; il di léi matrimónio è
journellement le fien Amant; le d'elle mariage eft
foltánto ritardáto dái preparatívi che vi fon neceffárj.
feulement retardé par les préparatifs qui y font nécesfaires.
Giúnta al cólmo de' fuói defidérj, non pénfa più a fár-
Arrivée au comble des fiens defirs, ne elle penfe plus à faire
mi i fuói fóliti rimpróveri círca l' amóre di fúo fratello,
à moy les fiens ordinaires reproches fur l' amour de fon frere,
e glienè ho il medéfimo óbbligo, cóme fe quéfto fóffe
& lui en j'ai la même obligation, comme fi cela fût

il sol effètto délla súa amicízia. Qualúnque sia il
le feul effet de la fienne amitié. Quel que foit le
motívo che l' ha móffa a reftituírmi la súa benevolénza ,
motif qui l' a mue à rendre à moy la fienne bienveuillance ,
io crédo che fiámo fémpre tenúti a quélli che
je crois que nous fommes toujours tenus à ceux qui
ci fánno provàr un fentiménto gráto.
nous font éprouver un fentiment agréable.

Élla mi ha dáto ftammáne un fégno pregiátiffimo
Elle m' a donné ce matin un figne très-précieux
délla súa amicízia , còll' avèr per me úna condef-
de la fienne amitié , avec l' avoir pour moi une condef-
cendénza, che mi ha fátta paffàr da ún' agitazióne fafti-
cendance, qui m' a fait paffer d' une agitation fafti-
dióſa ad úna quiéte piacévole.
dieufe à une quiétude agréable.

Avéndo ricevúto úna gràn quantità di pánni ricchi
Ayant reçu une grande quantité d' étoffes riches
per fàr ábiti, con galanterie d' ógni fpécie , è
pour faire des habits, avec des galanteries de toute efpece , elle eft
venúta in frétta álla mía cámera , mi ha con-
venue en hâte à la mienne chambre, moy elle a con-
dótta nélla súa ; e dópo avérmi dimandáto il mío parére
duite dans la fienne ; & après avoir à moy demandé le mien goût
círca tánti acconciaménti , ha fátto éffa medéfima un
fur tant d' accoûtrements, elle a fait elle - même un
múcchio di quélli che mi avévan párfo i più bélli , e
amas de ceux qui m' avoient paru les plus beaux , &
con ún' ária premuróſa comandáva già álle nóſtre
avec un air empreffé elle commandoit déjà à nos
Chinas di portárli nel mío appartaménto ; mà mi
Chinas de porter les dans le mien appartement ; mais me
fon oppófta áll' efecuzióne di quéſt' órdine con ógni
je fuis oppofée à l' exécution de cet ordre avec tout
sfórzo poffíbile. Sì è póſta fúbito a ríder délle
l' effort poffible. S' eft elle mife fubitement à rire des

míe

mie istánze ; mà vedéndo che la súa ostinazióne
miennes inftances; mais voyant que la fienne obftination
andáva crefcéndo co' miéi rifiúti, non ho potúto al
alloit croiffant avec les miens refus, ne j'ai pu à la
fíne diffimulàr il mío rifentiménto.
fin diffimuler le mien reffentiment.

   Perchè, le díffi cógli ócchi bagnáti di lágrime,
   Pourquoi, lui dis-je avec les yeux baignés de larmes,
perchè voléte aumentàr la mía umiliazióne ?
pourquoi voulez-vous augmenter la mienne humiliation ?
vi dévo la víta, è quánto poffèggo ; tútto
à vous je dois la vie, & tout ce que je poffède ; tout
quéfto è più che baftánte per rammemorármi le mie
cela eft plus que fuffifant pour remémorer à moi les miennes
fciagúre. Sò beníffimo che, fecóndo le vóftre léggi,
peines Je fçais très-bien que, felon les votres loix,
quándo i benefízj fóno inútili a quélli che li ricé-
quand les bienfaits font inutiles à ceux qui les reçoi-
vono, allóra non prodúcono alcùn roffòre. Afpettáte
vent, alors ne ils produifent aucune rougeur. Attendez
dúnque, per efercitàr la vóftra generofità vérfo di me ;
donc, pour exercer la votre générofité envers moi,
che non ne àbbia più bifógno. Non è fénza ripu-
que ne en j'aie plus de befoin. Ne eft pas fans répu-
gnánza, foggiúnfi con vóce più moderáta, che mi
gnance, ajoutai-je avec une voix plus modérée, que me
confórmo a fentiménti così póco naturáli. I nóftri
je conforme à des fentiments fi peu naturels. Les notres
coftúmi fóno più umáni. Quégli che ricéve, non fi
coutumes font plus humaines. Celui qui reçoit, ne s'
onóra méno di quégli che dóna : mi avéte in-
honore pas moins que celui qui donne : me vous avez en-
fegnáto a penfàr altriménti ; voleváte dúnque oltraggiármi
feigné à penfer autrement ; voulez-vous donc outrager moy
con quéfti dóni ?
avec ces dons ?

Y y

Quéll' amábile amíca, più commóſſa dálle mie lá-
Cette aimable amie , plus touchée des miennes lar-
grime ch' irritáta da' miéi rimpróveri , mi ha riſpóſto
mes qu' irritée des miens reproches , m' a répondu
affettuoſaménte. Nò , Zília cára , non abbiámo , nè
affectueuſement. Non , Zilia chere, ne nous avons , ni
mío fratéllo ned ío , l' intenzióne di umiliárvi co'
mon frere , ni moi l' intention de humilier vous avec les
nóſtri dóni. Non ci converrébbe di fàr con vói
notres dons; ne nous il conviendroit jouer le rôle avec vous
da grandióſi , lo conoſceréte fra póco; ío voléva
de magnifiques , le vous connoîtrez dans peu ; je voulois
ſolaménte che dividéſte méco i regáli di un
ſeulement que vous partageaſſiez moi avec les dons d' un
fratéllo generóſo : quéſt' éra il véro mézzo di dimoſtrár-
frere généreux : c' étoit le vrai moyen de démontrer
gliene la mía gratitúdine; l' úſo mi autorizzáva nel
lui en la mienne gratitude ; l' uſage m' autoriſoit dans le
cáſo in cúi mi tróvo , ad offerírveli : mà giacchè
cas dans lequel me je trouve, à offrir vous les: mais puiſque
venè dimoſtráte offéſa , non venè parlerò più.
vous en vous démontrez offenſée, ne vous en je parlerai plus.
Melò promettéte vói dúnque, le díſſi ío? Sì, mi riſ-
Me le promettez vous donc , lui dis - je? Oui, me ré-
pós' élla ſorridéndo; mà permettétemi di ſcríverne
pondit - elle en ſouriant ; mais permettez-moi d' écrire en
dúe ríghe a Deterville. Cóme vorréte , ſoggiúnſi ;
deux lignes à Déterville. Comme vous voudrez , ajoutai-je ;
e l' allegria è ſúbito rináta fra nói.
& l' allégreſſe eſt ſubitement renée entre nous.
Abbiámo ricomincháto ad eſaminàr i ſuói forni-
Nous avons recommencé à examiner les ſiennes fourni-
ménti più minutaménte , sinch' è ſtáta chiamáta
tures plus minutieuſement, juſqu'à ce qu'elle a été appelée
al parlatório : éſſa voléva condúrmi ſéco ; mà , Aza
au parloir : elle vouloit conduire me ſoi avec ; mais , Aza

cáro , quàl tratteniménto può éſſermi coſì gráto ,
cher , quel amuſement peut être à moi auſſi agréable ,
cóme quéllo di ſcríverti ? In cámbio di cercárne ál-
comme celui d'écrire à toi ? Au - lieu de chercher en au-
tri , témo quélli che il matrimónio di Celína mi
tres , je crains ceux que le mariage de Céline me
prepára.
prépare.

Élla preténde ch' io láſci la Cáſa Religióſa pèr
Elle prétend que je laiſſe la Maiſon Religieuſe pour
ſtàr nélla ſúa , quándo ſarà maritáta ; mà ſe quéſto
être dans la ſienne , quand elle ſera mariée ; mais ſi cela
dipenderà da me. . . . . .
dépendra de moi. . . . . .

Aza , mio cáro , Aza , oh! quánto mi fù aggradévole
Aza , mon cher, Aza , oh! combien me fut agréable
la ſorpréſa che interrúppe jéri la mía léttera! Ahi!
la ſurpriſe qui interrompit hier la mienne lettre ! Hélas!
credéva di avèr pérſo per ſémpre quéi prezióſi mo-
Je croyois d'avoir perdu pour toujours ces précieux mo-
numénti déll' antíco nóſtro ſplendóre ; non ſperáva più
numents de l'antique notre ſplendeur ; ne j'eſpérois plus
di ricuperárli , non vi penſáva neppúre : nondiméno ne
de recouvrer les , ne y je penſois même pas : néanmoins en
ſóno circondáta ; li véggo, li tócco , ed appéna
je ſuis environnée ; les je vois , les je touche, & à peine
póſſo preſtàr fede a' miéi ócchj ed állé mie máni.
je puis prêter foi aux miens yeux & aux miennes mains.

Méntre io ti ſcrivéva , vidì entràr Celína ſeguíta
Tandis que je t'écrivois , je vis entrer Céline ſuivie
da quáttro uómini oppréſſi ſótto il péſo di gróſſi forziéri
de quatre hommes pliants ſous le poids de gros coffres
ch' éſſi portávano ; li poſárono a térra , e pói ſi riti-
qu' ils portoient ; les ils poſerent à terre , & puis ſe ils reti-
rárono. Penſái che fóſſero nuóvi dóni di Deterville.
rerent. Je penſai qu' ils fuſſent nouveaux dons de Déterville.

Già io mormoráva tacitaménte, allorchè Celína mi diſſe,
Déjà je murmurois tacitement, lorſque Céline me dit,
nel pórgermi alcúne chiávi: non vi turbáte ,Zi-
en préſentant me quelques clefs : ne vous troublez pas , Zi-
lia, aprite púre ; quéſto viéne per párte d'Aza; la
lia, ouvrez maintenant ; cela vient de la part d'Aza ; la
credétti. Al nóme túo, tútta di fiámma, aprj con
je crus. Au nom tien, toute de flamme , j'ouvris avec
precipitazióne, e fúi confirmáta nel mio erróre ;
précipitation , & je fus confirmée dans la mienne erreur ,
riconoſcéndo con iſtupóre, per ornaménti del ſá-
en reconnoiſſant avec étonnement, pour ornements du ſa-
cro Témpio del Sóle, quánto ſi offeríva álla mia
cré Temple du Soleil, tout ce qui s'offroit à la mienne
viſta.
vue.

Un ſentiménto confúſo di maninconía e d'allegrézza ;
'Un ſentiment confus de mélancolie & d'allégreſſe ,
di piacére e di cordóglio, regnáva nel mio cuóre.
de plaiſir & de peine, regnoit dans le mien cœur.
Proſtátami innánzi quéſte relíquie ſácre del nóſtro cúlto
Proſternée moi devant ces reliques ſacrées du notre culte
e de' nóſtri Altári, le baciái con gran riverénza,
& des notres Autels, les je baiſai avec grande révérence ,
e inaffiái cólle mie lágrime; non potéva ſtaccár-
& les baignai avec les miennes larmes; ne je pouvois éloigner
mene, ed avéva eziandío dimenticáto la preſénza di Ce-
m'en, & j'avois auſſi oublié la préſence de Cé-
lína, che mi tráſſe dálla mia éſtaſi, nel dármi úna
line, qui me tira de la mienne extâſe, en donnant à moy une
léttera da léggere.
lettre à lire.

Avéndo ſémpre la ménte preoccupáta del mio erróre,
Ayant toujours l'eſprit préoccupé de la mienne erreur,
credéi che veníſſe da te, ónde il mio conténto
je crus qu'elle venoit de toi, de-là le mien contentement
raddoppiò ;

raddoppiò ; mà benchè la leggéſſi con difficoltà , non
redoubla ; mais bien que la je luſſe avec difficulté , ne
tardái a conóſcere ch' éſſa éra di Deterville.
je tardai à connoître qu' elle étoit de Déterville.
Mi ſarà più fácile, Aza cáro, d' inviártene úna
A moy il ſera plus facile , Aza cher, d' envoyer t'en une
cópia, che di ſpiegártene il ſénzo.
copie , que d' expliquer t'en le ſens.

BIGLIÉTTO DI DETERVILLE.

BILLET DE DÉTERVILLE.

» *Quéſti teſóri ; bélla Zilia, ſóno vóſtri ; poichè li*
» Ces tréſors, belle Zilia , ſont vôtres , puiſque les
» *ho trováti ſópra la náve che vi portáva. Alcúne*
» j'ai trouvés ſur le navire qui vous portoit. Quelques
» *diſcuſſióni ſovraggiúnte fra i marinári, hánno ritar-*
» diſcuſſions ſurvenues parmi les mariniers, ont retar-
» *dáto finóra la reſtituzióne ch' io voléva fárve-*
» dé juſqu'à préſent la reſtitution que je voulois faire vous
» *ne. Avéva diſegnáto offerírveli io ſtéſſo ; mà*
» en. J' avois projetté d' offrir vous les moi-même ; mais
» *le inquietúdini che avéte dimoſtráte ſtammáne a*
» les inquiétudes que vous avez démontrées ce matin à la
» *ſorélla mía, non mi perméttono di differìr ún' iſ-*
» ſœur mienne, ne me permettent pas de différer un inſ-
» *tánte ad inviárveli. Non póſſo liberárvi tróppo*
» tante à envoyer vous les. Ne je puis délivrer vous trop
» *préſto da' vóſtri timóri ; prefferirò in ógni témpo*
» promptement de vos craintes ; je préférerai en tout temps
» *la vóſtra contentézza álla mía».*
» la votre ſatisfaction à la mienne».
Lo conféſſo con úna ſpécie di confuſióne, mío cáro
Le je confeſſe avec une eſpece de confuſion , mon cher

Z z

Aza; sentìi méno in quèl púnto la generosità di De-
Aza; je sentis moins en ce point la générosité de Dé-
tervílle , che il piacére di   dárgli   attestáti délla
terville , que le plaisir de donner à lui des attestations de la
mía.
mienne.

Pósi súbito in dispárte un váso che il cáso ,
Je posai subitement à   part   un vâse que le hazard ,
più che la cupidígia , ha fátto cadèr nélle máni
plus que la cupidité   , a fait tomber dans les mains
dégli Spagnuóli, è lo stésso (il mío cuóre l' ha riconos-
des Espagnols , c'est le même (le mien cœur l' a recon-
ciúto) che le túe lábbra toccárono nel giórno che
nu) que les tiennes lèvres touchèrent dans le jour que
ti compiacésti d' assaggiàr l' Aca (1) preparáto cólle
tu te plûs de goûter de l'*Aca* (1) préparé par les
míe máni. Più rícca con quésto tesóro che con
miennes mains. Plus riche avec ce trésor qu' avec
tútti gli áltri che mi érano restituíti , chiamái la
touts les autres qui m' étoient rendus , j' appellai les
génte che gli avéva portáti ; io voléva che li ri-
gens qui les avoient apportés; je voulois qu'ils les re-
pigliássero per riportárli a Dervílle : mà Celína s'op-
prissent pour reporter les à Déterville: mais Céline s'op-
póse al mió volére.
posa au mien vouloir.

Siéte pùr ingiústa, Zília, mi dìss' élla! cóme!
Vous êtes bien injuste, Zilia , me dit- elle ! comment !
pretendéte che fratéllo mío accétti da vói ric-
vous prétendez que frere mien accepte de vous des ri-
chézze imménse; da vói, díco, che l' offérta d' úna
chesses immenses, de vous, dis-je, que l' offre d' une

---

(1) *Bevánda degl' Indiáni.*
Boisson des Indiens.

minùzia offénde; rammentàvevi la vóſtr' equità , ſe vo-
minutie offenſe; rappellez-vous la votre équité , ſi vous vou-
léte inſpirárne àgli àltri.
lez inſpirer en aux autres.

Quéſte paróle mi fécéro impreſſióne. Temei che vi
Ces paroles me firent impreſſion. Je craignis qu'il y
fóſſe nel mío procédere maggiòr orgóglio e ven-
fût dans le mien procédé plus grand orgueil & ven-
détta che generoſità. Infàtti , v' è pochíſſima diſtànza
geance que générofité. En effet , y eſt très - petite diſtance
fra il vízio e la virtù. Confeſſài il mío fàllo ,
entre le vice & la vertu. Je confeſſai la mienne faute ,
pregài Celína di condonármelo ; cóme mi peſàva
je priai Céline de pardonner me la; comme me il peſoit
tróppo di non potèr eſercitàr la mía liberalità ; per
trop de ne pouvoir exercer la mienne libéralité ; pour
ottenérne la licénza da Celína , le díſſi con ún' ária
obtenir en la permiſſion de Céline , lui je dis avec un air
tímida : Non punitémi quánto io mérito, non iſ-
timide : Ne puniſſez moi pas autant que je le mérite , ne dé-
degnàte alcúni modélli del lavóro del nóſtro ſventu-
daignez pas quelques modeles du travail du notre malheu-
ráto paéſe ; ſiccóme non ne avéte biſógno, la mía
reux pays ; comme n' en vous avez pas beſoin , la mienne
preghiéra non déve offendérvi.
priere ne doit pas offenſer vous.

Méntre io parlàva, oſſervài che Celína riguardàva
Tandis que je parlois , j'obſervai que Céline regardoit
attentaménte dúe arbúſti d' óro cárichi d' uccélli e d' in-
attentivement deux arbuſtes d'or chargés d'oiſeaux & d'in-
ſétti ſquiſitaménte lavoráti ; mi affretái di offerírglieli
ſectes excellemment travaillés ; me je hâtai d' offrir lui les
con un ceſtíno d' argénto, che riempíi di quan-
avec une petite corbeille d' argent , que je remplis de quan-
tità di conchíglie di péſci e di fióri i méglio imitáti.
tité de coquilles de poiſſons & de fleurs les mieux imités.

Non pòſſo eſprimere quàl fù il mío conténto , nel
Ne je puis exprimer quel fut le mien contentement , dans le
véder il módo generóſo e benigno col quále éſſa ricéve
voir la maniere généreuſe & benigne avec laquelle elle reçut
quéi mediócri dóni.
ces médiocres dons.

Seélſi dópo várj Idoli délle nazióni vínte da tuói
Je choiſis après divers Idoles des nations vaincues par tes
antenáti, ed úna pícciola ſtátua che rappreſentáva úna
ancêtres, & une petite ſtatue qui repréſentoit une
Vérgine del Sóle ; vi aggiúnſi úna Tigre , un Lióne ed
Vierge du Soleil; y je oignis un Tigre, un Lion &
áltri animáli coraggióſi , e la pregái d' inviárli a
autres animaux courageux , & la je priai d'envoyer les à
Detervílle. Scrivétegli dúnque , mi diſſ' élla ſorridéndo ;
Déterville. Ecrivez-lui donc , me dit- elle en ſouriant ;
ſénza úna léttera da párte vóſtra , i dóni ſarébbero
ſans une lettre de la part votre , les dons ſeroient
mal accólti.
mal accueillis.

Io éra tróppo conténta per ricuſárle quéllo che mi
J' étois trop contente pour refuſer ce que me
chiedéva ; ſcriſſi quánto mi dettò la gratitúdine;
elle demandoit; j'écrivis tout ce que me dicta la gratitude ;
e , uſcíta che fù Celína, diſtríbuj píccioli regáli álla
&, ſortie dès que fut Céline, je diſtribuai de petits préſents à la
ſúa China e álla mía , e ne póſi in diſpárte per
ſienne *China* & à la mienne, & en mis à part pour
il mío maéſtro di ſcrittúra. Provái finalménte il deli-
le mien maître d' écriture. J'éprouvai finalement le déli-
zióſo piacére che ſi ha nel dáre.
cieux plaiſir qu' on a dans le donner.

Quéſto non è ſtáto però ſénza diſcerniménto , 'Aza
Ce n' a pas été pourtant ſans diſcernement , Aza
cáro ; tútto quéllo che viéne da te , o che ha rela-
cher; tout ce qui vient de toi , ou qui a des rela-
                                                             zióni

ȝióni intíme cólla túa mémória , non è uʃcíto
tions intimes avec le tien fouvenir , n' eft point forti
dálle míe máni.
des miennes mains.

La fédia d' óro che ʃi ʃerbáva nel témpio per il giórno
Le fiége d' or qu' on confervoit dans le temple pour le jour
délle viʃite del Capa-Inca, *túo augúʃto Pádre , collocáta*
des vifites du *Capa-Inca ,* ton augufte Pere , placée.
nélla mía cámera in fórma di tróno , mi rappré-
dans la mienne chambre en forme de trône , me repré-
ʃenta la túa grandéȝȝa e la maeʃtà del túo grádo.
fente la tienne grandeur & la majefté du tien rang.
L' immágine del Sóle , la quále víddi io ʃtéʃʃa ʃveller
L' image du Soleil , la quelle je vis moi-même arracher
dal Témpio dii perfidi Spagnuóli , ʃoʃpéʃa al di ʃópra
du Temple par les perfides Efpagnols , fufpendue au - deffus
délla ʃédia , éccita la mía venerazióne ; mi proʃtérno
du fiége , excite la mienne vénération ; me je profterne
avánti éʃʃa ; la ménte mía l' adóra ; mà tu séi il
devant elle ; l' efprit mien l' adore ; mais tu es le
ʃólo , Aȝa , che il mío cuòr adóra. I díe palmíȝi
feul , Aza , que le mien cœur adore. Les deux palmiers
che offeríʃti al Sóle per pégno délla féde che mi avévi
que tu offris au Soleil pour gage de la foi que me tu avois
giuráta , collocáti ái díe cánti del tróno , mi ram-
jurée , placés aux deux côtés du trône , me rap-
memórano le túe affettuóʃe e più vólte reiteráte
pellent les tiennes affectueufes & plufieurs fois réitérées
proméʃʃe di fedeltà.
promeffes de fidélités.

Divérʃi fióri ed uccélli ʃpárʃi con ʃimettría in túcti
Diverfes fleurs & oifeaux épars avec fymétrie dans touts
gli ángoli délla mía cámera , mi rappreʃéntano in
les coins de la mienne chambre , me repréfentent en
riʃtrétto quéi ʃontuóʃi giardíni , óve mi ʃóno coʃì ʃpéʃʃo
abrégé ces fomptueux jardins , où me je fuis fi fouvent

A a a

e così deliziosaménte occupàta délla tùa idéa.
& ſi délicieuſement occupée de la tienne idée.

Dovúnque ſi fiſſino i miéi àvidi ſguárdi, non
En quelqu'endroit que ſe fixent les miens avides regards, ne
védo cós' alcúna che non mi réchi a memória il
je vois choſe aucune qui ne me rappelle à ſouvenir le
tùo amóre, il mío giúbilo, la mía felicità, in ſómma
-tien amour, le mien plaiſir , la mienne félicité, en ſomme
tútto quéllo che farà per ſémpre il conténto délla
tout ce qui fera pour toujours le contentement de la
mía víta.
mienne vie.

LÉTTERA VÉNTESIMA-OTTAVA.

LETTRE VINGT.-HUITIEME.

Non ho potúto resíſtere, mio cáro Aza, álle iſtánze di
Ne j' ai pu réſiſter, mon cher Aza, aux inſtances de
Celína; ho dovúto seguírla, e ſiàm da dúe
Céline; j' ai dû ſuivre la, & nous ſommes depuis deux
giórni in quà nélla ſua vílla, óve il ſúo matrimónio
jours en çà dans la ſienne campagne, où le ſien mariage
fù celebráto, ſúbito che vi fúmmo giúnti.
a été célébré , auſſi-tôt que y nous fûmes arrivés.

Oh quánta violénza , quánto rincreſciménto provái nel
Oh quelle violence, quel chagrin j'éprouvai dans le
laſciàr la mía ſolitúdinè! O cára ſolitúdine! appéna
laiſſer la mienne ſolitude ! O chere ſolitude ! à peine
ſo godéva lo ſpettacólo déi prezióſi ornaménti che tu rin-
je goûtois le ſpectacle des précieux ornements que tu ren-

chiùdi , che sóno státa costrétta di abbandonárli ; e per
fermés, que j'ai été contrainte d'abandonner les; & pour
quánto témpo ? Non lo sò.
combien de temps ? Ne le je sçais pas.

Nel vedèr l'allegrézza ed i piacéri di cúi ognúno
Dans le voir l'allégresse & les plaisirs des quels chacun
pàr ésserst inebbriáto, mi ramménto, sofspirándo, quéi
paroît être s'enivré , me je rappelle , en soupirant , ces
giórni tranquílli ch'io passáva , Aza mío cáro , a
jours tranquilles que je passois , Aza mon cher , à
scríverti , o alméno a pensàr a te : eppúre non víddi
écrire te , ou au moins à penser à toi : cependant ne je vis
mái oggétti così nuóvi per me , così meraviglióst
jamais objets aussi nouveaux pour moi , aussi merveilleux
ed átti a distrármi ; e cóme ho presenteménte un cer-
& propres à distraire me ; & comme j'ai présentement un cer-
t' úso délla lìngua del paése , potréi ricreármi col
tain usage de la langue du pays , je pourrois récréer me avec le
mettérmi al fátto di tútto ciò che offérvo , se il rumóre
mettre moi au fait de tout ce que j'observe , si le bruit
ed il tumúlto lasciássero a qualchedúno la ménte líbera
& le tumulte laissoient à quelqu'un l'esprit libre
per rispondèr álle míe dománde ; mà sinóra
pour répondre aux miennes demandes ; mais jusqu'à l'heure
non ho trováto alcúno che si sía compiacciúto d'af-
ne j'ai trouvé aucun qui se soit complû d'é-
coltármi , di módo che sóno ancóra quási altreitánto
couter moi , de maniere que je suis encore presque autant
novízia ed inespérta , cóme io l'éra al mío ar-
novice & inexpérimentée , comme je l'étois à la mienne ar-
rívo in Fráncia.
rivée en France.

L'aggiustatézza dégli uómini e délle dónne è così
L'ajustement des hommes & des dames est si
brillánte e così cárica d'ornaménti inútili ; gli úni e
brillant & si chargé d'ornements inutiles ; les uns &

le   altre   parlano   con   tànta   rapidità, che la   mìa
les   autres   parlent   avec une ſi grande rapidité, que la mienne
attenzióne   ad   afcoltárli   ,   m' impedifce   di   vedérli ;   e
attention   à   écouter les ,   m' empêche   de   voir les ;   &
quélla   che   póngo   ad offervárli , m' impedifce d' intén-
celle   que je mets   à obſerver les , m' empêche de compren-
derli.   Rimàngo   con   ùna fpécie   di   ſtupidità,   ampìa
dre les. Je reſte   avec une eſpece de ſtupidité,   ample
matéria a'   lóro   schérzi   ,   fe   avéffero il   témpo   di
matiere aux   leurs   plaiſanteries ,   s' ils euſſent   le   temps   de
badárvi ;   mà   fóno talménte occupàti di   lóro ſteſſi ,
s'arrêter y ; mais ils font tellement   occupés   d' eux - mêmes ,
che   non si   accórgono   del   mìo   ſtupóre. Égli è
qu' ils ne s' apperçoivent pas du   mien étonnement. Il eſt
pùr   tróppo   fondàto,   Aza   cáro :   véggo   quì   alcùni
pourtant trop   fondé ,   Aza cher : je vois   ici quelques
prodìgj ,   le   di   cùi   caùfe   motrìci   fóno   impenetrábili
prodiges,   les des quels caufes motrices   font   impénétrables
àlla   mìa   immaginazióne.
à la   mienne   imagination.

Non ti   parlerò   délla vaghézza di quéſt' abitazióne ,
Ne   te je parlerai pas de la   beauté   de cette habitation ,
grànde   póco méno d'   ùna   città ,   ornàta   cóme   un
grande   un peu moins qu' une   cité ,   décorée comme un
témpio ,   e   riempìta di   mìlle   coferelle   piacévoli ,
temple ,   & remplie de   mille petites choſes agréables ,
délle quáli   védo fàr sì póco   ùfo ,   che non   póffo
des quelles je vois faire ſi   peu d'uſage, que   ne je puis
fàr   a méno di penfàre che i Francéſi àbbiano fcélto
faire à moins de penfer   que les François   aient   choiſi
il fupérfluo per l' oggétto del lor cúlto ;   gli confàcrano
le fuperflu pour l' objet   du leur culte; ils lui confacrent
le árti, che fóno in quéſto paéfe   mólto fuperióri àlla
les arts, qui font en   ce   pays beaucoup fupérieurs à la
natùra :   pàjono   volérla   foltánto imitàre , la fó-
nature : ils paroiſſent vouloir la feulement imiter , la ils fur-
pravánzano ;

pravànzano ; e fpéffo fi dirébbe che la lor indùftria
paffent ; & fouvent on diroit que la leur induftrie
nel fàr ùfo délle fùe produzióni , fóffe fuperióre àlla
dans le faire ufage des fiennes productions, fût fupérieure à la
fùa nel partorírle. Adùnano néi giardíni , e
fienne dans le produire les. Ils raffemblent dans les jardins , &
quáfi in un fol púnto di vífta, le vaghézze ch' éffa
prefque en un feul point de vue, les beautés qu' elle
diftribuífce con economía fóvra la fuperfície délla térra ,
diftribue avec économie fur la furface de la terre,
e gli eleménti dócili non pájono oftàr àlle lóro im-
& les éléments dociles ne paroiffent réfifter aux leurs en-
préfe , fe non per dàr maggiòr lùftro a' lóro
treprifes, fi - non pour donner plus de luftre aux leurs
triónfi.
triomphes.
Si véde la térra attónita nudrir ed allevàr nel fùo
On voit la terre étonnée nourrir & élever dans le fien
grémbro le piánte déi climi più remóti , fénz' áltra
giron les plantes des climats les plus éloignés, fans autre
neceffità apparénte , fuorchè quélla d' ubbidìr àlle árti ,
néceffité apparente , hors que celle d' obéir aux arts,
ed ornàr l' Idólo del fupérfluo. L' ácqua tánto fácile ad
& d'orner l' Idole du fuperflu. L' eau tant facile à
éffer divífa ; che fémbra non avèr confifténza fe non per
être divifée ; qui femble n' avoir de confiftence fi - non par
mézzo déi váfi che la conténgono , e la di cùi
le moyen des vâfes qui la contiennent, & la de laquelle
ingénita direzióne è di feguìr ógni fórta di pendío , fi
naturelle direction eft de fuivre toute forte de pente , fe
véde quì coftrétta di lanciàrfi rapidaménte néll' ária ,
voit ici contrainte de lancer fe rapidement dans l' air ,
fénza guída, fénza foftégno, per la fùa propría fórza, e
fans guide, fans foutien, par la fienne propre force, &
enz' áltra utilità che quélla di ricreàr la vífta.
fans autre utilité que celle de récréer la vûe.

Bbb

Il fuóco, mío cáro Aza, il fuóco, quél térribil ele-
Le feu, mon cher Aza, le feu, ce terrible élé-
ménto, l'ho vedúto, rinunziándo álla súa divoránte
ment, je l'ai vu, renonçant à la sienne dévorante
natúra, e, dirétto docilménte da úna poténza superióre,
nature, &, dirigé docilement par une puissance supérieure,
adottàr tútte le fórme chè gli véngono prescrítte; óra
adopter toutes les formes qui lui sont prescrites; tantôt
rappresentándo un vásto spázio luminóso in un ciélo
en représentant un vaste espace lumineux dans un ciel
oscuráto per l'assénza del Sóle; óra quéll' ástro divíno
obscurci par l'absence du Soleil; tantôt cet astre divin
discéso sópra la térra co' suói rággi, cólla súa atti-
descendu sur la terre avec ses rayons, avec la sienne acti-
vità, cólla súa lúce abbagliánte; in sómma in úno
vité, avec la sienne lumiere éblouissante; en somme dans une
splendóre che ingánna gli ócchi e l'intendiménto. Che
splendeur qui trompe les yeux & l'entendement. Quel
árte, Aza cáro! Che uómini! Che ingégno! Diméntico
art, Aza cher! Quels hommes! Quel esprit! J'oublie
tútte le lóro imperfezzióni, e ricádo, mío malgrádo,
toutes les leurs imperfections, & je retombe, moi malgré,
nélla prístina mía ammirazióne.
dans la premiere mienne admiration.

LÉTTERA VENTÉSIMA-NONA.

LETTRE VINGT. - NEUVIEME.

*N*ON *è fénza un véro difpiacére ; Aza mío cáro ;*
Ce n' eft pas fans un vrai déplaifir , Aza mon cher,
ch' ío páffo dáll' ammirazióne déll' ingégno déi Francéfi
que je paffe de l' admiration de l' efprit des François
al difprézzo déll' úfo ch' églino ne fánno. Mi dilèttava
au mépris de l' ufage qu' ils en font. Je me déleɛtois
finceraménte a ftimàr quéft' amábile nazióne ; mà i fuói
fincèrement à eftimer cette aimable nation ; mais les fiens
difétti fóno tánto evidénti , che non póffo fàr a méno
défauts font tant évidents , que ne je puis faire à moins
di avvedérmene.
d' appercevoir m'en.

Il tumúlto fi è finalménte acquetáto ; ho potúto fàr
Le tumulte s' eft finalement appaifé ; j' ai pu faire
alcúne dimánde , mi è ftáto rifpófto : ciò báfta in
quelques demandes, il m' a été répondu: cela fuffit dans
quéfto paéfe per fapérne più di quéllo che fi defidera.
ce pays pour fçavoir en plus que ce qu' on defire.
I Francéfi fvélano con ún' ingenuità quáfi incredíbile,
Les François dévoilent avec une ingénuité prefqu' incroyable,
e fcherzándo, i fecréti délla perverfità de' lóro coftúmi.
& en riant , les fecrets de la perverfité de leurs mœurs.
Per póco che síeno interrogáti , non occórre avèr ún'
Pour peu qu' ils foient interrogés , ne il faut avoir un
ingégno perfpicáce per ifcopríre che il lor gúfto sfrenáto
efprit perçant pour découvrir que leur goût effréné
per il fupérfluo ha corrótto in éffi il cuóre ed il fénno ;
pour le fuperflu a corrompu en eux le cœur & le fens ;

che ha ſtabilíto richézze chimériche ſóvra le rovíne del
qu' il a établi des richeſſes chimériques ſur les ruines du
neceſſário ; che ha ſoſtituíto úna civiltà ſuperficiále ái
néceſſaire ; qu' il a ſubſtitué une civilité ſuperficielle aux
buóni coſtúmi, e che ſupplíſce álla mancánza del ſáno
bonnes coutumes, & qu' il ſupplée au défaut du ſain
intendiménto e délla ragióne, con úna fáls' apparénza
entendement & de la raiſon, avec une fauſſe apparence
di ſpírito.
d' eſprit.

La vanità dominánte déi Francéſi è quélla di parèr
La vanité dominante des François eſt celle de paroître
rícchi. Il lor ingégno, le lóro árti e fórſe ánche le
riches. Le leur eſprit, les leurs arts & peut-être auſſi les
lóro ſciénze, tútto ha per míra il faſto, tútto concórre
leurs ſciences, tout a pour but le faſte, tout concourt
álla rovína délle facoltà ; e cóme ſe la fecondità del
à la ruine des facultés ; & comme ſi la fécondité du
lor ingégno non baſtáſſe pér multiplicárne gli oggétti ;
leur génie ne ſuffiſoit pas pour multiplier en les objets ;
ho ſapúto da lóro ſtéſſi che in diſprégio délle produ-
j' ai ſçu d' eux-mêmes qu' au mépris des produc-
zióni neceſſárie ed aggradévoli, di cúi abbónda la
tions néceſſaires & agréables, des quelles abonde la
Fráncia, fánno venír, a gran cóſto (1), da tútte
France, ils font venir, à grand coût (1), de toutes
le párti del móndo, le ſuppelléttili frágili ed inútili
les parties du monde, les meubles fragiles & inutiles
che fánno l' ornaménto délle lóro cáſe ; le aggiuſtatézze
qui font l' ornement de leurs maiſons ; les ajuſtements
abbagliánti délle quáli ſóno copérti, ed eziandío
éblouiſſants par les quels ils font couverts, & même
le vivánde ed i licóri che compóngono i lor
les vivres & les liqueurs qui compoſent les leurs
páſti.
pâtures.

Si

Si potrébbe fôrfe , Aza cáro , perdonàr ái Francéfi
On pourroit peut-être , Aza cher , pardonner aux François
l'eccéffo délle lóro fuperfluità , fe avéffero tefóri baf-
l'excès de leurs fuperfluités , s'ils avoient des tréfors fuf-
tánti per contentàr il lóro frivolo gúfto , o che non vi
fifants pour contenter le leur frivole goût , ou que ne y
fpendéffero , fe non il rimanénte di quéllo che è
ils dépenfaffent , fi - non le reftant de ce qui eft
neceffário al manteniménto convenévole délle lóro fa-
néceffaire au maintien convenable de les leurs fa-
míglie.
milles.
Le nóftre léggi , le più perfétte che fiansi dáte
Les notres loix , les plus parfaites qui aient été données
ágli úomini , perméttono in ógni ftáto un cérto decóro
aux hommes , permettent dans tout état un certain décorum
che caratteríza la condizióne ovvéro le richézze ; e che
qui caractérife la condition ou-bien les richeffes , & qui
rigorofaménte potria chiamárfi fupérfluo , ónde ío condánno
rigoureufement pourroit nommer fe fuperflu , d'où je condamne
folaménte il fupérfluo che proviéne da ún' imaginazióne fre-
feulement le fuperflu qui provient d'une imagination dé-
goláta , che non fi può foftenèr fénza mancàr ai débiti
réglée , qui ne fe peut foutenir fans manquer aux devoirs
déll' umanità é délla giuftízia ; quél fupérfluo in fómma di
de l'humanité & de la juftice ; ce fuperflu en fomme de
cúi fóno idolátri i Francéfi , ed al quále facrifícano
qui font idolâtres les François , & au quel ils facrifient
la lor quiéte ed il lor onóre.
la leur quiétude & le leur honneur.
Vi è fra éffi úna cláffe de cittadíni in iftáto di
Y eft entre eux une claffe de citoyens en état de
portàr il cúlto di quéfto lor idólo al fuprémo grádo di
porter le culte de ce leur idole au fuprême degré de
fplendóre , fénza mancàr al débito del neceffário. I
fplendeur , fans manquer au devoir du néceffaire. Les

gran Signóri hanno volúto imitárli ; mà   fóno i már-
grands Seigneurs ont   voulu imiter les; mais ils font les mar-
tíri di quéfta Religióne. Che   péne ! Che imbarázzo !
tyrs de cette Religion. Quelles peines ! Quel embarras !
Che fatíca , per foftenèr la lóro fpéfa eccedénte le
Quelle fatigue , pour foutenir la leur dépenfe excédente les
lor entráte ! Vi fóno póchi   gran Signóri che non
leurs rentrées ! Y font peu de grands Seigneurs qui ne
méttano in úfo maggiòr indúftria , fagacità e
mettent point en ufage plus grande induftrie , fagacité &
fuperchiería per diftinguerfi con   váne fontuofità , che
fupercherie pour diftinguer fe avec une vaine fomptuofité, que
i lóro antenáti impiegárono prudénza , valóre e
les leurs ancêtres n' employerent de prudence , de valeur &
talénti útili állo Státo , per illuftràr il lóro próprio
de talents utiles à l' Etat , pour illuftrer le leur propre
nóme. Non crédder già , Aza cáro , ch' io t' ingánni ;
nom. Ne croire déjà , Aza cher , que je te trompe ;
ódo ógni giórno con ifdégno cérti gióvani
j'entends chaque jour avec dédain certains jeunes-gens
conténder fra lóro , a chi sía il più fcáltro per ca-
difputer entr' eux , à qui foit le plus adroit pour ti-
vàr le fuperfluità délle quáli fi addórnano , dálle máni
rer les fuperfluités des quelles fe ils ornent , des mains
di quélli che lavórano unicaménte per non mancàr
de ceux qui travaillent uniquement pour ne point manquer
del bifognévole.
du néceffaire.
Che difprézzo non infpirébbero táli uómini per
Quel mépris n' infpireroient pas de tels hommes pour
tútta la nazióne , fe non fapéffi , per áltra párte ,
toute la nation , fi ne je fçuffe pas , par autre part ,
che i Francéfi péccano più comuneménte per non avèr
que les François péchent plus communément par n' avoir
un' idéa giúfta délle cófe , che per mancánza di
point une idée jufte des chofes, que par manquement de

rettitúdine. La lor leggierézza di caráttere non ammétte
droiture. La leur légèreté de caractère n' admet
quáfi mái un ragionaménto fódo. Non conófcono nè
prefque jamais un raifonnement folide. Ne ils connoiffent ni
fério , nè rifleffióne; fórfe neffúno d' éffi ha mái
férieux , ni réflexion ; peut-être aucun d' eux n' a jamais
pefáto le conféquénze diffamánti del fúo módo di
pefé les conféquences déshonorantes de la fienne façon de
procédere. Bifógna parèr rícco ; quéfta è úna móda,
procéder. Il faut paroître riche ; c' eft une mode,
ún' abitúdine, la féguono ; fe fi offerífce ún' inconve-
une habitude, la ils fuivent; fi s' offre un inconvé-
niénte, lo fúperano con ún' ingiuftizía ; crédono fol-
niént , le ils furpaffent par une injuftice ; ils croient feu-
tánto di trionfàr d' úna difficoltà ; mà l' illufióne va
lement de triompher d' une difficulté ; mais l' illufion va
più óltre.
plus outre.

Nélla maggiór párte délle cáfe , l' indigénza ed
Dans la majeure partie des maifons , l' indigence &
il fupérfluo fóno feparáti da un fol appartaménto. Quéfti
le fuperflu font féparés par un feul appartement. Ces
dúe oggétti fánno alternativaménte l' occupazióne délla
deux objets font alternativement l' occupation de la
giornáta , má in un módo mólto divérfo. La mattína,
journée , mais en une maniere beaucoup différente. Le matin ,
néll' intérno del gabinétto , fi óde la vóce délla po-
dans l' interieur du cabinet , on entend la voix de la pau-
vertà annunziáta da ún' uómo ftipendiáto per trovàr il
vreté annoncée par un homme payé pour trouver le
módo di conciliárla cólla fálfa opulénza : il faftídio e
moyen de concilier la avec la fauffe opulence : l' ennui &
l' anfietà prefiédono a quéfti difcórfi, chè finífcono il
l' anxiété préfident à ces difcours, qui finiffent le
più délle vólte col facrifício del neceffário , che vièn
plus de fois avec le facrifice du néceffaire , qui eft

immoláto al supérfluo. Il rimanénte del giórno,   dópo   avèr
immolé au superflu. Le   restant   du   jour   ,   après   avoir
préso ún' áltr' ábito, un' áltro appartaménto, e   quáfi   ún'
pris un autre habit , un autre appartement , & prefque uni
altr' éffere; abbagliáti dálla própria magnificénza ,   fóno
autre ètre ;   éblouis par la   propre   magnificence , ils font
allégri,   fi   dícono   felíci ,   e l' illufióne va tánt' óltre ,
joyeux, ils fe difent heureux, & l' illufion va   tant loin ,
che   fi   crédono rícchi.
qu' ils fe croient   riches.

Ho nondiméno offervàto che   alcúni   di quélli che
J' ai néanmoins   obfervé que quelques-uns de ceux qui
ofténtano il lor fáfto con   maggiòr affettazióne ,   non
montrent le leur fafte avec   plus grande affectation ,   ne
prefúmono   fémpre d' ingannàr il Público. Allóra fchér-
préfument pas toujours de tromper le Public.   Alors ils plai-
zano intórno   délla lóro própria indigénza ;   infúltano
fantent à l'entour de la leur propre indigence ; ils infultent
con allegría la   memoría de' lóro antenáti , la di cúi
avec joie   la mémoire de leurs ancêtres , la de qui
fággia economía fi contentáva di veftiménti cómodi ,
fage économie fe contentoit   de vêtements commodes,
d' acconciaménti e di móbili proporzionáti álle lóro en-
d' aifances   & de meubles proportionnés à les leurs re-
tráte , più che álla lor condizióne.
venus, plus qu' à la leur condition.

La lor famíglia e la lóro   fervitù   godévano , per
La leur famille   & le leur domeftique jouiffoient , pour
quánto fi díce , ún' abbondánza frugále ed onéfta ;
autant qu' on dit , d'une abondance frugale & honnête ;
dotávano le lóro fíglie; ftabilívano fóvra fonda-
ils dotoient les leurs filles; ils établiffoient fur des fonde-
ménti fódi la fortúna del fuccessóre del lor nóme ,
ments folides la fortune du fuccefleur de leur nom ,
e tenévano fémpre in rifêrva di che rimediàr álla
& ils tenoient toujours en réferve de quoi remédier à la
difgrázia

disgrázia d' ún' amíco , o di ún' infelíce.
difgrâce d' un ami , ou d' un infortuné.

Lo crederéfti tu , Aza cáro? Non oftánte l' afpétto
Le croirois - tu , Aza cher? Non - obftant l' afpe&
ridícolo fótto il quále mi érano rappresentáti i coftúmi
ridicule fous le quel m' étoient repréfentées les coutumes
di quéi témpi remóti ; mi piacévano talménte , e
de ces temps reculés ; à moy elles plaifoient tellement , &
mi parévan tánto confórmi áll' ingenuità de' nóftri,
me elles paroiffoient tant conformes à l' ingénuité des nôtres,
che lafciandómi fedúr dáll' illufióne , il mío cuóre
qu' en laiffant me féduire par l' illufion , le mien cœur
prováva un conténto intérno ad ógni circoftánza ,
éprouvoit un contentement interne à chaque circonftance ,
cóme fe al fíne délla narrazióne avéffi dovúto trovár-
comme fi au bout de la narration j' euffe dû trouver
mi fra i nóftri cári Cittadíni. Mà ái primi ap-
moi entre les notres chers Citoyens. Mais aux premiers ap-
pláufi che ho dáti a quéfti coftúmi così fávj ,
plaudiffements que j' ai donnés à ces coutumes fi fages ,
gli áftanti fi fóno pófti a ríder così fmifurataménte , che
les affiftants fe font mis à rire fi démefurément , que
mi hánno difingannáta , e mi fon trováta al fíne
moi ils ont détrompée , & me je fuis trouvée à la fin
tra i Francéfi infenfáti di quéfto témpo , i quáli fi
entre les François infenfés de ce temps , les quels fe
glóriano délla lóro pazzía.
glorifient de la leur folie.

La medéfima depravazióne che ha transformáto i béni
La même dépravation qui a transformé les biens
fólidi déi Francéfi in minúzie inútili , ha pariménte
folides des François en minuties inutiles , a pareillement
allentáto i víncoli délla lor società. I più affennáti
affoibli les liens de la leur fociété. Les plus fenfés
tra éffi che ne gémono , mi hánno afficuráta che
entr' eux qui en gémiffent , m' ont affurée que
D d d

áltre   vólte , (cóme fi prática. fra   nói ,) l' o-
autres   fois , (comme fe pratique   entre nous ,) l'hon-
néfta regnáva néll' ánima , e l' umanità   nel cuóre :
nêteté régnoit dans l' âme , & l'humanité dans le cœur :
quéfto può éffere. Mà   óra   quéllo che   chiámano
cela   peut être. Mais à préfent   ce   qu' ils appellent
urbanità , férve lóro di   virtù ; quéfta confífte in un'
urbanité ,   fert à leur de vertus;   elle   confifte dans une
infinità di paróle fénza fignificáto , di rifguárdi fénza
infinité de paroles fans fignification , de regards. fans
ftíma , e d' apparénze di zélo fénz' affétto.
eftime , & d' apparence de zèle fans affection.
   Nélle principáli   cáfe , un   férvo ha l' incombénza
   Dans les principales maifons , un ferviteur a la   charge
di compìr ai dovévi délla fociéta ; quéfto va in   vólta
de vaquer aux devoirs de la fociété ;   il   eft dans un temps
frettolófo per andàr a dìr all' úno che il fúo padróne
affairé pour aller   dire à l' un que le fien maître
è anfiófo di fapére cóm' égli ftà di falúte ; all' áltro ,
eft inquiet de fçavoir comment il eft   de fanté ; à l' autre ,
che fi afflígge del fúo cordóglio , o che   fi rallégra
qu' on s' afflige de fon chagrin , ou qu' on fe réjouit
délle fúe contentezze. Al fúo ritórno , non fi afcóltano
des fiennes fatisfactions. A fon retour , ne s' écoutent
   le ripófte ch' égli réca. Si è convenúto fcambievol-
pas les réponfes qu' il   rend. On eft   convenu réciproque-
ménte di contentárfi délla formalità , fénza preténder
ment de contenter fe de la formalité , fans prétendre
niénte áltro.   Tàl è l' amicízia in quéfto paéfe.
rien   autre chofe. Telle eft l' amitié dans ce   pays.
   Cérti convenévoli si adempífcono perfonalménte   e
   Certaines honnêtetés   fe rempliffent perfonnellement &
con tánto fcrúpulo , che   degenérano in puerilità. Il
avec tant de fcrupule , qu' elles dégénerent en puérilité. Le
raccontarli farébbe ridícolo , fe non fi dovéffe   fapèr
raconter les feroit ridicule , fi ne on dût pas fçavoir

tútto di quéſta ſtraordinária nazióne. Uno commeterébbe
tout de cette extraordinaire nation. Un commettroit
ún’ incivilità vérſo i ſuói ſuperióri, ánzi vérſo i
une incivilité envers les ſiens ſupérieurs, même envers les
ſuói uguáli, ſe dópo éſſerſi leváto da távola, óve pranzò
ſiens égaux, ſi après être ſoi levé de table, ou dîné
famigliarménte con éſſi, domandáſſe da bére per eſtín-
familiérement avec eux, il demandoit à boire pour étein-
guer ún’ ardénte ſéte, ſénza chiéderne la licénza, e
dre une ardente ſoif, ſans requérir en la licence, &
ſcuſárſi mílle e mílle vólte. S’ imputerébbe pariménte
excuſer ſe mille & mille fois. On imputeroit pareillement
ad úno, cóme irreverénza, s’ égli laſciáſſe toccàr im-
à un, comme impoliteſſe, s’ il laiſſoit toucher im-
prudentaménte il ſúo ábito a quéllo d’ úna perſóna ri-
prudemment le ſien habit à celui d’ une perſonne con-
guardévole cóme ánche ſe ardíſſe mirárla attentaménte ;
ſidérable comme auſſi s’ il óſoit regarder elle attentivement ;
mà ſe non la guardáſſe in verùn módo, quéſto ſarébbe
mais ſi ne la regardoit en aucune façon, ce ſeroit
mólto péggio. Avréi biſógno di maggior intellétto e
bien pis. J’aurois beſoin d’ un plus grand entendement &
d’ úna migliòr memória, per fárti le deſcrizióne di
d’ une meilleure mémoire, pour faire te les deſcriptions de
tútte le minúzie che ſi repútano riſguárdi ; vóce che ſigní-
toutes les minuties qui ſe réputent égards ; parole qui ſigni-
fica quáſi ſtíma.
fie preſque eſtime.
Circa la converſazióne che, in quéſto paéſe,
A l’égard de la converſation qui, dans ce pays,
non è áltro che ún’ abbondánza di paróle inútili
n’ eſt autre choſe qu’ une abondance de paroles inutiles
ed un váno rumóre, udirái tu ſtéſſo, Aza mío cáro,
& une vaine rumeur, tu entendras toi-même, Aza mon cher,
quándo ci ſarái, che l’ eſaggerazióne, ritrattáta ſúbito
quand y tu feras, que l’ exagération, retirée auſſi-tôt

ch' è *pronunziáta,* è *la* *súa* *sóla* *ed* *etérna* *báse.*
qu'elle eſt prononcée , eſt la ſienne ſeule & éternelle bâſe.

I *Francéſi* *mancáno* *di* *rádo* *d'* *aggiúnger* *un* *compliménto*
Les François manquent rarement d'ajouter   un compliment

ſupérfluo *a* *quéllo* *che* *gía* *lo* *éra* *,* *con* *intenzióne* *di*
ſuperflu à celui qui déjà l'étoit , avec intention de

perſuadére *che* *non* *ne* *fánno* *Protéſtano* *con* *adu-*
perſuader que n' en ils font pas. Ils proteſtent avec des flat-

lazióni *eccessíve* *,* *délla* *ſincerità* *délle* *lódi* *che* *pro-*
teries exceſſives, de la ſincérité   des louanges qu'ils pro-

dígano *,* *ed* *accompágnano* *le* *lóro* *proteſtazióni* *d'* *amóre*
diguent, & ils accompagnent les leurs proteſtations   d'amour

e *d'* *amicízia* *con* *tánti* *términi* *inútili* *,* *che* *quéſto* *non*
& d'amitié   avec tant de termes inutiles, que ce   ne

può *éſſer* *il* *linguággio* *del* *ſentiménto.*
peut être le   langage du ſentiment.

Oh, *Aza* *mío* *cáro* *!* *quánto* *déve* *parèr* *lóro* *in-*
Oh, Aza mon   cher ! combien doit paroître à eux in-

sípida *la* *ſimplicità* *délle* *míe* *eſpreſſióni* *,* *e* *la* *póca*
ſipide la ſimplicité des miennes expreſſions, & le   peu

premúra *che* *ho* *di* *parláre!* *Nè* *crédo* *già* *che*
d'empreſſement que j'ai de parler ! Ne je crois déjà que

il *mío* *ingégno* *inſpíri* *lóro* *maggióre* *ſtíma.* *Uno*
le mien eſprit inſpire leur une plus grande eſtime. Un

non *può* *meritàr* *riputazióne* *in* *quéſto* *génere* *,* *ſe* *non*
ne peut pas mériter réputation en   ce   genre , s'il n'.

ha *dáto* *próve* *di* *úna* *gran* *ſagacità* *néll'* *iſcoprír*
a donné des preuves d'une grande ſagacité dans le découvrir

i *divérſi* *ſignificáti* *délle* *vóci* *,* *e* *nel* *dar* *lóro*
les diverſes ſignifications des paroles, & dans le donner à elles

un *ſénſo* *dissímile* *dal* *naturále.*
un ſens diſſemblable du   naturel.

Égli *déve* *procuráre* *d'* *eſercitàr* *l'* *attenzióne* *di* *quélli*
Il doit s'efforcer d'exercer l'attention de ceux

che *l'* *aſcóltano* *,* *con* *offerìr* *lóro* *concétti* *acúti* *e* *ſpéſſo*
qui l'écoutent, avec l'offrir leur des penſées fines & ſouvent

impenetrábili 2

impenetrábili , oppúre d' ornárne l' ofcurità con mílle
impénétrables , ou bien d' orner en l' obfcurité avec mille
efpreffióni frívoli e brildánti.
expreffions frivoles & brillantes.

Ho létto in úno de' lóro più pregiáti Libri : « Che ,
J' ai lu dans un des leurs plus précieux Livres: « Que ,
» *nélla converfazióne , il talénto délla génte fcélta è di*
» dans la converfation , le talent de la nation choifie eft de
» *dir piacevolménte coferélle da núlla , di non per-*
» dire agréablement de petites chofes de rien , de ne per-
» *métterfi mái il mínimo difcórfo fenfáto , fe quéfto difétto*
» mettre fe jamais le moindre difcours fenfé , fi ce défaut
» (*cio è di ragionáre) non è riparáto dálle grázie*
» (c'eft-à-dire de raifonner) n' eft réparé par les grâces
» *del difcórfo ; e finalménte di mafcheràr la ragióne ,*
» du difcours ; & finalement de mafquer la raifon ,
» *quándo úno è coftrétto di prodúrla ».*
» quand un eft contraint de produire la ».

Che cófa potréi io dírti di più , per provárti che
Quelle chofe pourrois-je dire à toy de plus , pour prouver te que
il fáno intendiménto e la ragióne , qualità le più
le fain entendement & la raifon , qualités les plus
effenziáli déll' ingégno , fóno quì fprezzáti , cóme
effentielles de l' efprit , font ici méprifés , comme
qualfisía áltra cófa útile. In fómma , mío cáro
quelle que ce foit autre chofe utile. En fomme , mon cher
Aza , il fupérfluo dómina così fovranaménte in Fráncia ,
Aza , le fuperflu domine fi fouverainement en France ,
che úno è póvero con úna fortúna mediócre , insípido
qu' un eft pauvre avec une fortune médiocre , infipide
cólla fóla virtù , e fciócco , fe non ha áltro
avec la feule vertu , & fot , s' il n' a autre chofe
che un' intendiménto fáno.
qu' un entendement fain.

E e e

LÉTTERA TRENTÉSIMA.
LETTRE TRENTIEME.

IL *passàr da ùn' eſtrémo àll' àltro è talmente il ca-*
Le paſſer d' un extrême à l' autre eſt tellement le ca-
ràttere generàle déi Francéſi, Aza mío càro, che De-
ractere général des François, Aza mon cher, que Dé-
tervílle, benchè partécipi póco ài difétti délla ſùa
terville, quoiqu' il participe peu aux défauts de la ſienne
nazióne, non è però eſénte da quéſto.
nation, n' eſt pourtant pas exempt de celui-là.

Non conténto di oſſervàr la proméſſa da lùi fàttami
Non - content d' obſerver la promeſſe par lui faite à moi
di non parlàrmi più d' amóre, égli ſchíva in ógni
de ne parler à moy plus d' amour, il eſquive en toute
occaſióne di trovàrſi a cànto mío. Coſtretti di vedér-
occaſion de trouver ſe au côté mien. Contraints de voir
ci ad ógni moménto, non ho ancòr trováto l' oppor-
nous à tout moment, ne j' ai pas encore trouvé l' oppor-
tunità di parlàrgli.
tunité de parler à lui.

Ancorchè la compagnía sìa mólto numeróſa e
Encore que la compagnie ſoit beaucoup nombreuſe &
mólto allégra, la maninconía régna di contínuo nel
beaucoup allegre, la mélancolie regne continuellement ſur le
ſùo vólto, di módo che s' indovína facilménte ch'égli
ſien viſage, de maniere qu' on devine facilement qu' il
ſi fà violénza per ſubìr la légge che ſi è impóſta.
ſe fait violence pour ſubir la loi qu' il s' eſt impoſée.

Dovréi fórſe avérgliene quàlche ſpécie d' óbbligo ;
Je devrois peut-être avoir lui en quelqu' eſpèce d' obligation ;

mà   ho tánte dománde da fárgli intórno gl' intéreſſi del
mais j'ai tant de queſtions à faire à lui ſur les intérêts du

mío cuóre , che non   póſſo perdonárgli l' affettazióne
mien cœur , que ne je puis   pardonner lui l' affectation

cólla quále éſſo mi fúgge.
avec la quelle il me fuit.

Vorréi interrogárlo círcá la léttera che ha ſcrítta
Je voudrois interroger le ſur   la lettre qu' il a   écrite

in Iſpágna , e dimandárgli ſe   può éſſervi giúnta a
en Eſpagne , & demander lui ſi elle peut être y arrivée à

quéſt' óra ;   vorréi ſapèr precíſaménte il témpo délla
cette heure; je voudrois ſçavoir préciſément le temps du

túa parténza , e quánto ne   impiegherái   nel túo
tien départ , & combien en tu employeras dans le tien

viággio , affíne di fiſſàr quéllo délla mía felicità. Una
voyage ,   afin de fixer celui de la mienne félicité. Une

ſperánza bén fondáta è , per coſì díre, ún béne effettívo;
eſpérance bien fondée eſt , pour ainſi dire, un bien effectif;

mà , Aza cáro, éſſa è ancòr più gráta, quándo ſenè
mais , Aza cher, elle eſt encore plus agréable, quand s' en

véde il términe vicíno.
voit le terme prochain.

Non   partécipo in alcùn módo ái piacéri délla
Ne je participe en aucune maniere aux plaiſirs de la

villeggiatúra ; ſóno tróppo tumultuóſi per l'ánimo mío ;
campagne ; ils ſont trop tumultueux pour l' eſprit mien;

non gódo più délla converſazióne di Celína ; éſſa è
ne je jouïs plus de la converſation de Céline ; elle eſt

talménte occupáta del ſúo nuóvo ſpóſo, che póſſo
tellement occupée du ſien nouvel époux , que je puis

appéna trovàr alcúni moménti per ſoddisfàr ái dé-
à peine trouver quelques moments pour ſatisfaire aux de-

biti déll' amicízia. Il rimanénte délla compagnía non
voirs de l' amitié.   Le reſtant de la compagnie ne

mi gradíſce, ſe non a proporzióne che póſſo cavárne
me plaît , ſi non à proportion que je puis tirer en

notízie círca i divérſi oggétti délla mía curioſità,
des notions ſur les divers objets de la mienne curioſité,
e non ſenè offeríſce ſémpre l' occaſióne ; perció
& ne s'en offre pas toujours l' occaſion ; parce qu' en
trovándomi ſpéſſo ſóla, benchè attorniáta da mólta
trouvant moy ſouvent ſeule, bien qu' entourée de beaucoup
génte, non ho áltri trattenimenti che i miéi pen-
de gens, ne j' ai d' autres amuſements que les miens pen-
ſiéri : ſóno tútti dirétti a te, idólo del mío cuóre ;
ſers : ils ſont touts dirigés vers toi, idole du mien cœur ;
ſaráí per ſémpre il ſólo confidénte délla mía ánima,
tu ſeras pour toujours le ſeul confident de la mienne âme,
de' miéi piacéri e délle mie péne.
des miens plaiſirs & des miennes peines.

JOURNAL D'EDUCATION.

ÉTUDE DES LANGUES ETRANGERES.

COURS DE LANGUE ITALIENNE.

PREMIER AOUT 1783.

Cet Ouvrage est destiné à fournir aux Parents qui ne veulent pas suivre les méthodes accréditées par la routine, des moyens d'instruction qui abregent le cours d'études des jeunes personnes des deux sexes.

Ce Journal portera successivement sur touts les objets qui pourront intéresser l'éducation physique & morale des jeunes personnes : Étude des Langues étrangeres, de l'Histoire ancienne & moderne, de la Géographie, de la Physique & de l'Histoire Naturelle ; de la Morale, des Belles-Lettres ; des principes & des manœuvres des Arts ; rien ne paroîtra étranger à l'instruction des personnes qui s'y abonneront.

ÉTUDE des Langues étrangeres.

Ce qui se passe sous un sol très-éloigné du nôtre, conduit souvent ceux qui l'habitent à des découvertes que le local seul fournit. Le défaut des mêmes circonstances feroit attendre

2

très-longtems les connoissances qui résultent de ce concours. L'étude des langues en feroit jouïr tout-d'un-coup. Plus la facilité de les entendre fera rare, plus il faudra de temps pour tourner au profit de notre instruction les Livres composés chez les peuples qui parlent chacune des différentes langues connues. Pour opérer en ce genre une révolution avantageuse au Commerce, aux Sciences & aux Arts, le Journal d'Education commencera le cours de ses instructions par la publication d'une Méthode à l'aide de laquelle les jeunes personnes, les Dames, les Négociants & les hommes de toutes sortes de professions, pourront apprendre successivement sans Maître, l'Italien, l'Anglois, l'Espagnol, le Portugais, l'Allemand, &c. La lecture de quatre pages par jour d'un Ouvrage intéressant, écrit dans la langue qu'on enseignera, donnera, en trois ou quatre mois au plus, la facilité de lire tous les Ouvrages écrits dans chaque langue. On ne lira pour cette étude ni Grammaire ni Dictionnaire.

La Musique des compositeurs Italiens prenant tous les jours un ascendant plus impérieux sur nous, on commencera l'étude des Langues par celle du peuple qui s'est emparé, en Musique, de nos Théâtres chantants (1). Notre commerce avec l'Amérique & l'Angleterre, nos rapports avec l'Espagne, nous rendent très-nécessaire l'étude des Langues Angloise & Espagnole. Les méthodes qui serviront à apprendre ces deux Langues, seront distribuées après le Cours de Langue Italienne.

E T U D E de l'Histoire ancienne & moderne, & de la Géographie.

L'homme abandonné à lui-même ressemble à l'arbre qui reste sauvage tant que la culture ne perfectionne pas ses fruits. L'éducation & l'étude élevent seules l'homme de tous les pays au-dessus des êtres de son espece que l'ignorance tient dans la barbarie. L'Histoire de toutes les nations conduit à la même observation. S'il y a quelque plaisir à les regarder dans leur berceau, il y a bien plus d'agrément à les suivre dans leur développement, à les voir croître sur la terre qu'elles soumettent à leur domination, comme un arbre qui en s'aggrandissant couvre de son ombre le sol où il est né. On ne peut bien connoître les hommes qu'en les observant sur tous les points de la Terre où ils sont établis. Le cours des Langues Italienne, Angloise & Espagnole, &c. sera suivi ou accompagné d'un précis court des annales de tous les Peuples.

É T U D E de la Géographie.

On donnera en même tems les connoissances géographiques qui feront nécessaires pour l'intelligence de chaque Histoire.

É T U D E de la Physique, de l'Histoire Naturelle, des Arts, des Belles-Lettres, &c.

La Physique & l'Histoire Naturelle fixent aujourd'hui l'attention de presque toutes les personnes qui aiment à s'instruire.

Tous les effets de la Nature sont examinés, suivis, étudiés avec une réflexion qui semble diminuer tous les jours l'obscurité dans laquelle la Nature opere ses merveilles. Cette étude, si intéressante pour le cœur & l'esprit, marchera à la suite dans le cours d'éducation avec celle de l'Histoire, de la Morale, des Arts, & de notre Littérature, qui doit tenir un rang très-marqué dans le nombre des connoissances auxquelles la Jeunesse doit être appliquée.

---

(1) Les personnes qui aiment à chanter l'Italien, pourront envoyer au Bureau du Journal d'Education les différentes Ariettes qu'elles voudront chanter, on en donnera dans le Journal l'explication littérale.

Les Latins ont des Ouvrages que les femmes, les hommes même qui ne fçavent pas leur langue, liroient avec plaifir. On diftribuera chaque année, par cahiers, quelques-uns de ces Ouvrages précieux dont le bon goût fera toujours l'éloge. Ces Livres feront traduits en François & accompagnés d'obfervations qui en rendront la lecture & plus facile & plus inftructive. Cet article fera intitulé, dans le Journal d'Education, *Lecture des Auteurs anciens.*

LECTURE des Livres modernes.

Nous avons dans notre Langue quelques Ouvrages fur la lecture defquels les jeunes perfonnes ont befoin de confeils. On les guidera dans cette lecture par le rapprochement des regles que le bon goût a pofées. On leur fournira toutes les connoiffances qui pourront fuppléer à l'infuffifance de leurs lumieres & de leur inftruction.

NOUVELLES productions des Sciences, des Belles-Lettres & des Arts.

Les richeffes de la Littérature & des Sciences augmentent touts les jours. Pour que tout le monde puiffe connoître chaque année les Livres qui auront été mis en vente dans Paris, on diftribuera touts les mois un catalogue des Ouvrages qui auront été annoncés dans les Journaux. Ce Catalogue commencera au mois de Février 1784.

CONDITIONS.

Le 1er des mois d'Août, de Septembre, d'Octobre & de Novembre, on diftribuera un cahier de huit feuilles d'impreffion *in-4°*, ou de 64 pages. A l'aide de ces Cahiers, on pourra lire & expliquer, pendant deux mois, un Auteur écrit en profe Italienne, & pendant deux autres mois, la Jérufalem délivrée du Taffe.

Dans les mois de Janvier, Février, Mars & Avril 1784, on diftribuera un pareil nombre de cahiers à l'aide defquels on expliquera, dans le même intervalle de tems, un Auteur de profe Angloife, & le Paradis perdu, Poëme de Milton.

Dans les mois de Mai, de Juin, Juillet & Août 1784, on diftribuera quatre cahiers qui apprendront également en quatre mois à lire & à entendre un livre écrit en profe Efpagnole, & l'*Araucana*, Poëme de Dom Alonzo d'Ercilla y Cuniga, Gentilhomme de la Chambre de l'Empereur Maximilien, conquérant du Chili (1) & Poëte Efpagnol. Ainfi dans l'efpace d'un an, les perfonnes qui voudront profiter du Journal d'Education, apprendront les trois Langues que nous avons aujourd'hui le plus d'intérêt de connoître, & elles auront lu les meilleurs Poëmes de l'Italie, de l'Angleterre & de l'Efpagne, écrits dans la Langue de chacune de ces contrées de l'Europe.

On s'abonnera au Journal d'Education pour la durée de chaque cours de Langue. Le Bureau de ce Journal ne fera ouvert que le matin depuis huit heures jufqu'à neuf heures.

On paie actuellement 15 liv. pour l'Abonnement du Journal d'Education pendant les mois d'Août, de Septembre, d'Octobre & de Novembre 1784, mois dans lequel finira le cours de Langue Italienne.

Au premier Janvier 1784 on recevra de plus pour le prix de chaque abonnement pendant la durée de chaque Cours de langue, quatre cahiers du Journal d'Education, qui contiendront les nouveaux objets qui feront relatifs à l'inftruction des jeunes perfonnes, l'extrait des Ouvrages compofés pour elles, l'indication des moyens que l'envie de per-

---

(1) L'*Araucana* eft une province très-montagneufe du Chili; elle eft peuplée par des hommes qui furpaffent les autres peuples de l'Amérique par leur force, leur vigueur & leur férocité.

fectionner leur enseignement aura fait imaginer ; & l'état des nouvelles productions des Sciences , des Belles-Lettres & des Arts. Ce Catalogue offre une nomenclature d'autant plus intéreffante qu'on ne peut connoître ce qui paroît, & tout ce qui eft annoncé , à moins de s'abonner à touts les Journaux. Cette feconde partie du Journal d'éducation fera diftribuée le 15 de chaque mois. MM. les Auteurs & les Libraires , les Compofiteurs & Marchands de mufique, les Graveurs & Marchands de gravures, font priés de faire remettre au Bureau du Journal un exemplaire de chacun des articles qu'ils voudront faire annoncer. Les Inftitu-teurs & les Profeffeurs des Colleges ou des Maifons d'éducation, peuvent auffi adreffer au Bureau du Journal les objets qu'ils voudront faire connoître par cette voie.

Les perfonnes qui auront compofé quelqu'Ouvrage relatif à l'inftruction des jeunes per-fonnes, & qu'elles voudront rendre public, pourront l'adreffer au Bureau du Journal d'Edu-cation ; on le fera imprimer, & on le diftribuera fous le titre de *Mémoires relatifs à des jeunes perfonnes*.

A chaque renouvellement d'Abonnement, on affranchira l'argent & la lettre d'avis : on les adreffera à M. LUNEAU DE BOISJERMAIN, rue S. André-des-Arts, vis-à-vis l'Hôtel de Lyon.

Les cahiers du Journal d'Education feront remis francs de port, à l'adreffe de ceux qui voudront fe le procurer dans Paris ou dans la Province.

JOURNAL D'EDUCATION.

ÉTUDE

DES LANGUES ETRANGERES.

COURS

DE LANGUE ITALIENNE.

QUINZE AOUT 1783.

Cet Ouvrage est destiné à fournir aux Parents qui ne veulent pas suivre les méthodes accréditées par la routine, des moyens d'instruction qui abregent le cours d'études des jeunes personnes des deux sexes.

Ce Journal portera successivement sur touts les objets qui pourront intéresser l'éducation physique & morale des jeunes personnes : Étude des Langues étrangeres, de l'Histoire ancienne & moderne, de la Géographie, de la Physique & de l'Histoire Naturelle ; de la Morale, des Belles-Lettres ; des principes & des manœuvres des Arts ; rien ne paroîtra étranger à l'instruction des personnes qui s'y abonneront.

ETUDE des Langues étrangeres.

Ce qui se passe sous un sol très-éloigné du nôtre, conduit souvent ceux qui l'habitent à des découvertes que le local seul fournit. Le défaut des mêmes circonstances feroit attendre très-longtems les connoiffances qui réfultent de ce concours. L'étude des langues en feroit jouïr tout-d'un-coup. Plus la facilité de les entendre fera rare, plus il faudra de temps pour tourner au profit de notre inftruction les Livres compofés chez les peuples qui parlent chacune des différentes langues connues. Pour opérer en ce genre une révolution avantageufe au Commerce, aux Sciences & aux Arts, le Journal d'Education commencera le cours de fes inftructions par la publication d'une Méthode à l'aide de laquelle les jeunes perfonnes, les Dames, les Négociants & les hommes de toutes fortes de profeffions, pourront apprendre fucceffivement fans Maître, l'Italien, l'Anglois, l'Efpagnol, le Portugais, l'Allemand, &c. La lecture de quatre pages par jour d'un Ouvrage intéreffant, écrit dans la langue qu'on enfeignera, donnera, en trois ou quatre mois au plus, la facilité de lire touts les Ouvrages écrits dans chaque langue. On ne lira pour cette étude ni Grammaire ni Dictionnaire.

La Mufique des compofiteurs Italiens prenant touts les jours un afcendant plus impérieux fur nous, on commencera l'étude des Langues par celle du peuple qui s'eft emparé, en Mufique, de nos Théâtres chantants (1). Notre commerce avec l'Amérique & l'Angleterre, nos rapports avec l'Efpagne, nous rendent très-néceffaire l'étude des Langues Angloife & Efpagnole. Les méthodes qui ferviront à apprendre ces deux Langues, feront diftribuées après le Cours de Langue Italienne.

É T U D E de l'Hiftoire ancienne & moderne, & de la Géographie.

L'homme abandonné à lui-même reffemble à l'arbre qui refte fauvage tant que la culture ne perfectionne pas fes fruits. L'éducation & l'étude élevent feules l'homme de touts les pays au-deffus des êtres de fon efpece que l'ignorance tient dans la barbarie. L'Hiftoire de toutes les nations conduit à la même obfervation. S'il y a quelque plaifir à les regarder dans leur berceau, il y a bien plus d'agrément à les fuivre dans leur développement, à les voir croître fur la terre qu'elles foumettent à leur domination, comme un arbre qui en s'aggrandiffant couvre de fon ombre le fol où il eft né. On ne peut bien connoître les hommes qu'en les obfervant fur touts les points de la Terre où ils font établis. Le cours des Langues Italienne, Angloife & Efpagnole, &c. fera fuivi ou accompagné d'un précis court des annales de touts les Peuples.

É T U D E de la Géographie.

On donnera en même tems les connoiffances géographiques qui feront néceffaires pour l'intelligence de chaque Hiftoire.

É T U D E de la Phyfique, de l'Hiftoire Naturelle, des Arts, des Belles-Lettres, &c.

La Phyfique & l'Hiftoire Naturelle fixent aujourd'hui l'attention de prefque toutes les perfonnes qui aiment à s'inftruire.

Touts les effets de la Nature font examinés, fuivis, étudiés avec une réflexion qui femble diminuer touts les jours l'obfcurité dans laquelle la Nature opere fes merveilles. Cette étude, fi intéreffante pour le cœur & l'efprit, marchera à la fuite dans le cours d'éducation avec celle de l'Hiftoire, de la Morale, des Arts, & de notre Littérature, qui doit tenir un rang très-marqué dans le nombre des connoiffances auxquelles la Jeuneffe doit être appliquée.

---

(1) Les perfonnes qui aiment à chanter l'Italien, pourront envoyer au Bureau du Journal d'Education les différentes Ariettes qu'elles voudront chanter, on en donnera dans le Journal l'explication littérale.

Les Latins ont des Ouvrages que les femmes, les hommes même qui ne fçavent pas leur langue, liroient avec plaifir. On diftribuera chaque année, par cahiers, quelques-uns de ces Ouvrages précieux dont le bon goût fera toujours l'éloge. Ces Livres feront traduits en François & accompagnés d'obfervations qui en rendront la lecture & plus facile & plus inftructive. Cet article fera intitulé, dans le Journal d'Education, *Lecture des Auteurs anciens.*

LECTURE des Livres modernes.

Nous avons dans notre Langue quelques Ouvrages fur la lecture defquels les jeunes perfonnes ont befoin de confeils. On les guidera dans cette lecture par le rapprochement des regles que le bon goût à pofées. On leur fournira toutes les connoiffances qui pourront fuppléer à l'infuffifance de leurs lumieres & de leur inftruction.

NOUVELLES productions des Sciences, des Belles-Lettres & des Arts.

Les richeffes de la Littérature & des Sciences augmentent touts les jours. Pour que tout le monde puiffe connoître chaque année les Livres qui auront été mis en vente dans Paris, on diftribuera touts les mois un catalogue des Ouvrages qui auront été annoncés dans les Journaux. Ce Catalogue commencera au mois de Février 1784.

CONDITIONS.

Le 1er des mois d'Août, de Septembre, d'Octobre & de Novembre, on diftribuera un cahier de huit feuilles d'impreffion in-4°, ou de 64 pages. A l'aide de ces Cahiers, on pourra lire & expliquer, pendant deux mois, un Auteur écrit en profe Italienne, & pendant deux autres mois, la Jérufalem délivrée du Taffe.

Dans les mois de Janvier, Février, Mars & Avril 1784, on diftribuera un pareil nombre de cahiers à l'aide defquels on expliquera, dans le même intervalle de tems, un Auteur de profe Angloife, & le Paradis perdu, Poëme de Milton.

Dans les mois de Mai, de Juin, Juillet & Août 1784, on diftribuera quatre cahiers qui apprendront également en quatre mois à lire & à entendre un livre écrit en profe Efpagnole, & l'*Araucana*, Poëme de Dom Alonzo d'Ercilla y Cuniga, Gentilhomme de la Chambre de l'Empereur Maximilien, conquérant du Chili (1) & Poëte Efpagnol. Ainfi dans l'efpace d'un an, les perfonnes qui voudront profiter du Journal d'Education, apprendront les trois Langues que nous avons aujourd'hui le plus d'intérêt de connoître, & elles auront lu les meilleurs Poëmes de l'Italie, de l'Angleterre & de l'Efpagne, écrits dans la Langue de chacune de ces contrées de l'Europe.

On s'abonnera au Journal d'Education pour la durée de chaque cours de Langue. Le Bureau de ce Journal ne fera ouvert que le matin depuis huit heures jufqu'à neuf heures.

On paie actuellement 15 liv. pour l'Abonnement du Journal d'Education pendant les mois d'Août, de Septembre, d'Octobre & de Novembre 1784, mois dans lequel finira le cours de Langue Italienne.

Au premier Janvier 1784 on recevra de plus pour le prix de chaque abonnement pendant la durée de chaque Cours de langue, quatre cahiers du Journal d'Education, qui contiendront les nouveaux objets qui feront relatifs à l'inftruction des jeunes perfonnes, l'extrait des Ouvrages compofés pour elles, l'indication des moyens que l'envie de per-

---

(1) L'*Araucana* eft une province très-montagneufe du Chili; elle eft peuplée par des hommes qui furpaffent les autres peuples de l'Amérique par leur force, leur vigueur & leur férocité.

4

fectionner leur enseignement aura fait imaginer ; & l'état des nouvelles productions des Sciences , des Belles-Lettres & des Arts. Ce Catalogue offre une nomenclature d'autant plus intéressante qu'on ne peut connoître ce qui paroît , & tout ce qui est annoncé , à moins de s'abonner à touts les Journaux. Cette seconde partie du Journal d'éducation sera distribuée le 15 de chaque mois. MM. les Auteurs & les Libraires , les Compositeurs & Marchands de musique , les Graveurs & Marchands de gravures , sont priés de faire remettre au Bureau du Journal un exemplaire de chacun des articles qu'ils voudront faire annoncer. Les Instituteurs & les Professeurs des Colleges ou des Maisons d'éducation , peuvent aussi adresser au Bureau du Journal les objets qu'ils voudront faire connoître par cette voie.

Les personnes qui auront composé quelqu'Ouvrage relatif à l'instruction des jeunes personnes , & qu'elles voudront rendre public , pourront l'adresser au Bureau du Journal d'Education ; on le fera imprimer , & on le distribuera sous le titre de *Mémoires relatifs à des jeunes personnes.*

A chaque renouvellement d'Abonnement , on affranchira l'argent & la lettre d'avis : on les adressera à M. LUNEAU DE BOISJERMAIN , rue S. André-des-Arts , vis-à-vis l'Hôtel de Lyon.

Les cahiers du Journal d'Education seront remis francs de port , à l'adresse de ceux qui voudront se le procurer dans Paris ou dans la Province.

JOURNAL D'EDUCATION.

ÉTUDE

DES LANGUES ETRANGERES.

COURS

DE LANGUE ITALIENNE.

PREMIER SEPTEMBRE 1783.

Cet Ouvrage est destiné à fournir aux Parents qui ne veulent pas suivre les méthodes accréditées par la routine, des moyens d'instruction qui abregent le cours d'études des jeunes personnes des deux sexes.

Ce Journal portera successivement sur touts les objets qui pourront intéresser l'éducation physique & morale des jeunes personnes : Étude des Langues étrangeres, de l'Histoire ancienne & moderne, de la Géographie, de la Physique & de l'Histoire Naturelle ; de la Morale, des Belles-Lettres ; des principes & des manœuvres des Arts ; rien ne paroîtra étranger à l'instruction des personnes qui s'y abonneront.

ETUDE des Langues étrangeres.

Ce qui se passe sous un sol très-éloigné du nôtre, conduit souvent ceux qui l'habitent des découvertes que le local seul fournit. Le défaut des mêmes circonstances feroit attendre très-longtems les connoiſſances qui réſultent de ce concours. L'étude des langues en feroit jouïr tout-d'un-coup. Plus la facilité de les entendre ſera rare, plus il faudra de temps pour tourner au profit de notre inſtruction les Livres compoſés chez les peuples qui parlent chacune des différentes langues connues. Pour opérer en ce genre une révolution avantageuſe au Commerce, aux Sciences & aux Arts, le Journal d'Education commencera le cours de ſes inſtructions par la publication d'une Méthode à l'aide de laquelle les jeunes perſonnes, les Dames, les Négociants & les hommes de toutes ſortes de profeſſions, pourront apprendre ſucceſſivement ſans Maître, l'Italien, l'Anglois, l'Eſpagnol, le Portugais, l'Allemand, &c. La lecture de quatre pages par jour d'un Ouvrage intéreſſant, écrit dans la langue qu'on enſeignera, donnera, en trois ou quatre mois au plus, la facilité de lire touts les Ouvrages écrits dans chaque langue. On ne lira pour cette étude ni Grammaire ni Dictionnaire.

La Muſique des compoſiteurs Italiens prenant touts les jours un aſcendant plus impérieux ſur nous, on commencera l'étude des Langues par celle du peuple qui s'eſt emparé, en Muſique, de nos Théâtres chantants (1). Notre commerce avec l'Amérique & l'Angleterre, nos rapports avec l'Eſpagne, nous rendent très-néceſſaire l'étude des Langues Angloiſe & Eſpagnole. Les méthodes qui ſerviront à apprendre ces deux Langues, feront diſtribuées après le Cours de Langue Italienne.

ETUDE de l'Hiſtoire ancienne & moderne, & de la Géographie.

L'homme abandonné à lui-même reſſemble à l'arbre qui reſte ſauvage tant que la culture ne perfectionne pas ſes fruits. L'éducation & l'étude élevent ſeules l'homme de touts les pays au-deſſus des êtres de ſon eſpece que l'ignorance tient dans la barbarie. L'Hiſtoire de toutes les nations conduit à la même obſervation. S'il y a quelque plaiſir à les regarder dans leur berceau, il y a bien plus d'agrément à les ſuivre dans leur développement, à les voir croître ſur la terre qu'elles ſoumettent à leur domination, comme un arbre qui en s'aggrandiſſant couvre de ſon ombre le ſol où il eſt né. On ne peut bien connoître les hommes qu'en les obſervant ſur touts les points de la Terre où ils ſont établis. Le cours des Langues Italienne, Angloiſe & Eſpagnole, &c. ſera ſuivi ou accompagné d'un précis court des annales de touts les Peuples.

ÉTUDE de la Géographie.

On donnera en même tems les connoiſſances géographiques qui feront néceſſaires pour l'intelligence de chaque Hiſtoire.

ÉTUDE de la Phyſique, de l'Hiſtoire Naturelle, des Arts, des Belles-Lettres, &c.

La Phyſique & l'Hiſtoire Naturelle fixent aujourd'hui l'attention de preſque toutes les perſonnes qui aiment à s'inſtruire.

Touts les effets de la Nature ſont examinés, ſuivis, étudiés avec une réflexion qui ſemble diminuer touts les jours l'obſcurité dans laquelle la Nature opere ſes merveilles. Cette étude, ſi intéreſſante pour le cœur & l'eſprit, marchera à la ſuite dans le cours d'éducation avec celle de l'Hiſtoire, de la Morale, des Arts, & de notre Littérature, qui doit tenir un rang très-marqué dans le nombre des connoiſſances auxquelles la Jeuneſſe doit être appliquée.

---

(1) Les perſonnes qui aiment à chanter l'Italien, pourront envoyer au Bureau du Journal d'Education les différentes Ariettes qu'elles voudront chanter, on en donnera dans le Journal l'explication littérale.

L E C T U R E des Auteurs anciens.

Les Latins ont des Ouvrages que les femmes, les hommes même qui ne fçavent pas leur langue, liroient avec plaifir. On diftribuera chaque année, par cahiers, quelques-uns de ces Ouvrages précieux dont le bon goût fera toujours l'éloge. Ces Livres feront traduits en François & accompagnés d'obfervations qui en rendront la lecture & plus facile & plus inftructive. Cet article fera intitulé, dans le Journal d'Education, *Lecture des Auteurs anciens.*

L E C T U R E des Livres modernes.

Nous avons dans notre Langue quelques Ouvrages fur la lecture defquels les jeunes perfonnes ont befoin de confeils. On les guidera dans cette lecture par le rapprochement des regles que le bon goût a pofées. On leur fournira toutes les connoiffances qui pourront fuppléer à l'infuffifance de leurs lumieres & de leur inftruction.

Nouvelles productions des Sciences, des Belles-Lettres & des Arts.

Les richeffes de la Littérature & des Sciences augmentent touts les jours. Pour que tout le monde puiffe connoître chaque année les Livres qui auront été mis en vente dans Paris, on diftribuera touts les mois un catalogue des Ouvrages qui auront été annoncés dans les Journaux. Ce Catalogue commencera au mois de Février 1784.

C O N D I T I O N S.

Le 1ᵉʳ des mois d'Août, de Septembre, d'Octobre & de Novembre, on diftribuera un cahier de huit feuilles d'impreffion *in*-4°, ou de 64 pages. A l'aide de ces Cahiers, on pourra lire & expliquer, pendant deux mois, un Auteur écrit en profe Italienne, & pendant deux autres mois, la Jérufalem délivrée du Taffe.

Dans les mois de Janvier, Février, Mars & Avril 1784, on diftribuera un pareil nombre de cahiers à l'aide defquels on expliquera, dans le même intervalle de tems, un Auteur de profe Angloife, & le Paradis perdu, Poëme de Milton.

Dans les mois de Mai, de Juin, Juillet & Août 1784, on diftribuera quatre cahiers qui apprendront également en quatre mois à lire & à entendre un livre écrit en profe Efpagnole, & l'*Araucana*, Poëme de Dom Alonzo d'Ercilla y Cuniga, Gentilhomme de la Chambre de l'Empereur Maximilien, conquérant du Chili (1) & Poëte Efpagnol. Ainfi dans l'efpace d'un an, les perfonnes qui voudront profiter du Journal d'Education, apprendront les trois Langues que nous avons aujourd'hui le plus d'intérêt de connoître, & elles auront lu les meilleurs Poëmes de l'Italie, de l'Angleterre & de l'Efpagne, écrits dans la Langue de chacune de ces contrées de l'Europe.

On s'abonnera au Journal d'Education pour la durée de chaque cours de Langue. Le Bureau de ce Journal ne fera ouvert que le matin depuis huit heures jufqu'à neuf heures.

On paie actuellement 15 liv. pour l'Abonnement du Journal d'Education pendant les mois d'Août, de Septembre, d'Octobre & de Novembre 1784, mois dans lequel finira le cours de Langue Italienne.

Au premier Janvier 1784 on recevra de plus pour le prix de chaque abonnement pendant la durée de chaque Cours de langue, quatre cahiers du Journal d'Education, qui contiendront les nouveaux objets qui feront relatifs à l'inftruction des jeunes perfonnes, l'extrait des Ouvrages compofés pour elles, l'indication des moyens que l'envie de per-

---

(1) L'*Araucana* eft une province très-montagneufe du Chili; elle eft peuplée par des hommes qui furpaffent les autres peuples de l'Amérique par leur force, leur vigueur & leur férocité.

4

fectionner leur enseignement aura fait imaginer ; & l'état des nouvelles productions des Sciences , des Belles-Lettres & des Arts. Ce Catalogue offre une nomenclature d'autant plus intéreffante qu'on ne peut connoître ce qui paroît , & tout ce qui eft annoncé , à moins de s'abonner à touts les Journaux. Cette feconde partie du Journal d'éducation fera diftribuée le 15 de chaque mois. MM. les Auteurs & les Libraires , les Compofiteurs & Marchands de mufique, les Graveurs & Marchands de gravures , font priés de faire remettre au Bureau du Journal un exemplaire de chacun des articles qu'ils voudront faire annoncer. Les Inftituteurs & les Profeffeurs des Colleges ou des Maifons d'éducation , peuvent auffi adreffer au Bureau du Journal les objets qu'ils voudront faire connoître par cette voie.

Les perfonnes qui auront compofé quelqu'Ouvrage relatif à l'inftruction des jeunes perfonnes, & qu'elles voudront rendre public, pourront l'adreffer au Bureau du Journal d'Education ; on le fera imprimer, & on le diftribuera fous le titre de *Mémoires relatifs à des jeunes perfonnes.*

A chaque renouvellement d'Abonnement, on affranchira l'argent & la lettre d'avis: on les adreffera à M. Luneau de Boisjermain, rue S. André-des-Arts, vis-à-vis l'Hôtel de Lyon.

Les cahiers du Journal d'Education feront remis francs de port, à l'adreffe de ceux qui voudront fe le procurer dans Paris ou dans la Province.